SPORTIF, PERFORMANT...
ET SANS DOPAGE !

Livre éco-conçu

Terre vivante a réalisé en 2010 la première analyse du cycle de vie (ACV) d'un livre en France. Cette étude nous a permis d'identifier les impacts de la fabrication d'un livre sur l'environnement, dans l'objectif de les limiter : *Fabriquer des livres, quels impacts sur l'environnement ?* à consulter sur www.terrevivante.org

Le papier choisi pour cet ouvrage est issu de pâte vierge produite écologiquement en Europe à partir de forêts gérées durablement. Il ne provient pas de pâte à papier fabriquée aux quatre coins du monde ! Ce livre est de plus imprimé en France, par un imprimeur soucieux de préserver l'environnement à travers des actions d'économies d'énergie, de valorisation des déchets, d'utilisation de produits moins nocifs pour la santé des travailleurs...

Depuis 1979, Terre vivante vous fait partager ses expériences en matière d'écologie pratique : jardinage bio, habitat écologique, alimentation saine et bien-être, consommation responsable... à travers :

- l'édition de livres pratiques,
- le magazine *Les 4 Saisons du jardin bio*,
- des jardins écologiques proposant des stages pratiques,
- le portail Internet www.terrevivante.org.

Le catalogue des ouvrages publiés par Terre vivante est disponible sur simple demande et sur Internet.

Terre vivante, domaine de Raud, 38710 Mens.
Tél. 04 76 34 80 80. Email : info@terrevivante.org
www.terrevivante.org

Directrice éditoriale : Brigitte Michaud
Suivi éditorial : Fabienne Vaslet
Conception graphique / Création et réalisation couverture / Illustrations : Virginia Arraga
Mise en page (intérieur) : Françoise Masson

Remerciements particuliers au Dr Franck Ledoux pour sa lecture attentive, éclairée de sa longue expérience de pratique d'une médecine naturelle et globale inspirée de l'acupuncture, de l'homéopathie, de la phyto-aromathérapie et de la nutrithérapie.

ISBN : 978-2-36098-303-2

Valérie **Duclos-Lelieur**

SPORTIF, PERFORMANT... ET SANS DOPAGE !

terre vivante

SOMMAIRE

Chapitre 2 :
Optimiser les performances physiologiques 102

Chapitre 3 :
Éviter les blessures et les maladies.......................... 141

Trouver rapidement un thème précis

Nous avons recensé dans ce tableau et celui de la double page suivante des thèmes de préoccupation courants chez le sportif. Ainsi, si vous souhaitez accéder rapidement à ces informations, il vous suffit de lire attentivement les chapitres ou paragraphes indiqués ci-dessous.

Trouver rapidement une solution à une problématique précise

Signe — **Solution(s) à explorer**

Système digestif

Ballonnements, gaz, diarrhée, selles molles : p. 72, 94, 119

Gastroentérites régulières : p. 119, 158

Constipation : p. 94, 112, 119

Couleur anormale des selles : p. 112

Brulûre rectale : p. 94, 114

Maux de ventre : p. 94, 119

Lourdeurs ou crampes d'estomac, acidité, brûlure, éructations : p. 52, 56, 64, 94, 119

Aphtes : p. 94, 144

Saignement des gencives, sensibilité dentaire : p. 144

Mauvaise haleine : p. 94, 119

Nausées : p. 94, 112

Système nerveux

Irritabilité, humeur instable : p. 94, 144

Sensibilité au stress, émotivité : p. 144, 188

Mémoire et concentration : p. 94, 196

Maux de tête : p. 94, 112

Fatigue, sommeil : p. 94, 112, 138

Peau, ongles, cheveux

Démangeaison, urticaire, eczéma, rougeur : p. 94, 112

Signe	**Solution(s) à explorer**

Système respiratoire

Nez qui coule, glaires fréquentes : p. 94, 112

Asthme, rhume des foins, respiration sifflante : p. 94

Angine, inflammation des muqueuses : p. 144, 158

Système urinaire

Envie fréquente d'uriner, infection urinaire, irritations, brûlure urinaire : p. 94, 144

Système cardio-vasculaire

Palpitations : p. 94, 188

Signes de faiblesse : p. 94

Varices ou varicosités : p. 94

Système musculaire

Spasmes, spasmophilie, fragilité musculaire : p. 144

Système ostéo-articulaire

Fragilisation osseuse (fractures), fragilité articulations et tendons, douleurs articulaires : p. 144, 153

NB. Si la fréquence ou l'importance de ces signes le justifient, une consultation médicale doit être envisagée, pour vérifier toute pathologie éventuelle.

INTRODUCTION

Lorsque j'ai choisi, en 2014, le thème de mon mémoire de fin d'études de naturopathie au CENATHO, je me suis demandé quel(s) domaine(s) d'application de la naturopathie je souhaitais approfondir. Celui-ci s'est rapidement imposé, tant j'étais déjà questionnée ou interpellée régulièrement par mon fils lycéen, alors en sport-étude rugby.

Il avait en effet de plus en plus le souci de l'évolution de ses performances et me relatait parfois la préoccupation générale, pour lui et ses camarades, de « prendre de la masse », c'est-à-dire gagner le plus de muscles possible. Cet aspect semblait être, pour ces adolescents encore en développement, le sésame pour la performance, dans ce sport aux exigences physiques de plus en plus élevées.

Il me racontait aussi comment lesdits camarades s'approvisionnaient en « prot' » sur Internet, c'est-à-dire en poudre de protéines, dont bien sûr ils ignoraient les ingrédients exacts, mais dont ils étaient convaincus qu'elles étaient LA solution qui allait faire pousser leurs muscles comme par magie.

Comme parallèlement ils n'avaient qu'une très vague idée de ce que pourrait être tout simplement une alimentation saine (hormis le fait qu'il fallait manger beaucoup de « prot' » donc de viande) et peu d'informations sur l'anatomie et la physiologie humaines, je réalisai à quel point un travail de pédagogie était nécessaire, pour leur proposer des outils véritablement efficaces d'amélioration de leurs performances, tout en préservant leur santé.

De plus, cette volonté de vouloir « faire quelque chose », en plus de leur préparation physique et sportive, m'interpellait particulièrement car, en l'absence d'autre option connue et par ignorance, je craignais que certains ne puissent s'orienter plus tard un peu facilement vers des options dopantes, pour peu qu'elles leur soient présentées de façon séduisante et rassurante. Il me semblait qu'il était urgent de leur donner les moyens du discernement, et de combler leur souhait de s'occuper d'eux, mais grâce à des méthodes saines et naturelles.

Lorsque mon fils me raconta qu'un de ses camarades, dans un excès subit de motivation, décida un jour de se nourrir uniquement de ces fameuses « prot' » en poudre, à l'exclusion de tout autre aliment, je compris que décidément, il y avait du boulot ! L'expérience de son camarade fut de fait très pédagogique car elle se solda par un malaise pendant un entraînement, ce qui au moins les a tous convaincus que ce n'était sûrement pas la bonne solution.

Sport et naturopathie

La naturopathie propose un accompagnement complémentaire à la médecine dite « classique ». Elle regroupe l'ensemble des techniques et méthodes naturelles de santé. C'est l'une des trois médecines traditionnelles reconnues par l'OMS (Organisation mondiale de la santé), celle de l'Occident. Les deux autres sont la médecine chinoise et la médecine ayurvédique (Inde). Ses principes remontent au médecin grec Hippocrate, tout comme notre médecine moderne, qui a beaucoup évolué depuis vers de plus en plus de technicité et de spécialisation.

La naturopathie partage avec les deux autres médecines traditionnelles l'approche holistique, c'est-à-dire le fait de s'intéresser à l'individu dans toutes ses dimensions, qu'elles soient physique, mentale, émotionnelle, sociale, voire spirituelle. Elle s'attache à trouver les causes des déséquilibres et travaille donc en profondeur le terrain de la personne pour donner toutes les chances à sa propre force vitale de circuler librement et de rétablir naturellement les équilibres physiologiques, ce qui revient à stimuler les capacités d'autoguérison dont dispose chacun.

Elle utilise pour cela un certain nombre de méthodes d'observation et d'analyse (morphologiques, d'iridologie…) et recommande des techniques naturelles personnalisées telles que le choix des aliments et les stratégies diététiques, des outils pour gérer le stress et les émotions, l'hydrologie (bains, sauna, bouillottes…), des techniques manuelles et de réflexologie, les huiles essentielles, les plantes ainsi que des compléments alimentaires naturels (oligo-éléments, vitamines…).

La naturopathie visant à optimiser les performances physiologiques de chacun, elle a beaucoup à apporter au sportif et peut l'aider dans sa volonté de mettre toutes les chances de son côté pour, peut-être, atteindre un jour ses rêves de performance.

Champ d'investigation

Le sport de haut niveau est de plus en plus exigeant : les améliorations sont constantes, les records battus régulièrement, le niveau chaque fois plus élevé, avec des athlètes de plus en plus jeunes.

Dans un contexte où la différence se fait parfois sur des écarts infimes, toutes les dimensions sont sollicitées : la dimension purement physique bien sûr, mais aussi la parfaite coordination mentale et physique, la rapidité des réflexes, le mental dans la préparation et la compétition, les capacités d'intégration à une communauté ou à une équipe, la gestion du stress et des émotions, les capacités d'analyse et de décision et même l'intuition.

La naturopathie a des réponses et des conseils à apporter à l'ensemble de ces dimensions, c'est pourquoi il est important qu'elle puisse être connue des sportifs, de leur entourage et de leur encadrement.

Les objectifs de ce livre sont les suivants :

• Expliquer au sportif les fonctionnements physiologiques, mentaux ou émotionnels.

• Lui donner des conseils naturopathiques, donc naturels et respectueux de sa santé, pour optimiser sa physiologie et lui permettre d'être en pleine possession de ses moyens physiques et psychiques et de pouvoir donner le meilleur de lui-même.

• Éviter ainsi qu'il ne se laisse tenter par des solutions dopantes et lui permettre d'avoir le discernement nécessaire pour cela.

• L'informer sommairement des méthodes de dopage les plus couramment utilisées et de leurs conséquences sur la santé et les performances à moyen terme.

En résumé

Ce livre a un but essentiellement pédagogique, à la portée du jeune sportif ayant l'ambition de pratiquer son sport à haut niveau, ou du sportif de haut niveau confirmé, ayant le souci d'optimiser à la fois ses performances et sa santé. Il intéressera aussi le sportif régulier souhaitant améliorer ses résultats, ou tout simplement maintenir son niveau le plus longtemps possible. C'est un outil pratique, dont on pourra tirer immédiatement des enseignements personnels à mettre en place de manière autonome. Il pourra éventuellement inciter le sportif à solliciter l'aide personnalisée d'un professionnel de santé comme le naturopathe, qui pourra l'accompagner soit au début, soit de manière plus régulière, pour mettre en place son programme d'optimisation de ses performances, et le moduler en fonction de ses spécificités personnelles, de son évolution, ou des circonstances[1]. Cette approche est bien sûr complémentaire à la préparation physique et sportive, sans laquelle aucune performance n'est possible !

Ces conseils ne se substituent en aucun cas à la médecine dite « classique », la seule habilitée à poser un diagnostic et à intervenir dans l'urgence. Ils seront néanmoins très importants pour maintenir le sportif en état de santé optimale, et ainsi prévenir le plus possible toute pathologie nécessitant une intervention médicale.

1. Liste de professionnels certifiés par la Fédération nationale de naturopathie (Fena) et répertoriés au sein de l'association professionnelle des naturopathes disponible sur www.naturopathe.net.

Chapitre 1

L'ALIMENTATION, CARBURANT DE LA PERFORMANCE

Au même titre que l'état, la durée de vie et les performances d'une voiture sont liés à la qualité des carburants qui « l'alimentent » (essence, huile, eau), la bonne santé, la durée de vie et les performances du corps humain sont extrêmement dépendants des aliments qui le nourrissent et nourrissent chacune de ses cellules. Dans le cas de la pratique sportive, prendre soin de son alimentation est donc une clé essentielle pour améliorer les performances.

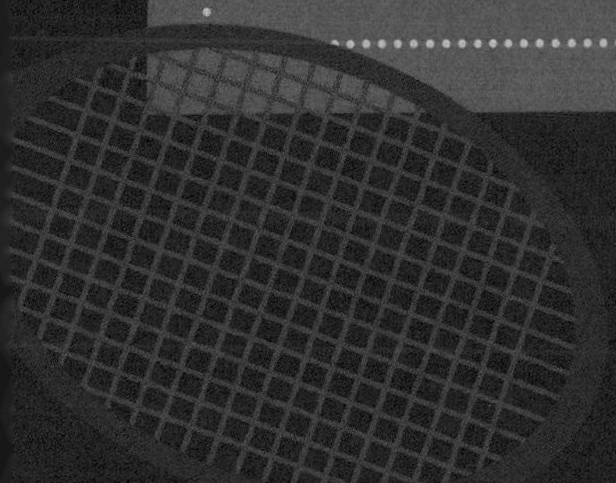

De quoi mon corps a-t-il besoin ?

« Mon corps est mon outil de travail, j'en suis responsable. Et bien s'alimenter fait partie des règles à suivre pour se maintenir en bonne forme physique. Depuis maintenant douze ans que je suis rugbyman professionnel, j'ai appris à connaître mon corps, à anticiper ses besoins et à en prendre soin (...). Face aux dérives de la consommation de masse, je suis même devenu un consommateur bio. (François Trinh-Duc, demi d'ouverture du RC Toulon, plus de 60 sélections en équipe de France, in Cultures bio, *n° 96, novembre-décembre 2017.)*

Les macronutriments

Les glucides, pour l'énergie du sportif

Les glucides apportent l'énergie, ils constituent le carburant principal de l'organisme. Le cerveau est également très consommateur de glucides. À noter que les glucides à indice glycémique bas (voir p. 20) facilitent l'assimilation des protéines.

Exemples d'aliments glucidiques naturels

Les fruits, le miel, les céréales (riz, blé, sarrasin), les féculents comme la pomme de terre et la patate douce, les légumineuses (haricots secs, lentilles...), les légumes racines comme la carotte. Les « sucreries » sont en général à base de sucres raffinés ou modifiés. En revanche, les fruits séchés ont une teneur élevée en glucides d'origine naturelle.

Exemples de teneur en glucides : une amande contient environ 4 % de glucides, une pomme 13 %, une pomme de terre 14 %, une banane 22 %, le riz 22 % et une barre chocolatée est composée à 66 % de glucides.

Les besoins journaliers en glucides

Hors activité intense, ces besoins sont de 4 à 6 g/kg de poids/jour, soit de 300 à 400 g pour un poids de 70 kg. Ce besoin varie en fonction de la quantité d'énergie nécessaire à l'activité physique (ou intellectuelle) de la journée et des jours suivants. D'après l'auteur Julien Venesson[2] (31), les coureurs kenyans ont un apport en glucides de 8,7 g/kg, soit plus de 600 g/jour pour un individu de 70 kg.

Un apport adéquat en glucides avant l'exercice et entre les exercices a un impact direct sur la performance physique et l'endurance[3].

L'assimilation et la mise en réserve du glucose

De nombreux catalyseurs sont nécessaires à la digestion du glucose (vitamines, enzymes...). Le raffinage des sucres, céréales et farines « classiques » (sucre blanc, farine blanche, pain blanc, pâtes classiques...) leur ôte ces catalyseurs. Leur digestion nécessite donc de puiser dans les réserves de l'organisme, et contribue ainsi à des carences en vitamine B par exemple et à une acidification de l'organisme (voir p. 142 et suivantes).

Trois destinations sont possibles pour le glucose digéré et absorbé :

• Il est utilisé immédiatement par le corps pour produire de l'énergie.

• Il est mis en réserve sous forme de glycogène, dans les muscles et dans le foie.

• Si les réserves sont pleines ou si l'afflux de glucose dans le sang est trop rapide pour permettre sa mise en réserve sous forme de glycogène, il est stocké sous forme de graisse, dans toutes les cellules adipeuses du corps. Il n'y a alors aucune limite à la multiplication des cellules adipeuses.

(Voir schéma p. 126.)

---

2. Sauf exception, les livres et études figurent dans la bibliographie (p. 243-244). Le numéro indiqué entre parenthèses renvoie donc à la référence complète.

3. De nombreuses études l'ont démontré, comme par exemple l'étude citée p. 149 du livre *Nutrition et performance en sport* (17) : un apport élevé de glucides (8 g/kg/jour dans les 48 h précédentes) préalable à une course de 90 minutes sur tapis chez des joueurs de football, a induit une augmentation de 1 km de la distance parcourue par rapport au même exercice avec un apport préalable en glucides modéré (4,5 g/kg/jour). Référence de l'étude citée par l'INSEP : Bangsbo J., Norregaard L., Thorsoe F. "The effect of carbohydrate diet on intermittent exercice performance." *Int. J. Sports Med.* 13:152-157, 1992.

À savoir !

Un indice de mauvaise digestion du glucose ou de sa consommation en trop grande quantité est la fermentation dans le côlon droit, qui se manifeste par des gaz plutôt sonores et non odorants.

L'index glycémique pour le sportif

La vitesse de digestion, d'absorption et d'arrivée dans le sang du glucose contenu dans les aliments varie d'un aliment à l'autre et selon le contexte dans lequel il est ingéré. Cette vitesse est évaluée par l'*indice ou index glycémique* (IG) de l'aliment. La référence est le glucose, pour lequel l'IG est fixé à 100. On distingue les aliments à IG bas (inférieur à 55), qui arrivent lentement et graduellement dans le sang, et les aliments à IG élevé (supérieur à 70), les autres ayant un IG moyen. Il s'agit d'indices indicatifs. En effet, la vitesse d'absorption du glucose au niveau de l'intestin peut varier d'un individu à l'autre – elle peut dépendre par exemple de la qualité de la flore intestinale présente à ce moment-là.

Une précision importante : l'index glycémique indique la rapidité d'absorption du glucose d'un aliment, mais pas la quantité de glucose absorbée. On peut donc absorber une quantité importante de glucose, même si l'aliment a un index glycémique bas, et inversement.

Exemples d'index glycémique

Une barre chocolatée a un IG d'environ 70, alors qu'une amande nature a un IG d'environ 10. Plus surprenant, la baguette de pain blanc a un IG de 95 (elle n'a pourtant pas de goût sucré), alors que le pain intégral a un IG de 50 (voir table IG de Jeannine Brand-Miller p. 218-220).

L'impact de l'index glycémique sur la constitution des réserves en glycogène

Lorsque le glucose arrive dans la circulation sanguine, qui irrigue tout le corps, il déclenche une *réaction du pancréas* et la *production d'insuline*. L'insuline favorise le stockage du glucose dans les muscles et le foie ainsi que sa transformation en acide gras, afin notamment que le taux de sucre sanguin reste à un niveau constant et normal, c'est-à-dire environ 1 g/litre. Si l'arrivée du glucose dans le sang est trop rapide, les muscles et le foie n'ont pas le temps de le capter pour renflouer leur réserve en glycogène : il est alors transformé en acide gras. D'où l'intérêt pour le sportif de veiller à l'indice glycémique des aliments qu'il consomme s'il veut optimiser ses réserves en glycogène, donc en énergie rapidement disponible.

Les éléments influant sur l'indice glycémique[9]

• *La présence de fibres* dans l'aliment lui-même (légumineuses denses en fibre, pâtes complètes plutôt que pâtes blanches) ou dans un autre aliment ingéré en même temps, rend la digestion plus lente.

• *La densité de l'aliment*, c'est-à-dire le fait qu'il soit plus difficile à « casser » et à digérer : des céréales complètes concassées ont un IG plus bas que des pétales de céréales, même complètes. Un aliment solide a un IG plus bas qu'un aliment liquide (notamment fruit *versus* jus de fruit).

• *La cuisson* qui modifie aussi la densité de l'aliment (les pâtes *al dente* ont un IG plus bas que les pâtes molles trop cuites, les pommes de terre vapeur fermes ont un IG plus bas que la purée ou les pommes de terre au four).

• *La présence de lipides* dans l'aliment lui-même (les amandes par exemple) ou dans le repas (filet d'huile d'olive sur les pâtes). En effet la présence de lipides ralentit le vidage de l'estomac, donc la rapidité d'absorption.

• *La place de l'aliment dans le repas :* s'il est précédé de crudités naturellement riches en fibres, son parcours de digestion est ralenti. Il en est de même s'il est accompagné d'une quantité égale de légumes contenant également des fibres. *A contrario*, rien ne vient pondérer l'IG élevé d'une sucrerie prise isolément au milieu de l'après-midi.

• *Le moment où l'aliment est ingéré :* pendant ou juste après l'exercice physique (dans les 30 minutes et jusqu'à 48 heures), les muscles ont une capacité augmentée d'absorption du glucose.

Ainsi, l'idéal pour obtenir un IG bas est de manger des pâtes complètes (ou du riz complet ou semi-complet) cuites *al dente*, accompagnées d'autant de légumes, arrosées d'un filet d'huile d'olive et précédées d'une entrée de crudités… le tout juste après l'entraînement !

Les protéines, pour la construction du sportif

Les protéines sont essentielles pour la construction et la reconstruction de l'ensemble des tissus et cellules, donc en particulier des muscles et des os. Elles constituent environ 20 % du poids d'un individu. Elles sont également essentielles à la fabrication des hormones et au système immunitaire. Elles peuvent, en dernier recours, servir de source d'énergie (après épuisement du glycogène puis des graisses).

Protéines et acides aminés

Les protéines sont en fait des chaînes d'acides aminés. Ce sont ces acides aminés qui constituent les « briques » nécessaires aux divers travaux de construction cités ci-dessus. Certains de ces acides aminés (au nombre de 8) sont dits « essentiels » car ils ne peuvent pas être fabriqués par le corps et sont donc issus exclusivement de l'alimentation. L'organisme a besoin que ces acides aminés essentiels soient tous présents et dans des proportions similaires, pour construire ses propres protéines utilisables par le corps. En conséquence, si l'un de ces acides aminés essentiels est apporté en beaucoup plus faible quantité que les autres, la quantité de protéines reconstruite par le corps sera proportionnelle à cette quantité faible (notion de « facteur limitant »). Même la présence en grande quantité de certains de ces acides aminés essentiels ne pourra pas suffire à la reconstruction par l'organisme de protéines complètes s'il manque certains autres acides aminés essentiels.

Protéines animales et protéines végétales

On distingue d'une part les *protéines issues d'aliments d'origine animale* (viande, œufs, produits laitiers), dont la teneur en protéines est variable mais qui contiennent l'ensemble des acides aminés essentiels dans des proportions similaires. Il s'agit donc de protéines dites « complètes ». L'œuf contient 13 % de protéines, le blanc de poulet 20 %, un steak 28 %.

D'autre part, les *aliments sources de protéines végétales* (légumineuses type haricots secs ou lentilles, céréales type riz, fruits oléagineux type amande...). Ces aliments ne contiennent pas l'ensemble des acides aminés essentiels en quantité suffisante pour permettre la construction d'une protéine complète, mais peuvent se compléter entre eux pour former une protéine complète (exemple : 2/3 de riz + 1/3 de haricots secs). Une amande contient 20 % de protéines incomplètes, les haricots secs 21 %, le riz 3 %.

À savoir

Les protéines animales sont plus riches en graisses saturées et en calories, ainsi qu'en fer ou vitamine B12, et les protéines végétales sont plus riches en vitamines et minéraux. Un apport varié des différentes sources est donc intéressant.

Besoins journaliers en protéines

Hors croissance ou activité et/ou stress intense, ces besoins sont d'environ 50 à 60 g/jour pour un poids de 70 kg. Pour les sports dits « de force » pour lesquels le développement et la reconstruction des muscles sont importants, l'apport conseillé est de 1,7 à 3 g de protéines/kg de poids/jour, soit 100 à 200 g/jour pour un individu de 70 kg, variable selon la typologie de Julien Venesson [31], qui distingue en effet 3 types nutritionnels qui n'ont pas les mêmes besoins en protéines.

• *Le type N1* : capacité naturelle pour l'endurance et difficulté à prendre de la graisse corporelle. Besoins en protéines : 1,7 à 2,2 g/kg/jour, soit environ 140 g/jour pour un individu de 70 kg.

• *Le type N3* : capacité naturelle pour les sports de force et facilité à prendre de la graisse. Besoins en protéines : 2,6 à 3 g/kg/jour, soit environ 200 g/jour pour un individu de 70 kg.

• *Le type N2* : capacités équilibrées dans les deux types de sport, pas de typage flagrant. Besoins en protéines : 2,2 à 2,6 g/kg/jour, soit environ 170 g/jour pour un individu de 70 kg.

Les performances, la santé et même l'aspect physique seront d'autant plus satisfaisants que le sportif se conforme aux besoins de sa morphologie. Prendre trop de protéines peut donc être contre-productif, d'autant que les protéines produisent aussi des déchets importants. Nous reviendrons sur ces différents types dans le chapitre consacré à la personnalisation de l'alimentation (voir p. 91).

Assimilation des protéines

Lors de la digestion, les chaînes d'acides aminés que sont les protéines sont fractionnées, notamment grâce aux acides de l'estomac, pour libérer les acides aminés qui sont ensuite assimilés au niveau de l'intestin grêle. Au niveau de la cellule, ces acides aminés vont être recomposés en nouvelles protéines, en fonction des besoins. On estime par ailleurs que seule une partie des protéines ingérées est réellement assimilée, environ 75 % en moyenne (95 % pour les œufs et 80 % pour les laitages). Il s'agit de l'UPN (Utilisation protéique nette). Cet indice peut aussi varier en fonction de la personne, de son état de stress, de son état de santé, etc.

À savoir

• L'ingestion dans le même repas de glucose à indice glycémique bas favorise l'assimilation des protéines.

• Un indice de mauvaise digestion des protéines, ou de leur consommation en trop grande quantité, est la putréfaction dans le côlon gauche, qui se manifeste par des gaz plutôt silencieux et très malodorants.

Les déchets du métabolisme des protéines

Le métabolisme des protéines entraîne des déchets importants :

• l'urée qui provient de la dégradation des acides aminés ;

• l'acide urique qui provient de la dégradation des noyaux cellulaires des protéines.

Ils sont éliminés *via* les urines, mais c'est l'acide urique en excès qui est le plus nuisible car son élimination fatigue le rein et il est plus susceptible de produire dans l'organisme des acides et des cristaux s'il est mal éliminé, provoquant douleurs articulaires ou calculs rénaux. Nous reparlerons plus loin des inconvénients/dangers de l'acidification de l'organisme (voir p. 142 et suivantes).

L'élimination des déchets s'effectuant en grande partie par les urines, il est très important de boire davantage lorsque l'on ingère plus de protéines. Par ailleurs, dans la mesure où les protéines en surplus par rapport aux besoins ne sont pas stockées, mais doivent être éliminées, il est important de ne pas ingérer des quantités excessives et inutiles de protéines pour ne pas fatiguer le système rénal. Il est également utile de privilégier les protéines contenant moins de noyaux cellulaires, c'est-à-dire les œufs (1 seul noyau cellulaire). La viande blanche produit moins de déchets que la viande rouge, le poisson également (il contient en outre vitamines et minéraux).

Mode de cuisson des protéines

• Afin de ne pas dénaturer les protéines et d'éviter la formation de substances toxiques, utiliser des modes de cuisson inférieure à 200 °C (éviter le barbecue) en privilégiant four, eau, vapeur.
• Le poisson conservera ses propriétés s'il ne dépasse pas 40 °C : idéalement, cuisson pochée.
• Sinon, le cuire à la vapeur, au four (papillote) ou poêlé, avec la peau.
• Les œufs seront peu cuits et non émulsionnés : à la coque, pochés ou au plat peu cuits, afin que l'ensemble des protéines (surtout dans le blanc) et les (bonnes) graisses et nutriments du jaune soient bien assimilés.
• Par ailleurs, la surgélation éventuelle doit être rapide pour ne pas dénaturer les protéines.

Les lipides, pour la protection du sportif

Les lipides sont essentiels à la protection : protection thermique du corps entier, mais aussi protection de l'intégrité de chacune des cellules, dont les membranes sont constituées de lipides. Ils sont également nécessaires à la protection de la peau et des articulations. Ils nous protègent aussi car ils sont au cœur des processus inflammatoires, donc de guérison des blessures, et aussi des processus anti-inflammatoires. Ils sont essentiels à la protection et au bon fonctionnement du système nerveux, le cerveau étant en grande partie composé de lipides. Ils nous protègent des aléas car ils sont aussi une réserve d'énergie.

Les différentes catégories de lipides

Les lipides sont présents dans des aliments d'origine animale ou végétale. Ils sont composés de différents types d'acides gras : acides gras saturés et acides gras insaturés.

• *Les acides gras saturés* sont nécessaires à la protection thermique et à la réserve énergétique ainsi qu'au processus inflammatoire (lui-même nécessaire à la guérison), qui peut devenir néfaste si les messagers de l'inflammation sont produits en quantité trop importante. Les acides gras saturés ne doivent donc pas être consommés en excès.

• *Les acides gras mono-insaturés* (oméga-9) sont nécessaires au développement du cerveau et contribuent à l'équilibre du cholestérol et de la vésicule biliaire.

• *Les acides gras polyinsaturés* (oméga-3 et oméga-6) sont tous les deux très importants mais le plus important est que leur présence soit équilibrée, car ils utilisent les mêmes « agents » pour se transformer en toutes sortes de substances essentielles, entre autres :

– des molécules pro-inflammatoires, issues exclusivement des oméga-6 et acides gras saturés ;

– des molécules anti-inflammatoires issues à la fois des oméga-3 et des oméga-6.

Une absorption importante de graisses saturées et d'oméga-6 et une absorption plus faible en oméga-3 entraînent donc une production en surnombre de substances pro-inflammatoires. Ce déséquilibre en faveur de l'inflammation rend le terrain de l'individu plus propice à l'inflammation chronique et à toute une série de maladies et de douleurs.

Or notre alimentation moderne conduit classiquement à un déséquilibre en faveur des oméga-6, souvent mesurés à un ratio vingt fois supérieur à celui des oméga-3. On estime que l'alimentation de nos ancêtres préhistoriques leur fournissait un rapport équilibré (1 pour 1) en oméga-3 et oméga-6 et que l'homme moderne sain doit tendre à un ratio de 4 oméga-6 pour 1 oméga-3.

• *Les acides gras trans* : ils sont issus de la dénaturation de certains lipides par le processus industriel (huiles raffinées) ou par une chaleur excessive (friture). Ces acides gras ne sont pas reconnus par le corps qui ne peut pas les utiliser, ils sont donc toxiques.

Les besoins journaliers en lipides

Ces besoins sont d'environ 1,2 g/kg de poids/jour soit environ 80 g par jour pour un adulte de 70 kg. La répartition entre les différents acides gras doit idéalement être la suivante :

• 1/3 de graisses saturées (ex. : viandes) ;

• 1/3 de graisses mono-insaturées (ex. : huile d'olive) ;

• 1/3 de graisses polyinsaturées avec des oméga-3 et des oméga-6 équilibrés entre eux, c'est-à-dire en veillant à la part des oméga-3 (ex. : poissons des mers froides).

Assimilation et mise en réserve des lipides

C'est la bile, produite par le foie et stockée dans la vésicule biliaire, qui permet la digestion des lipides. Les acides gras polyinsaturés sont particulièrement fragiles et nécessitent la présence d'antioxydants comme la vitamine E pour ne pas se dégrader avant d'être assimilés. Ils nécessitent en outre de nombreux « co-facteurs » pour être ensuite transformés en de nombreuses molécules aux rôles très variés. Ces co-facteurs sont notamment des micronutriments tels que la vitamine B, le magnésium et le zinc.

Lorsqu'ils ne sont pas utilisés directement par les cellules, les lipides sont stockés dans les cellules adipeuses appelées adipocytes.

Les différentes sources de lipides

- Sources de graisses saturées : viandes et produits laitiers (fromage, beurre, yaourts), huile de palme. Un steak contient 13 % de lipides, le gruyère 30 %, les saucisses 50 %.
- Sources de graisses mono-insaturées (oméga-9) : olives noires, huile d'olive (70 % de graisses mono-insaturées, 8 % d'oméga-6 et moins de 1 % d'oméga-3), amande (12 %).
- Sources d'oméga-6 : viandes et produits laitiers (les viandes actuelles issues de l'agriculture intensive présentent un taux de lipides oméga-6 augmenté), huile de soja (53 % d'oméga-6, 8 % d'oméga-3), huile de germe de blé (56 % d'oméga-6, 9 % d'oméga-3), tournesol (63 % d'oméga-6, quasi 0 % d'oméga-3).
- Sources d'oméga-3 : poissons des mers froides (saumon, thon, sardine, maquereau...), huile de lin (14 % d'oméga-6, 54 % d'oméga-3), huile de noix (55 % d'oméga-6 mais 13 % d'oméga-3).

Cuisson et conservation des lipides

Les lipides les plus fragiles sont les acides gras oméga-3 et oméga-6 qui s'oxydent rapidement à l'air ou se transforment très vite lorsqu'ils sont chauffés. Seules les huiles de coco et d'olive peuvent être chauffées, à condition de ne pas fumer. Elles peuvent aussi être conservées à température ambiante. Les autres huiles riches en oméga-3 ou en oméga-6 se conservent de préférence au réfrigérateur et doivent être consommées rapidement, il est donc préférable d'opter pour de petits conditionnements.

Importance des oméga-3 pour le sportif

Outre les effets bénéfiques pour la physiologie générale, un bon équilibre des acides gras, laissant une bonne place aux oméga-3 est d'une grande importance pour le sportif. En effet, ces derniers :

– diminuent l'inflammation et en conséquence diminuent l'intensité des courbatures ;

– diminuent la destruction des cellules musculaires lors de l'effort et favorisent la construction musculaire. Ce sont donc des alliés de choix pour la « prise de masse » ;

– améliorent l'endurance.

Une prise de conscience dans les choix alimentaires est donc primordiale pour réduire la part des graisses saturées et des oméga-6, et laisser toute leur place aux oméga-3 naturellement absorbés.

L'objectif de ces informations concernant les macronutriments est de vous permettre de bien comprendre leur rôle, afin d'être capable de choisir les qualités de glucides, de protéines et de lipides les plus adaptées. Il ne s'agit pas de quantifier de façon précise les apports quotidiens de chaque catégorie, mais plutôt d'éviter les déséquilibres flagrants. On pourra recommander d'observer ponctuellement, de façon précise, les apports de chaque catégorie à un instant t, pour vérifier qu'il n'y a pas d'erreur manifeste, mais en aucun cas de pratiquer un contrôle systématique. Un tableau récapitulatif (p. 221) vous guidera dans vos choix.

Les micronutriments, alliés du sportif

Comme leur nom l'indique, les micronutriments sont des éléments apportés par l'alimentation, dont la présence, en quantité parfois infime, est néanmoins indispensable au bon fonctionnement de l'organisme. Ils sont extrêmement nombreux et variés.

Les micronutriments sont essentiels au maintien de l'équilibre général de l'organisme. Ils corrigent un certain nombre de déséquilibres, sont les catalyseurs de bon nombre de réactions physiologiques ou entrent dans l'élaboration d'une hormone, d'une enzyme…

Ils participent par exemple aux processus suivants : efficacité du système immunitaire, digestion, transformation du glucose en énergie, antioxydant, constitution des os ou de la peau, gestion de l'inflammation, conduction de l'influx nerveux. Leur présence en quantité insuffisante, c'est-à-dire une carence d'un ou de plusieurs de ces micronutriments, va donc induire des dysfonctionnements ou une moins bonne efficacité de ces systèmes.

Les différentes catégories de micronutriments

Les différentes catégories de micronutriments (souvent appelés « co-facteurs ») sont les suivantes :

Les vitamines

Vitamines A, B (de B1 à B12), C, D (D1 à D3), E, K. En ce qui concerne la vitamine D, elle est fort peu présente dans l'alimentation, mais est fabriquée par le corps lors de l'exposition au soleil.

Les minéraux et oligo-éléments

Ils sont appelés minéraux lorsque la quantité nécessaire au corps humain est significative (calcium, magnésium, potassium, phosphore, sodium). Ils sont appelés oligo-éléments lorsque la quantité nécessaire au corps humain se mesure à l'état de « trace » (fer, cuivre, chrome, zinc, soufre, iode, fluor, manganèse, sélénium, silice, cobalt, molybdène, lithium…).

Les flavonoïdes (polyphénols)

Les flavonoïdes sont les plus répandus des polyphénols. On les trouve dans 6 000 substances différentes. Exemples : EGCG (catéchine du thé vert), OPC (pépins de raisin, écorce de pin maritime), rutine (abricot, peau de la pomme), resvératrol (vin rouge), curcumine (curcuma), quercétine (oignon rouge), anthocyane (myrtille, cassis…). On estime que l'absorption de 5 fruits et légumes différents par jour (la recommandation officielle) apporte environ 150 à 300 mg de flavonoïdes.

Les caroténoïdes

Ils donnent notamment leur couleur à l'aliment concerné. Par exemple, le lycopène est responsable de la couleur rouge (tomate…), le bêta-carotène de la couleur orange (carotte...), la lutéine de la couleur jaune (jaune d'œuf...). Une assiette colorée est donc riche en caroténoïdes. Ils jouent un rôle antioxydant et de protection de l'organisme.

Les enzymes

Extrêmement nombreuses, elles interviennent dans la plupart des réactions physiologiques de l'organisme, car elles en sont les multiples chevilles ouvrières. Elles sont parfois apportées par l'alimentation mais sont surtout fabriquées par l'organisme à partir d'autres nutriments. Néanmoins, la sécrétion d'enzymes diminuant au fil des années, il est particulièrement important de veiller à leur apport continu *via* les aliments crus, les seuls à contenir des enzymes.

La chlorophylle

C'est elle qui donne leur couleur verte aux feuilles des végétaux. Elle emmagasine l'énergie solaire, source principale d'énergie pour la plante. La molécule de chlorophylle est très similaire à la molécule d'hémoglobine du sang. La seule différence est que le minéral associé à la chlorophylle est le magnésium, celui associé à l'hémoglobine étant le fer. On lui attribue donc des vertus de purification du sang.

La chlorophylle est très oxygénante et purifiante. Elle contribue à l'assainissement de l'intestin et entretient la bonne flore intestinale. Elle contribue également à l'équilibre acido-basique. Enfin c'est l'antioxydant le plus puissant (voir l'importance des antioxydants p. 155). Mettre du vert dans son assiette est donc extrêmement bénéfique.

Les aliments sources de micronutriments

Tous les types d'aliments sont sources de micronutriments plus ou moins nombreux et variés, en complément des macronutriments qu'ils procurent[4].

Les fruits séchés

Outre le fait d'être très concentrés en glucides naturels, ils sont aussi très riches en micronutriments. Exemples : la datte est très riche en fer, les abricots secs très concentrés en provitamine A, les pruneaux riches en calcium.

Les fruits secs ou oléagineux

Ils sont généralement très riches en oligo-éléments. Exemples : les amandes sont très riches en magnésium, calcium, phosphore, fer et vitamine E, les graines de sésame sont riches en calcium et en magnésium, les noix en cuivre et en vitamine B, la noix du Brésil

4. Il est aisé de trouver la teneur complète en micronutriments d'un aliment. De nombreuses sources et études existent, par exemple le site www.aprifel.com qui fournit des informations synthétiques concernant les fruits et légumes ou encore le site www.lanutrition.fr. Voir aussi le tableau p. 222-223.

est l'aliment connu le plus riche en sélénium, les graines de tournesol sont riches en vitamines B et E.

Les fruits frais
Les fruits frais sont particulièrement riches en vitamine C, en flavonoïdes et en caroténoïdes. Exemples : le citron est l'agrume le plus riche en vitamine C, mais le cassis en contient trois fois plus et contient aussi beaucoup de potassium, comme la banane. La banane est très riche en vitamine B6, elle est également riche en magnésium et en phosphore.

Les légumes secs
Appelés également légumineuses (haricots secs, lentilles, pois chiches...). Ils sont riches en vitamine B ainsi qu'en calcium, magnésium, cuivre, phosphore, fer.

Les légumes frais
Ils sont riches en vitamines A, C, flavonoïdes, caroténoïdes. Exemples : les carottes sont très riches en vitamine A, les brocolis en vitamines B, C et en cuivre. Les légumes verts sont particulièrement riches en vitamines B9 et K. Les avocats sont riches en vitamine E. La citrouille en magnésium, la pomme de terre en potassium. Les feuilles vertes sont riches en chlorophylle.

Les épices et herbes aromatiques
Le persil est très riche en vitamine C et en fer, le curcuma en cuivre et en curcumine (flavonoïdes), les algues en magnésium (surtout les algues vertes) et en calcium (algue lithotamne).

Les céréales complètes
Elles sont une source importante de vitamine B, de magnésium, cuivre, chrome, phosphore. Le sarrasin est riche en rutine (flavonoïdes).

La viande et les produits issus des animaux
La viande est riche en fer, en particulier la viande rouge. Les aliments issus des animaux (viande, poisson, œufs, produits laitiers) sont les seuls aliments pourvoyeurs de vitamine B12. Les œufs sont en outre riches de l'ensemble des vitamines B, ainsi qu'en vitamines A et K. La sardine et le saumon sont riches en vitamine D et en calcium.

Les huiles végétales

Il faut les choisir issues d'une première pression à froid (mode d'extraction spécifié sur la bouteille). Outre de précieux lipides, les huiles végétales contiennent le plus souvent une grande quantité de vitamine E et de la vitamine K. L'huile de foie de morue est très riche en vitamine D et en iode.

Attention aux aliments consommateurs de micronutriments !

Comme nous l'avons mentionné à propos de la digestion du glucose, certains aliments consomment beaucoup de micronutriments pour leur propre digestion, tout en en apportant très peu eux-mêmes. De même que les sucres, céréales et farines raffinées, les huiles raffinées, c'est-à-dire qui ne sont pas de première pression à froid, ont perdu tous leurs précieux nutriments et puisent dans les réserves de l'organisme pour être assimilées.

Besoins quotidiens en micronutriments

Certains micronutriments sont nécessaires en quantité plus importante en fonction de l'intensité de l'activité, ainsi que des spécificités de la physiologie personnelle. Un apport varié d'aliments riches en micronutriments est donc d'autant plus essentiel que l'activité est intense. Par ailleurs, il est utile de veiller à d'éventuels signes de carences, pour corriger l'alimentation et mieux l'adapter à l'activité et à la physiologie.

Mise en réserve

Les micronutriments peuvent être mis en réserve dans les différents tissus et muqueuses de l'organisme, en particulier dans la muqueuse intestinale et le foie.

Un équilibre complexe

Outre les quantités adéquates de chaque micronutriment, l'organisme a besoin, pour fonctionner de manière optimum, que ces quantités soient équilibrées entre elles. En effet, une surcharge dans un micronutriment donné peut entraîner une carence dans un autre : par exemple, un excès de cuivre peut entraîner une carence en zinc. Certains micronutriments sont préservés et dynamisés par d'autres ou au contraire déséquilibrés : par exemple, le fer est dynamisé par la vitamine C et la vitamine B12, mais déséquilibré par un excès de zinc ou de phosphore.

Il est important de noter également que le plus souvent, c'est la présence simultanée de plusieurs types de micronutriments dans un même aliment ou dans un même repas qui les rend efficaces. En effet, comme le mentionne le chercheur américain David Nieman dans le livre de C. Hausswirth, *Nutrition et performance en sport* [17] : « Les effets protecteurs sur la santé des plantes alimentaires ne sont pas liés à un seul composé, mais plutôt à des mélanges complexes de molécules qui interagissent entre elles (...). Ainsi, l'approche "pharmaceutique" consistant en l'injection d'une dose massive d'une seule molécule biochimique est rarement bénéfique en ce qui concerne la nutrition des êtres humains et la performance. » D'où l'intérêt d'absorber si possible une plante « dans son totum » ou un aliment complet, et non un nutriment ou un principe actif isolé. Ce principe fait écho pour le Dr Ledoux [24] à la notion de synergie botanique, c'est-à-dire au fait que dans la nature aussi, les plantes s'entraident les unes les autres et sont complémentaires.

Quid des supplémentations en micronutriments ?

• Une supplémentation doit être envisagée avec beaucoup de précaution, car elle peut potentiellement créer des surcharges ou des déséquilibres dont les conséquences seront nuisibles à la performance.

• En ce qui concerne les vitamines, il faut être particulièrement vigilant avec les suppléments en vitamines dites « liposolubles », dont les excès sont stockés dans les graisses et non éliminés (il s'agit des vitamines A, D, E et K) et peuvent donc être toxiques. À l'inverse, l'excès d'autres vitamines dites « hydrosolubles » est éliminé par les urines mais cette élimination fatigue le corps inutilement.

• Le magnésium et les antioxydants sont probablement les micronutriments les plus susceptibles d'être en déficit chez le sportif de haut niveau, en plus des oméga-3 cités dans le paragraphe sur les lipides.

Comme nous le verrons plus loin, il existe beaucoup de manières d'augmenter ses apports en micronutriments avant d'avoir recours à une éventuelle complémentation. En cas de déficit avéré ou soupçonné dans un ou plusieurs micronutriments, il faut en effet avoir d'abord le réflexe de rechercher un apport supplémentaire *via* l'alimentation, car les micronutriments apportés par l'alimentation sont beaucoup mieux assimilés par l'organisme.

Rôle des micronutriments

Les micronutriments jouent de nombreux rôles, dont certains concernent particulièrement les sportifs, qui devront veiller tout particulièrement à avoir un apport suffisant en calcium, magnésium, phosphore, potassium, sodium, fer, cuivre, sélénium, ainsi qu'en vitamines A, B, C et D et en polyphénols (flavonoïdes, voir p. 29).

Pour optimiser les systèmes essentiels à l'activité sportive :

La production d'énergie

• *Le fer* est un oligo-élément très important notamment dans le transport de l'oxygène vers les cellules et donc dans la fabrication d'énergie. Un déficit en fer (anémie) aura un impact direct sur les performances sportives.

• De même, *les vitamines B2 et B3* contribuent à la production d'énergie dans les cellules.

• *Le phosphore* participe au métabolisme des graisses et du sucre pour la fabrication de l'énergie.

• En outre, *le chrome* est essentiel à la fabrication de l'insuline et donc au bon fonctionnement de la gestion des glucides, principal carburant : les sportifs sujets à la fringale (hypoglycémie) sont généralement en carence de chrome.

La performance musculaire

• Elle sera facilitée par un apport en quantité suffisante de *calcium* (qui participe à la contraction musculaire) et de *sodium* (qui peut ponctuellement manquer suite à une transpiration importante).

• Par ailleurs, Christophe Hausswirth [17] indique des effets bénéfiques contre l'inflammation et les DOMS (courbatures) lorsque des cocktails de *flavonoïdes* ou d'*extraits de plantes* sont ingérés avant un exercice intense.

Le fonctionnement cardiaque

• *Potassium* et *calcium* sont importants (une carence peut mener à l'arythmie par exemple).

La santé des os

• Elle nécessite entre autres un bon équilibre entre *calcium, magnésium* et *phosphore* (2 calcium pour 1 magnésium et 1 phosphore). Sans la présence suffisante de magnésium et de phosphore, le calcium ne peut pas être assimilé correctement ; il est éliminé par le système rénal qui est alors mis à contribution et se fatigue inutilement.

• *La vitamine D* (en particulier la vitamine D3) est essentielle à la fixation du calcium sur les os, de même que *la vitamine K2*.

• *La vitamine C* contribue également à une bonne santé des os et du cartilage.

• *La silice* contribue à rendre les os à la fois rigides et « souples », c'est-à-dire capables notamment d'absorber les chocs.

La santé des articulations, ligaments et tendons

Elle nécessite des apports suffisant en *soufre, silice, magnésium* et *potassium.* À noter que la silice apporte à la fois souplesse et résistance aux tissus du corps.

Le système nerveux

• La gestion du stress est facilitée par la présence en quantité suffisante de *magnésium* mais aussi de *vitamine B5.*

• De manière générale, *la vitamine B6* contribue également à la production de plusieurs neurotransmetteurs.

La conduction de l'influx nerveux

Il s'agit notamment de la transmission des « ordres » émis par le cerveau pour l'exécution des mouvements, en particulier l'activation des muscles. Cette conduction utilise *le sodium* ainsi que *le magnésium. La vitamine B1* lui est aussi utile. Un déficit de l'un ou l'autre de ces minéraux ou vitamines rendra donc la réponse musculaire moins rapide ou moins précise.

L'hydratation

Le sodium joue un rôle essentiel dans le maintien ou la récupération de l'hydratation de l'organisme, de même que *le potassium.*

Pour maintenir ou restaurer les équilibres essentiels :

L'action anti-inflammatoire

Le cuivre joue un rôle anti-inflammatoire fondamental.

Le rôle d'antioxydant

Nous expliquerons plus loin (p. 155) les processus d'oxydation, augmentés pour les sportifs, et l'importance de les compenser le plus possible par des antioxydants. Les processus antioxydants sont stimulés par l'apport de nombreux micronutriments, tels que *les vitamines A, C et E* ainsi que des oligo-éléments comme *le sélénium* ou par *les flavonoïdes* comme la catéchine du thé vert.

L'équilibre acido-basique

Nous reviendrons également plus loin (p. 142 et suivantes) sur l'importance de maintenir l'équilibre acido-basique chez le sportif. Il sera facilité par des apports importants en *minéraux* ainsi qu'en *chlorophylle.*

La cicatrisation des blessures

Elle est facilitée notamment par *la vitamine C, la vitamine B9 et la silice.*

La détox

La chlorophylle facilite la détox, avec le *soufre* comme oligo-élément. Nous reviendrons plus loin (p. 145 et suivantes) sur la nécessité de faciliter l'élimination régulière ou périodique des toxines de l'organisme pour le rendre le plus efficace possible. Vous trouverez p. 222-223 un tableau récapitulant les différents rôles joués par les micronutriments.

Les autres apports de l'alimentation

L'eau

Préserver l'hydratation est un enjeu important pour le sportif. L'eau est l'élément le plus vital de l'organisme car on peut mourir en quelques jours de déshydratation, alors que l'on peut survivre plusieurs semaines avec de l'eau et sans aucun aliment. L'eau représente en effet 60 à 70 % du poids de notre corps, soit environ 42 litres pour un individu de 70 kg.

L'eau intervient dans la plupart des réactions physiologiques du corps. Elle joue un rôle essentiel de *fluidifiant*, de mouvement dans l'ensemble du corps, ainsi que de régulation (de la tension artérielle ou de la température par exemple). L'équilibre en eau du corps est un réglage très subtil qui fait intervenir à la fois des hormones et, comme nous l'avons dit plus haut, ces minéraux bien connus que sont le sodium et le potassium. Dans le cadre d'une pratique sportive intensive, le corps régule la température du corps par la transpiration, ce qui provoque des pertes en eau et en minéraux, plus ou moins importantes selon l'intensité, les conditions de température et d'humidité et la physiologie, qui est propre à chaque sportif. Il est donc essentiel de veiller à cet équilibre pour préserver les performances. Nous verrons plus loin de quelle manière (p. 75).

Les besoins journaliers en eau sont estimés à 2,2 l pour une activité et une température moyennes. Une partie importante provient de l'alimentation (environ 1 l par jour). Le complément, soit 1,2 l, doit être fourni par une eau pure, de qualité et réellement « vivante ».

L'eau ne doit pas contenir d'éléments toxiques ce qui est pourtant souvent le cas des eaux du robinet (sauf si elles descendent directement des montagnes, sans avoir subi de traitement). Certes, ces eaux sont contrôlées et traitées pour ne pas contenir de bactéries, mais elles contiennent de nombreux résidus de produits de traitement (chlore, etc.), de pesticides issus de l'agriculture, de métaux lourds, de médicaments (pilule contraceptive, anti-inflammatoires...).

La notion de résidu à sec

L'eau joue un rôle de nettoyage très important dans l'organisme. Bien que les publicités tentent de nous convaincre du contraire (la fameuse richesse en minéraux de telle ou telle eau...), ce sont les eaux les moins minéralisées qui sont les plus bénéfiques pour le corps. C'est-à-dire que la mention « résidu à sec » de l'étiquette doit être la plus faible possible (au maximum de 150 mg/litre), ce qui oriente vers les eaux dites « de source » plutôt que vers les eaux dites « minérales ». En effet, les minéraux contenus dans les eaux en bouteilles ne sont que très peu assimilés par le corps humain (sauf lorsque l'eau est bue directement à la source) qui doit donc les éliminer par les urines, ce qui fatigue inutilement le filtre qu'est le rein. Il en est de même pour les eaux gazeuses qui sont généralement très minéralisées.

Les fibres

Les fibres sont particulièrement présentes dans les aliments végétaux auxquels elles apportent la structure, l'ossature en quelque sorte. Ce sont des glucides, mais qui ne sont ni digérés ni assimilés par l'homme.

Les fibres solubles

Ce sont les plus douces. Elles sont solubles dans l'eau et se transforment alors en une sorte de gel. On peut citer *les pectines, les gommes, les mucilages*, présentes notamment dans l'avoine, le sarrasin, les légumineuses, les figues, les pruneaux et en quantité plus réduite dans bon nombre de fruits et légumes.

Les fibres non solubles

Elles sont un peu plus agressive pour l'intestin. Ce sont celles que l'on évite en cas de diarrhée ou de transit trop rapide. On peut citer *la cellulose, la lignine*, présentes dans les céréales complètes, le brocoli, les choux, les lentilles, les amandes...

Les différents rôles des fibres

Les fibres solubles et non solubles sont présentes dans les aliments et ne sont pas digérées. Elles donnent du volume aux aliments ingérés, stimulent les mouvements mécaniques des parois intestinales et contribuent ainsi à faire progresser les matières à éliminer *via* l'intestin. C'est la raison pour laquelle un manque de fibres conduit à la constipation.

Certaines fibres contribuent à nourrir les bactéries bénéfiques de notre flore intestinale, très nombreuses et très importantes. Il s'agit notamment des FOS (fructo-oligosaccharides) et des GOS (galacto-oligo-saccharides), que l'on trouve par exemple dans l'artichaut, l'asperge, la banane, la salade chicorée, l'oignon, l'endive, le topinambour, le poireau, le salsifis… Nous préciserons plus loin le rôle de la flore intestinale et la nécessité de la préserver et de l'entretenir au mieux (voir p. 115 et suivantes). Rappelons par ailleurs que la présence de fibres contribue à ralentir l'assimilation des glucides et donc à baisser l'indice glycémique du repas.

L'évolution récente de notre alimentation

Les aliments que nous mettons dans notre assiette ont considérablement évolué par rapport à ceux qui nourrissaient nos grands-parents. En quantité peut-être, en type d'aliment sûrement, mais ce sont surtout les caractéristiques intrinsèques de beaucoup d'aliments qui se sont transformées de manière drastique. Et l'impact est considérable.

Que mangeaient nos ancêtres ?

Le mode d'assimilation des aliments par le corps humain est son système digestif : il est composé du « tube » digestif, ininterrompu de la bouche à l'anus (bouche, œsophage, estomac, intestin grêle, gros intestin ou côlon, anus). Le tube digestif bénéficie du concours de deux organes essentiels : *le foie et le pancréas* (voir schéma p. 126).

Notre système digestif n'a que peu évolué depuis l'ère paléolithique et diffère d'ailleurs assez peu de celui du grand singe. Il se modifie de façon extrêmement lente ; or l'alimentation moderne a évolué, une première fois à l'époque de l'avènement de l'agriculture et de l'élevage, puis à une vitesse foudroyante depuis la Seconde Guerre mondiale, c'est-à-dire depuis 70 ans – 3 générations ! Il est donc logique et facile de comprendre que l'alimentation actuelle n'est pas toujours adaptée à notre physiologie qui, elle, n'a pas bougé au même rythme. Une alimentation adaptée au mieux à la physiologie ayant toutes les chances d'optimiser son fonctionnement et donc ses performances, il est intéressant d'étudier précisément le contenu de l'alimentation ancestrale et de la comparer à l'alimentation moderne, pour déterminer l'alimentation optimale du sportif d'aujourd'hui.

L'alimentation « paléo »

L'école de nutrition dite « paléo » (pour paléolithique) pose le principe que l'alimentation la plus adaptée à l'homme est celle de nos ancêtres. L'alimentation « paléo » favorise une bonne utilisation des glucides [31], ce qui est bien sûr une clé de la performance sportive (les glucides étant la source d'énergie principale), mais aussi une clé pour la synthèse protéique et la construction des muscles notamment. En effet, une bonne métabolisation des glucides est liée à une *bonne sensibilité à l'insuline* (hormone issue du pancréas qui gère le niveau sanguin en glucose). Or une étude a montré que la sensibilité à l'insuline du peuple Kitava (Papouasie-Nouvelle Guinée), qui a une alimentation

paléo, est nettement supérieure à celle de Suédois en bonne santé. L'alimentation paléo permettrait donc aux Kitava d'optimiser l'utilisation des glucides[5].

Le Dr Ledoux [(24)] complète cette analyse en expliquant que l'alimentation des peuples nomades (cueillette et chasse) étant naturellement à indice glycémique bas, leur pancréas (qui gère les sucres comme expliqué au chapitre 2) était de petite taille. La taille du pancréas a largement augmenté lorsque l'homme s'est sédentarisé et a augmenté sa consommation de glucides. Aujourd'hui, le diabète (maladie du pancréas et de la gestion des sucres) est une maladie de plus en plus répandue.

De nombreux sportifs de très haut niveau affirment avoir adopté une alimentation de type « paléo ». Citons par exemple Christophe Carrio (champion du monde de karaté), Novak Djokovic (tennis), David Zabriskie (cyclisme), Amanda Beard (championne olympique de natation), Gordo Byrn (champion du monde ultraman).

Le régime Seignalet

L'approche du Dr Jean Seignalet [(26)], avec son régime ancestral, va dans le même sens. Ses recherches et surtout ses expériences sur des pathologies de toutes sortes ont démontré l'intérêt, là aussi, d'un « retour aux sources », pas uniquement pour améliorer les

5. Carrera-Bastos P., Fontes Villalba M., O'Keefe J.H., Lindeberg S., Cordain L., "The Western Diet and Lifestyle and Diseases of Civilization". *Res. Clin. Cardiol.*, 2011; 2 : 215-235.

performances, mais avant tout pour se soigner. Ce régime alimentaire a en effet permis de guérir ou d'améliorer l'état de personnes souffrant de pathologies chroniques ou lésionnelles graves.

Jean Seignalet s'est également intéressé aux sportifs et considère que ses conseils diététiques peuvent diminuer les lésions et ralentir la diminution des performances liée à l'âge, car ils évitent un encrassage progressif de l'organisme. Nous y reviendrons à partir de la page suivante (voir aussi encadré ci-dessous et p. 224-225).

Témoignage de sportif

« Je souffrais de tendinopathie récidivante du talon d'Achille depuis huit ans et j'avais arrêté complètement le sport depuis six mois lorsque, en désespoir de cause, je me suis tourné vers une naturopathe. Celle-ci, en s'appuyant sur une anamnèse complète, un bilan et des analyses biologiques, a décelé des carences et la nécessité d'adapter mon alimentation. J'ai notamment adopté l'alimentation Seignalet, ce qui a permis à mon tendon de passer d'une largeur de 4,5 cm à 2,5 cm en 1 mois et demi ! Grâce aussi aux autres techniques qui m'ont été conseillées (massages aux huiles essentielles, compléments alimentaires, soin de l'intestin...), j'ai repris le sport après trois mois et suis revenu à la compétition après six mois. »

Sébastien, 43 ans, triathlète.

Les composantes de l'alimentation « ancestrale »

L'alimentation ancestrale, point de départ des deux approches, paléo et Seignalet, était composée de tout ce que les « chasseurs-cueilleurs » avaient à leur disposition :

- Fruits, baies
- Pousses, bourgeons, fleurs, jeune feuilles
- Racines, bulbes
- Légumes sauvages
- Graines et oléagineux (noix, amande...)
- Poissons et crustacés

- Viande selon la chasse, abats mais aussi insectes
- Œufs
- Miel
- Lait maternel (petite enfance)

Cette alimentation variait bien sûr selon le climat et selon la saison. Elle s'adaptait à ce que la nature proposait à l'homme dans une région donnée. Dès que le climat chaud le permettait, la proportion de végétaux était bien plus importante qu'en région ou en saison froide.

Par ailleurs, on estime que la cuisson était peu répandue, point qui a attiré notamment l'attention du Dr Seignalet qui préconise une alimentation la plus crue possible, ou avec des cuissons douces et respectueuses des nutriments.

Enfin, par nature, tout aliment était bio !

Les inconvénients de l'alimentation « moderne »

Comme nous l'avons dit plus haut, l'alimentation qui nous est proposée actuellement est la conséquence d'évolutions depuis des civilisations très anciennes : une partie des chasseurs-cueilleurs se sédentarise à partir de 12 000 ans avant J.-C. Ils deviennent agriculteurs, puis éleveurs. Cette évolution peut être considérée comme récente car elle doit être mise en regard des 7 millions d'années d'histoire de l'évolution humaine ! L'évolution depuis la fin de la Seconde Guerre mondiale équivaut à peine un clignement d'œil à l'échelle de ces 7 millions d'années (voir p. 224-225) !

Des aliments « récents » et dénaturés

Les céréales

Leur consommation est devenue fréquente avec l'introduction de l'agriculture (à partir de 9 000 ans avant J.-C.). S'en sont suivi des mutations génétiques naturelles successives. Les mutations génétiques sont particulièrement notables pour le blé depuis la Seconde Guerre mondiale : elles ont été accélérées par l'agriculture intensive et les recherches agronomiques pour améliorer les rendements, augmenter les quantités produites, mais sans jamais tenir compte de l'impact de ces évolutions sur les composantes nutritionnelles pour l'homme.

À titre d'exemple, le nord de la France, traditionnel « grenier à blé », produisait un maximum de 30 quintaux/hectare dans les années 1960. De 2011 à 2015, les rendements ont été de presque 90 quintaux/hectare, soit trois fois plus de blé produit sur une même surface et donc avec la même quantité de terre « nourricière ».

L'ancêtre du blé contenait 7 paires de chromosomes. Aujourd'hui, il en contient 14 paires, voire 21 paires pour le blé tendre utilisé pour le pain. Son taux de gluten a énormément augmenté. Par ailleurs, il est de plus en plus présent dans de nombreuses préparations industrielles et on le retrouve partout dans notre alimentation occidentale. La consommation de gluten a donc considérablement augmenté et généré un nombre croissant d'intolérances, d'autant que des éléments traditionnellement utilisés comme le levain, qui « prédigérait » le gluten du pain, ont progressivement disparu pour être remplacés par la levure, plus pratique d'emploi.

De plus, pour des raisons de mode puis de facilité économique et de conservation, le blé est le plus souvent utilisé dans sa version raffinée (farine blanche, pain blanc, pâtes blanches), c'est-à-dire dénuée de la plupart de ses micronutriments (vitamines, oligo-éléments) et épuisant les réserves de ces mêmes micronutriments dans notre organisme pour assurer sa digestion.

Les laits animaux et leurs dérivés (fromage, yaourt, beurre...)

Leur consommation est apparue avec l'introduction de l'élevage (à partir de 7 000 avant J.-C.). Outre le fait que la consommation massive de lait et de produits laitiers est extrêmement récente dans l'histoire humaine, il a de plus changé de nature depuis son

À savoir

Les aléas de la conservation du lait ont très longtemps limité sa consommation. Il ne pouvait en effet être consommé que fort peu de temps après la traite. C'est l'apparition successivement de la pasteurisation (au 19e siècle) et de la réfrigération (au 20e siècle), qui a permis une consommation plus fréquente et étendue.
Mais le grand boom du lait est issu de décisions politiques prises après la Seconde Guerre mondiale et basées sur les trois principales justifications suivantes : lutter contre l'alcoolisme des jeunes, réalimenter la population ayant subi les privations de la guerre (certains nutritionnistes de l'époque prônant les calories et protéines rapidement disponibles grâce aux laitages et au sucre) et enfin, stimuler la production agricole de lait et de betteraves sucrières [31].
L'image positive et rassurante du lait maternel dans l'inconscient collectif a peut-être aussi joué en faveur de cet engouement... mais aucune étude critique n'a été mise en avant sur les caractéristiques bien différentes du lait de vache consommé par des petits humains voire par des adultes.

expansion dans les années 1950 : la production laitière, devenue industrielle, a elle aussi misé sur les rendements, a grandement modifié les conditions d'élevage et d'alimentation des vaches et a introduit le procédé de stérilisation UHT (qui détruit par exemple toutes les enzymes). Ce qui, au final, a drastiquement changé les caractéristiques du lait et l'a rendu encore plus incompatible avec la physiologie humaine (28).

Il n'est donc pas étonnant que les produits laitiers engendrent des problèmes de nature variée chez de nombreuses personnes : problèmes digestifs, de peau, perméabilité intestinale favorisant d'autres intolérances alimentaires (voir p. 92-97), ostéoporose, etc. Selon les sensibilités individuelles, il sera donc très utile au sportif soucieux d'optimiser sa physiologie d'observer s'il supporte réellement bien les produits laitiers et de les limiter par précaution, voire de les exclure. L'apport en calcium peut être garanti de bien meilleure façon, parce que mieux assimilé, par des aliments d'origine végétale (voir encadré ci-dessous).

Aliments riches en calcium

Quantité de calcium en mg, pour 100 g

Parmesan, 1 200 mg ; graines de sésame, 975 mg ; sardines en boîte, 400 mg ; tofu, 350 mg ; lait de chèvre, 325 mg ; persil, 250 mg ; amandes, 250 mg ; cresson, 210 mg ; chèvre sec, 200 mg ; noix du Brésil, 170 mg ; épinards, 168 mg ; farine de soja, 154 mg ; persil frais, 140 mg ; lait de vache, 113 mg ; chou chinois cru, 105 mg ; chocolat, 105 mg ; noix, 104 mg ; farine de sarrasin complète, 90 mg ; brocolis, 76 mg ; chou frisé cuit, 70 mg ; figues sèches, 64 mg ; haricots blancs cuits, 60 mg ; haricots verts, 60 mg ; kiwi, 56 mg ; orange, 52 mg ; pois chiches, 49 mg ; viandes et poissons : 10 à 40 mg.

Le sucre

Il est extrait de la canne à sucre ou de la betterave et n'existait pas sous cette forme à l'ère paléo, qui connaissait uniquement le sucre des fruits ou un peu de miel. Avec le développement des cultures de canne à sucre puis de betterave, la consommation de sucre en France est passée de 2 kg/personne/an au 18e siècle à 35 kg/personne/an aujourd'hui (et même 80 kg aux États-Unis). Il est par ailleurs maintenant consommé le plus souvent sous sa forme raffinée, avec les mêmes inconvénients que le raffinage du blé.

On en trouve dorénavant partout et de manière masquée : la consommation de sucre brut dans les foyers a en effet laissé la place à une consommation de plus en plus importante *via* les produits industriels : confiseries, pâtisseries, biscuits, sodas, jus de fruits, mais aussi sauce tomate et même pizza !

Or le sucre a un énorme pouvoir de déstabilisation de l'organisme au niveau du pancréas (nous y reviendrons plus loin). Il provoque également une déstabilisation de la flore intestinale (candidoses) et donc des problèmes digestifs. Le plus problématique étant qu'un processus addictif se met en place, heureusement réversible avec quelques mesures naturopathiques. Là encore, on se trouve face à une consommation de masse récente, à laquelle la physiologie humaine n'est pas adaptée.

Signalons que les All Blacks, équipe de rugby nationale néo-zélandaise, ont adopté une alimentation quasiment sans sucre, ce qui ne les a pas empêchés d'être champions du monde en 2015[6].

Le sel

Inexistant en tant que tel à l'ère paléolithique, il est néanmoins reconnu par l'organisme puisque présent, en faible quantité, *via* la consommation de produits de la mer. Il est d'abord utilisé essentiellement pour la conservation et même comme monnaie d'échange. Sa consommation est aujourd'hui d'environ 4 kg/personne/an en France. Comme pour le sucre, la consommation de sel « cachée » est de plus en plus importante, notamment dans les plats préparés puisque c'est un excellent exhausteur de goût. Par ailleurs, il est dorénavant le plus souvent raffiné lui aussi (ce qui transforme ses caractéristiques et l'appauvrit) et reçoit fréquemment des additifs artificiels tels que des anti-agglomérants.

Une consommation exagérée de sel a des effets bien connus sur l'hypertension et contribue à rendre nos papilles de moins en moins sensibles aux « vrais goûts » (de même que les sauces à base de graisses saturées comme la crème fraîche ou le beurre).

En ce qui concerne le sportif, un excès de sel contribue à acidifier l'organisme (voir l'équilibre acido-basique p. 142), et entraîne une diminution de la masse maigre (les muscles) au profit de la masse grasse… ce qui n'est pas vraiment l'objectif d'un sportif de haut niveau ! Une diminution du sel dans l'alimentation se fera néanmoins progressivement.

Les huiles

Depuis la Seconde Guerre mondiale ont été mis en place des processus industriels de transformation des huiles végétales – chauffage, raffinage, décoloration, désodorisation, hydrogénation, ajout de solvants – qui aboutissent à un produit fini beaucoup plus rentable, facile à conserver et à utiliser, mais composé de molécules que le corps ne

6. Ce changement est intervenu à la suite du documentaire *That Sugar Film*, de Damon Gameau (2014). Lire aussi : *Le mal du sucre* de Danièle Starenkyj [29].

reconnaît pas et qu'il se fatigue donc à tenter de digérer et d'éliminer. Les huiles auront bien sûr perdu au passage, dans le processus industriel, tous leurs précieux nutriments.

Les huiles ont pourtant des vertus très intéressantes pour la santé et la performance, à condition qu'elles soient extraites dans des conditions respectueuses de leurs qualités, c'est-à-dire de première pression à froid (elles ont été particulièrement mises en avant par le Dr Kousmine [21] qui les préconisait dans le protocole avec lequel elle a notamment guéri, ou obtenu la rémission, de nombreux cas de scléroses en plaques).

L'alcool

L'homme « paléo » était parfois en contact avec l'alcool, celui issu de la fermentation naturelle des fruits trop mûrs [31]. Par ailleurs, l'ingestion de fruits en fin de repas engendre une fermentation stomacale de type alcoolique [24]. L'organisme humain serait donc apte à gérer une (très) faible quantité d'alcool, à condition qu'il soit issu de fruits (vin).

L'impact des modes de culture et d'élevage

La plupart des aliments cultivés *se sont appauvris en vitamines et en minéraux* :

- Les modes de production des aliments ont été guidés par une amélioration des rendements et non des qualités nutritionnelles. L'agriculture intensive et « l'oubli » des méthodes ancestrales ont appauvri les sols – donc les plantes dont nos aliments extraient leurs nutriments.
- Les fruits sont le plus souvent cueillis avant maturité afin qu'ils se conservent plus longtemps dans le transport et dans les magasins.
- L'éloignement grandissant entre les lieux de production et de consommation allonge le délai qui s'écoule entre la cueillette et le moment de la consommation effective des fruits et légumes, délai pendant lequel ces aliments perdent chaque jour un peu plus de leurs précieux nutriments.
- Enfin, comme déjà évoqué plus haut, le raffinage des farines, huiles, sel, sucres leur ôte la plupart de leurs micronutriments.

La pollution alimentaire

Avec l'agriculture intensive sont apparus les engrais chimiques et les pesticides ; avec l'élevage intensif, l'ajout d'hormones et d'antibiotiques ; avec la pollution des mers, les métaux lourds. Toutes ces molécules sont absorbées, même en quantité infime, avec les aliments consommés. Elles ne sont pas naturelles pour l'organisme et leurs effets – pris isolément mais aussi et surtout en « cocktail » de substances variées selon les aliments absorbés – sont encore trop peu étudiés.

L'exemple des perturbateurs endocriniens : quel impact pour le sportif ?

L'effet de perturbateur endocrinien de certaines substances est désormais largement documenté et reconnu, même à des doses infimes. Ces substances, absorbées avec l'eau et l'alimentation (et dans une moindre mesure sur la peau ou respirées), perturbent significativement le fonctionnement du système endocrinien, c'est-à-dire la production et le réglage extrêmement fin de chacune des hormones utilisées par notre corps. Or les hormones sont omniprésentes dans le corps : environ quarante d'entre elles circulent en permanence dans le sang, qui les véhicule vers les organes dont elles régulent le fonctionnement.

C'est le fonctionnement même du corps qui est perturbé, et même celui des descendants de la personne « polluée ». Ces substances sont issues notamment des pesticides utilisés en agriculture conventionnelle, des phtalates utilisés pour la fabrication du plastique alimentaire ou encore des substances entrant dans la composition des produits ménagers ou des cosmétiques.

En outre, les molécules non naturelles sont difficilement éliminées par l'organisme, qui se fatigue donc inutilement et consomme de précieux micronutriments pour les prendre en charge et finir par les éliminer peu à peu ou par les stocker de plus en plus profondément dans les cellules.

Passons en revue le rôle de certaines hormones dans l'activité sportive :

– *L'adrénaline et la noradrénaline :* leur quantité augmente jusqu'à dix fois pendant un entraînement. Elles influent sur le rythme cardiaque et sur la dilatation et la contraction des vaisseaux sanguins, pour favoriser l'irrigation du cœur et des muscles. Le stress psychique augmente également leur production.

– *L'aldostérone et le cortisol* agissent sur la gestion des réserves énergétiques. C'est l'aldostérone qui maintient la pression sanguine, en cas de déshydratation notamment, et la régulation est d'autant plus efficace que la personne est entraînée.

– *La testostérone* est l'hormone la plus importante pour développer de la force pure. C'est également un anabolisant protéique, qui contribue donc au développement de la masse musculaire.

– *L'insuline et le glucagon* régulent la gestion du glucose dans le sang, et donc les réserves et l'utilisation de l'énergie. En outre, l'insuline contribue aussi à la synthèse protéique et donc à la masse musculaire.

– *La parathormone* gère notamment la quantité de calcium dans le sang. Si la quantité de calcium est insuffisante, cela provoque notamment des crampes, des spasmes ou des irritations musculaires.

– *L'hormone de croissance* augmente pendant l'entraînement. Elle influe sur le métabolisme des protéines et la synthèse protéique, mais aussi sur l'utilisation des lipides (évitant aussi leur stockage).

– *Les hormones thyroïdiennes* augmentent également pendant l'effort physique. Elles ont notamment un effet anabolisant (construction et croissance des tissus et donc de la masse musculaire).

Les quantités d'hormones nécessaires à la régulation de l'ensemble de ces fonctions sont généralement infimes et leur réglage très subtil. Il existe de plus une interaction et une inter-régulation permanentes entre elles. C'est pourquoi une substance présente en petite quantité dans des aliments (pesticides), mais absorbée de manière répétée, peut réellement perturber le réglage de une ou plusieurs de ces hormones. et donc les fonctionnements physiologiques cités ci-dessus.

Les perturbateurs endocriniens se trouvent dans les 3 sources suivantes :

– *L'alimentation* : pesticides, additifs alimentaires antioxydants, emballages plastiques (bisphénol, phtalates...).

– *La respiration* : inhalation d'un air pollué, produits d'entretien de la maison, engrais, désherbants, pesticides...

– *La peau* : substances présentes dans les cosmétiques et parfums, traitement des textiles.

Le cas particulier des antalgiques (paracétamol, aspirine)

Une étude de l'Inserm de 2013 a démontré que les antalgiques, auxquels les sportifs peuvent être tentés d'avoir recours en cas de douleurs ou de blessures (voire même en prévention !), inhibent la production de testostérone. Ils ont donc un impact négatif direct sur le développement de la force et de la masse musculaire (voir plus haut). À consommer avec modération !

Voici quelques recommandations pour limiter l'exposition à ces perturbateurs sournois :

– *Manger bio* le plus possible.

– *Boire des boissons sans additifs* ou préférer l'eau.

– *Éviter les ustensiles en plastique* pour la cuisson et la conservation des aliments ou pour emmener de quoi boire : préférer les contenants en verre ou en inox.

– *Utiliser des produits d'hygiène et des produits d'entretien pour la maison les plus naturels* possible.

– *Respirer si possible un air le moins pollué possible* et *aérer quotidiennement* son habitat.

– *Éviter le plus possible les médicaments*, notamment les antalgiques (antidouleur).

L'impact des modes de préparation et de conservation

La cuisson des aliments

C'est un thème auquel est particulièrement attaché le Dr Seignalet [26] qui préconise le plus possible d'aliments consommés crus ou avec une cuisson douce et brève. L'ère paléolithique utilisait un peu la cuisson pour rendre l'aliment plus digeste, notamment la viande, en l'enveloppant dans des feuilles de bananier, ce qui procurait une cuisson douce et respectueuse de l'aliment.

Les températures élevées détruisent l'essentiel des enzymes et vitamines[7]. En effet, les enzymes digestives sont détruites à partir de 40 °C, la vitamine C à partir de 60 °C, certaines vitamines B à partir de 90 °C, les vitamines A et D à partir de 110 °C et les dernières vitamines B ainsi que la vitamine E à partir de 120 °C. Température à partir de laquelle se forment en outre des composés néfastes à la santé comme les fameuses molécules de Maillard produites par la cuisson au barbecue ou le pain « bien » grillé.

Le Dr Seignalet explique en outre que les cuissons au-delà de 110 °C induisent des transformations importantes au niveau de la structure moléculaire des aliments, ce qui les rend beaucoup plus difficiles à appréhender par le corps.

Et que dire du four à micro-ondes qui, en théorie, n'élève la température qu'à 75 °C et pour un temps très court ? Le Dr Seignalet explique que le four à micro-ondes « induit de fortes perturbations dans plus de 90 % des aliments ».

Les cuissons « douces » recommandées sont donc les cuissons à la vapeur douce, à l'étouffée ou en papillote (sans utilisation de papier alu). Les laboratoires Lescuyer mentionnent également les marinades, sorte de cuisson « à froid » grâce aux acides des agrumes (citron de préférence) ou du vinaigre (de cidre de préférence).

Les aliments transformés

Il s'agit de l'alimentation industrielle, par exemple les fameux « plats préparés ». Outre les excès de sel, sucre, graisses saturées qui contribuent à donner du « goût », voire à entretenir l'envie du produit, ils contiennent le plus souvent de nouveaux ingrédients chimiques nécessaires à leur préparation, à leur aspect ou à leur conservation. Il est

7. http://blog.laboratoire-lescuyer.com/les-modes-de-cuisson-privilegier/

très instructif de lire la liste des ingrédients de chaque produit transformé, ne serait-ce qu'une « simple » tranche de jambon. De plus, la course au prix les plus bas se fait au détriment de la qualité des ingrédients de base, dont l'origine est incertaine (voir les derniers scandales alimentaires).

Les modes de conservation

La réfrigération est bien sûr bénéfique à une meilleure conservation des aliments. De même, une surgélation très rapide préserve une grande quantité de nutriments (et pour longtemps) ; la fermentation est également un procédé sûr.

En revanche, la mise en conserve (qui s'accompagne généralement d'additifs de type biphénol), la ionisation des fruits et légumes (souvent pratiquée en grande surface), la pasteurisation (chauffage à moins de 100 °C) et surtout le procédé UHT (Ultra haute température) ont un impact direct sur la qualité nutritive des aliments, qu'ils appauvrissent ou transforment, ce qui complique leur bonne assimilation par le corps humain et les rend donc potentiellement toxiques.

En résumé

En partant du principe que notre physiologie a très peu évolué, on peut donc légitimement penser que le corps humain digère et métabolise aujourd'hui bien mieux les aliments déjà consommés à l'époque ancestrale que les aliments « modernes », qui lui demandent au minimum davantage d'énergie pour être assimilés. Dans certains cas, il peuvent causer à la longue des problèmes de santé (voir la multiplication des intolérances et des allergies, le développement des maladies auto-immunes et des maladies dites « de civilisation »). Il n'est, pour autant, pas envisageable d'exclure totalement cette alimentation moderne du quotidien du sportif du 21e siècle ! Néanmoins, il est logique de faire preuve de discernement dans la consommation de ces aliments et de rester vigilant sur la manière dont notre corps les assimile et les tolère.

Voir « Résumé des inconvénients de l'alimentation moderne » p. 224-225.

Les clés de l'alimentation optimale du sportif

« À l'occasion d'un stage, j'ai vécu pendant 4 mois chez une naturopathe. Je partageais le dîner avec la famille, ce qui me changeait de mon régime habituel (pizzas, hamburgers, peu de fruits et légumes...). Comme je me trouvais un peu enrobé, j'avais aussi décidé de suivre un programme de musculation avec quelques haltères. Résultat : en 4 mois, j'ai perdu 11 kg ! Alors que je n'ai vraiment pas eu l'impression de me priver ni de faire un régime ! » (Louis, 22 ans, étudiant)

Les aliments « poisons » à éviter

Ce sont des aliments que le bon sens commun reconnaît généralement comme n'étant pas vraiment sains. Ce qui est tout à fait juste ! Ils sont déconseillés en naturopathie car ils n'apportent rien d'intéressant au corps et sont, au contraire, chargés d'éléments nuisibles à une bonne physiologie. Ils sont déconseillés aux sportifs en particulier parce qu'ils sont globalement générateurs d'inflammation.

Les graisses « trans »

Nom sur l'étiquette : « graisses hydrogénées » ou «partiellement hydrogénées ». Elles sont particulièrement présentes dans les fast food et dans tous les aliments transformés et élaborés industriellement (la charcuterie, les biscuits du commerce, les pizzas et autres plats préparés...).

Les huiles retraitées industriellement

Il s'agit de toutes les huiles pour lesquelles il n'est pas mentionné qu'elles sont de première pression à froid. Ce sont toutes les huiles de supermarché, à l'exception de l'huile d'olive et de celles du rayon bio. La meilleure garantie de qualité de l'huile d'olive est la mention « AOC de première pression à froid ».

Les sucres

Nom sur l'étiquette : d'innombrables noms qui se terminent par « ose » (fructose, glucose, saccharose...) ou « ol » (xylitol, sorbitol, mannitol...) ou d'autres appellations (sirop de maïs, de riz, de malte, d'agave, d'érable, jus de fruit concentré, maltodextrine...). Ils sont particulièrement présents dans tous les sodas et jus de fruits qui ne sont pas « pur

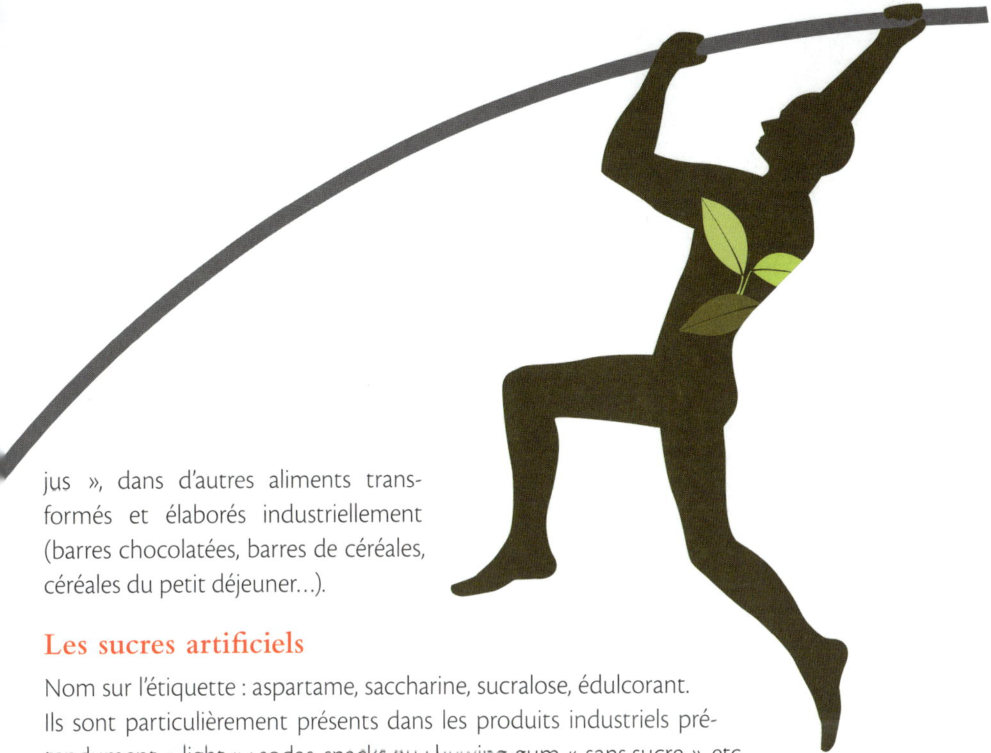

jus », dans d'autres aliments transformés et élaborés industriellement (barres chocolatées, barres de céréales, céréales du petit déjeuner…).

Les sucres artificiels

Nom sur l'étiquette : aspartame, saccharine, sucralose, édulcorant.
Ils sont particulièrement présents dans les produits industriels prétendument « light » : sodas, snacks ou chewing-gum « sans sucre », etc.

Le sel ajouté

Il est mentionné comme tel sur les étiquettes. Il s'agit de sel raffiné (sauf indication contraire). Il concerne la plupart des aliments industriels, y compris certains aliments au goût sucré (céréales du petit déjeuner, viennoiseries…).

Les arômes et colorants artificiels, les additifs divers

Nom sur l'étiquette : exhausteur de goût, stabilisant, Exxx, sulfites, nitrates, conservateurs, etc. Ils sont particulièrement présents dans les sauces, soupes ou charcuteries industrielles.

Les autres aliments à limiter

Les farines raffinées

Nom sur l'étiquette : farine de blé, de maïs ou autre (sans qu'il soit précisé complète ou semi-complète), fécule de pomme de terre, de maïs… Elles sont présentes le plus souvent dans la baguette, le pain blanc, les pâtes et la semoule « blanches », les biscuits, les céréales, etc.

Les céréales à gluten et les produits laitiers

Nous avons déjà évoqué ces deux familles d'aliments précédemment, leur évolution, leurs inconvénients (voir p. 43-44). Elles sont toutes les deux exclues des régimes paléo et Seignalet. Julien Venesson [31] cite de manière détaillée toutes les substances toxiques pour l'homme contenues dans le lait (caséine, œstrogènes, hormones de croissance, lactose...), considérant que seul le lactose pourrait être « neutralisé » à condition de posséder l'enzyme appelée lactase ou de la prendre en complément alimentaire.

Le Dr Seignalet [26] estime ces deux familles aussi dangereuses l'une que l'autre pour la santé. Pip Taylor [30] indique de son côté que lorsque l'individu présente une intolérance à l'une ou l'autre de ces familles d'aliments, tout aliment qui en est issu génère une inflammation importante nuisible à la performance du sportif.

Il faut donc soit les éviter, soit vérifier que le sportif ne présente pas d'intolérance particulière à l'une ou l'autre de ces familles d'aliments[8].

Les graisses saturées

Elles sont utiles mais en quantité mesurée et davantage par temps froid que l'été. En excès, elles sont préjudiciables. Elles sont particulièrement présentes dans la viande ou les œufs d'animaux élevés en élevage intensif ou nourris aux céréales. Le taux d'oméga-6 est également plus élevé. De plus, ces graisses stockent particulièrement bien tous les résidus de produits toxiques donnés à l'animal (antibiotiques, hormones...).

La viande de porc sera évitée pour sa forte teneur en graisses saturées.

Certaines huiles

Comme expliqué dans les paragraphes consacrés aux lipides (voir p. 25-27), les oméga-6 ne sont pas nocifs en soi, mais ils sont beaucoup trop présents dans l'alimentation moderne par rapport aux oméga-3. Il vaut donc mieux éviter d'en consommer d'autres *via* certaines huiles qui en sont riches.

Les huiles riches en oméga-6 sont : maïs, soja, tournesol, pépins de raisin, arachide, carthame.

---

8. Nous évoquerons plus loin la méthode de Pip Taylor [30] pour identifier les différents types d'intolérances alimentaires (voir p. 96). À noter que Julien Venesson [31] estime que la Whey (poudre de certaines protéines de lait soluble dans l'eau) peut être consommée sans risque, sous réserve qu'elle n'engendre pas d'effets secondaires digestifs, et si l'apport de protéines nécessaire n'est pas possible *via* un repas classique à ce moment-là.

En résumé

Il faut éviter le plus possible :

- le fast food ;
- les produits transformés ou élaborés industriellement (charcuterie non artisanale, sauces, plats préparés et biscuits préparées industriellement, sucreries, barres chocolatées ou barres de céréales, céréales sucrées du petit déjeuner, sodas, jus de fruits s'ils ne sont pas « pur jus », boissons dites « de l'effort » (vérifier attentivement leur composition), huiles qui ne sont pas de première pression à froid, etc. ;
- les viandes et œufs issus d'élevages intensifs, la viande de porc ;
- le pain blanc, les pâtes et la semoule « blanches », le riz blanc ;
- les viennoiseries ;
- les huiles trop riches en oméga-6 par rapport aux oméga-3 ou qui ne sont pas de première pression à froid.

D'une manière générale, il faut se méfier de tout ce qui n'est pas un aliment brut, mais a été retraité, raffiné ou élaboré industriellement. Ce qui revient à dire que dans l'absolu, il faudrait cuisiner ses repas à la maison, même très simplement. Neanmoins, en cas d'achat d'un aliment comme ceux que nous venons de citer, le minimum est de lire l'étiquette des ingrédients pour choisir le produit qui semble le moins toxique.

Les antinutriments

Ce sont des éléments qui sont présents dans certains aliments car ils sont utiles à leur propre développement et à leur survie. En revanche, ils ont tendance à neutraliser les micronutriments dont l'homme a besoin. C'est notamment le cas des saponines des pommes de terre, présentes surtout dans la peau et d'autant plus que la pomme de terre est ancienne, mais réduites par la cuisson sous pression. On peut aussi citer l'acide phytique des céréales, qui est lui aussi réduit par le trempage ou le fait de griller légèrement au préalable (comme le font beaucoup de traditions à travers le monde). Les légumineuses présentent également plusieurs antinutriments [31].

Les aliments riches en phyto-œstrogènes

Les phyto-œstrogènes sont des molécules présentes dans les végétaux, qui ont la particularité de « mimer » les œstrogènes, hormones féminines également présentes en petite quantité chez l'homme. Les phyto-œstrogènes consommés en quantité importante ou régulière peuvent donc perturber le fonctionnement hormonal féminin, mais aussi celui des hommes, en perturbant l'équilibre avec la testostérone qui devient alors proportionnellement moins présente. Les effets de la testostérone sur la physiologie masculine peuvent être diminués, et notamment son effet anabolisant, avec des conséquences négatives sur la masse musculaire… l'inverse de ce que recherchent habituellement les sportifs masculins ! À noter que les phyto-œstrogènes peuvent aussi avoir un effet de ralentissement du fonctionnement de la thyroïde, et donc du métabolisme général, ce qui n'est pas non plus un effet recherché par les sportifs. Les phyto-œstrogènes sont notamment présents dans les graines et huiles de lin, le soja et, dans une moindre mesure, le sésame et les autres légumineuses. Il convient également de se méfier des graines germées d'alfafa ou de trèfle rouge, dont les composants phyto-œstrogéniques sont décuplés par la germination.

Les aliments de la performance à privilégier

Nous résumons ici les choix préconisés à la fois par la naturopathie, l'alimentation paléo et le régime Seignalet. Nous signalerons ponctuellement les spécificités de l'un ou l'autre. De manière générale, c'est le Dr Seignalet qui insiste le plus sur la priorité aux aliments crus, ou cuits à une température inférieure à 110 °C, ce qui peut exclure quelques aliments non consommables autrement[9].

Les bons apports de glucides

Les apports en glucides sont d'autant plus importants que l'activité sportive est intense.

Les tubercules (31)

Ils sont à privilégier pour l'apport des glucides, car très nutritifs et sans antinutriments (sauf la pomme de terre). Ils ont en général, un index glycémique bas, du moins si l'on choisit la bonne cuisson (sur l'indice ou index glycémique, voir p. 20-22 et p. 218-220). Consommer en particulier patate douce, igname (yam), carotte, navet, betterave, panais, topinambour, manioc… Ils contiennent respectivement 20 %, 27 %, 9 %, 5 %, 7 %, 17 %, 17 % et 38 % de glucides.

9. Pour obtenir toutes les informations nutritionnelles d'un aliment, consultez les sites de référence suivants : www.aprofel.com (fruits et légumes) et www.lenutrition.fr, rubrique « les aliments à la loupe ».

La peau de la pomme de terre (qui contient 19 % de glucides), contient des antinutriments ; on lui préférera donc la patate douce.

Le manioc et le tapioca sont eux aussi à consommer avec modération car en grande quantité, ils ont un effet modérateur de la thyroïde et donc de ralentissement du métabolisme en général.

Les autres légumes glucidiques

Les courges en général (potiron, potimarron, butternut, etc. : 14 % de glucides) ainsi que les châtaignes (44 % de glucides), entières ou en farine, qui contiennent également des glucides en quantité intéressante, même si la châtaigne est plutôt un fruit.

Les céréales

Consommer de préférence le riz et le sarrasin. Ils contiennent respectivement 28 % et 71 % de glucides (le sarrasin est en outre l'une des meilleures sources alimentaires de magnésium).

Le riz sera de préférence du riz blanc basmati car même blanchi, il garde un indice glycémique peu élevé et ne contient pas les antinutriments du riz complet ou semi-complet. Néanmoins, s'il est semi-complet ou complet, il sera plus riche en micronutriments et on veillera soit à le faire tremper au préalable (pendant quelques heures, voire toute une nuit), soit à le griller légèrement. Ceci pour profiter au mieux de ses micronutriments et limiter les « antinutriments » des céréales comme l'acide phytique.

Le Dr Seignalet [26] ne recommande pas le pain car il est cuit à de hautes températures. Julien Venesson [31] propose le pain de farine de sarrasin complet (qui ne contient pas de gluten) que l'on peut préparer au four. Parmi les autres pains, la naturopathie préférera le pain complet bio au levain (sans levure) et plutôt à l'épeautre (qui contient moins de gluten que le blé) ou au petit épeautre (qui contient très peu de gluten).

À noter que l'on peut trouver de l'avoine sans gluten, notamment originaire d'Irlande, *via* Internet par exemple. Elle contient 71 % de glucides et peut donc être aussi une alternative.

Les fruits

Les fruits représentent une source riche en glucides et permettent donc un apport important de manière assez rapide et surtout très pratique : pas de cuisson nécessaire et ils sont transportables facilement. Ils seront donc particulièrement appréciables dans les périodes de récupération qui suivent immédiatement l'effort, pour démarrer la reconstitution des stocks de glycogène.

Teneur en glucides : banane 22 %, raisin 17 %, pomme 14 %, ananas 13 %, abricot et prune 13 %. À noter que la banane a la spécificité d'avoir un index glycémique assez bas (52), tout en ayant une forte teneur en glucides, ce qui en fait un apport glucidique précieux même en cours d'effort, une bonne quantité de glucides arrivant progressivement dans le sang (voir le tennisman Nadal qui en avale fréquemment au cours d'un match).

Très riches en de multiples micronutriments, les fruits contribuent en outre à éviter des carences et seront, là aussi, précieux après un effort intense ayant puisé dans les réserves. Ils ont aussi l'avantage de combler une envie de goût sucré, de manière bien plus saine que n'importe quelle sucrerie ou pâtisserie.

L'indice glycémique des fruits est plus élevé s'ils sont consommés en compote (fibres « cassées ») et plus encore sous forme de jus. Les fruits séchés (nature et sans ajout d'aucune sorte) ont une teneur en glucides naturellement encore plus importante (datte 75 %, abricot sec 62 %). On pourra les faire tremper à l'avance pour les rendre plus moelleux.

Les oléagineux (noix et graines)

Ils sont plus connus pour leur apport en « bons » lipides (voir plus bas), mais peuvent également être un complément d'apport en glucides, tout en ayant un indice glycémique très bas (15 pour les noix de Grenoble).

Les sucres

Éviter le plus possible d'en consommer, ainsi que les aliments auxquels on en a ajouté (voir plus haut). Préférer le sucre des fruits consommés entiers, puis éventuellement le sucre intégral/complet ou le miel.

Les bons apports de protéines

Les œufs

Ils ont l'avantage d'être riches en protéines très digestes (environ 7 g dans 1 œuf), qui produisent peu de déchets. Ils sont également riches en très bons acides gras et autres nutriments importants (soufre, choline...). Ils doivent impérativement être bio car sinon, ils sont chargés d'éléments toxiques et leur composition en acides gras est modifiée.

Ils doivent être consommés à la coque (3 minutes de cuisson), crus (seulement le jaune, le blanc n'étant pas assimilable cru) ou pochés, voire au plat (peu cuit) afin de préserver l'ensemble des nutriments : le blanc doit être « gélifié» de couleur blanche et le jaune encore liquide.

Le poisson

Il est à inclure plusieurs fois par semaine, surtout les poissons gras des mers froides (saumon, thon...), source précieuse d'oméga-3. Les petits poissons gras (sardine, maquereau, anchois, hareng) sont préférables car ils se situent en début de chaîne alimentaire et sont donc moins susceptibles d'avoir accumulé des métaux lourds. Éviter les poissons d'élevage (sauf bio). Les poisson crus de qualité sont particulièrement valorisés par le Dr Seignalet [26].

La viande

Privilégier les viandes maigres et blanches : poulet, dinde, lapin, veau...

• *La viande rouge* (bœuf, agneau, mouton, gibier) est importante notamment pour son apport en fer et devrait être consommée par un sportif deux à trois fois par semaine, voire 1 fois/jour en cas d'entraînement quotidien intensif. Privilégier une viande rouge faible en matière grasse (par exemple les steaks hachés à 5 % de matière grasse).

• *Les abats* (moelle, foie, cervelle...), riches en micronutriments, sont acceptés tant par le régime paléo que par le régime Seignalet, à condition qu'ils soient bio, sinon ce sont de véritables réservoirs de molécules toxiques. À noter que leur digestion produit un taux de déchets très important (acide urique...), ils sont donc à consommer avec modération.

• *Les grillades et la cuisson au barbecue* sont à éviter. Les cuissons douces sont à privilégier, voire la consommation de viande crue : carpaccio, steak tartare.

La qualité de la viande

Comme nous l'avons dit plus haut, l'élevage intensif modifie de manière importante la quantité/qualité des graisses présentes dans la viande. De plus, il induit le plus souvent l'administration d'additifs artificiels nocifs. Le bio sera donc à privilégier. À noter que le lapin, très fragile en élevage si on ne lui administre pas des antibiotiques, est difficile à trouver en bio...

Les protéines végétales

Elles sont issues, comme mentionné plus haut, de la combinaison de plusieurs végétaux, le plus souvent deux tiers de céréales et un tiers de légumineuses (lentilles, haricots secs, les divers types de pois, le soja, l'arachide...). Les légumineuses sont toutefois proscrites par le régime paléo à cause de la présence de nombreux antinutriments et le Dr Seignalet ne les accepte qu'en cuisson douce, ce qui n'est ni simple ni rapide. Cette association est en revanche privilégiée par les végétariens et recommandée en naturopathie, en alternance avec les protéines animales. Les légumineuses apportent en effet également des fibres et de nombreux minéraux.

Une consommation occasionnelle peut donc être préconisée, pour apporter de la variété à l'apport important de protéines, à condition de respecter le trempage préalable et une cuisson complète, en ajoutant du laurier et en salant en fin de cuisson pour une meilleure digestion et éviter les ballonnements.

À savoir

La durée du trempage varie selon la nature de la légumineuse et son degré de « fraîcheur », donc de dureté (une légumineuse plus ancienne est plus dure et sèche et nécessite un trempage plus long). À titre indicatif, les lentilles ne nécessitent pas ou peu de trempage (1 h), les haricots secs de 8 h à 12 h et les pois chiches de 12 à 24 h minimum. Il est recommandé de changer l'eau en cours de trempage, de bien rincer, avant de démarrer la cuisson dans une eau froide (4 à 5 volumes d'eau pour 1 volume de légumineuses) portée ensuite à environ 90 °C (eau frémissante). Écumer en cours de cuisson est utile à une bonne digestion. Le bicarbonate de soude accélère l'effet du trempage et de la cuisson (1 cuillère à café pour 250 à 500 g de légumineuses).

Les bons apports de lipides

Comme mentionné précédemment, les protéines animales apportent une quantité importante de lipides variés, dont les oméga-3 pour les poissons gras, dont il faut favoriser l'apport, car ils sont moins naturellement présents dans l'alimentation moderne, et extrêmement bénéfiques pour le sportif.

À noter qu'une activité sportive intense en extérieur l'hiver nécessitera une quantité de graisses saturées plus importante (protection thermique) : elles sont naturellement présentes dans les viandes et on pourra éventuellement compléter avec un peu de beurre (de préférence au lait cru), d'huile de coco (tartinable car solide à une température de moins de 25 °C), de fromage en petite quantité s'il est bien toléré (de préférence brebis ou chèvre) ou de charcuterie de très bonne qualité (bio et artisanale). Il est important de souligner également que les apports en lipides de toute nature au cours d'un repas contribuent à la sensation de satiété (qui peut éviter de « craquer » sur des sucreries en dessert).

Les huiles

Les huiles de première pression à froid doivent être présentes quotidiennement dans l'alimentation du sportif, qui évitera toutefois celles qui sont riches en oméga-6. Il privilégiera donc les huiles de noix, de colza, de chanvre, de caméline, riches en oméga-3 et les huiles de macadamia, de noisette et d'avocat, également intéressantes. Elles doivent être conservées au frais et en petit contenant pour éviter l'oxydation et seront utilisées en assaisonnement des salades ou d'autres plats. Elles contribuent à une meilleure absorption des micronutriments. Les huiles de coco, de palme et d'olive peuvent être utilisées pour la cuisson car elles sont stables.

Les oléagineux (noix et graines)

Comme leur nom l'indique, les graines oléagineuses sont très riches en bons acides gras, mais aussi en vitamines et minéraux. Pour favoriser plutôt les oméga-3 par rapport aux oméga-6, voici un classement par ordre d'intérêt décroissant [31] : macadamia, noisette, noix, amande, cajou, pistache, noix du Brésil (très riche en sélénium, antioxydant), pignon de pin, noix de pécan, graine de courge. Elles seront consommées crues et nature. Pour les rendre encore plus nutritives, l'idéal est de les faire tremper pendant quelques heures (ce qui enclenche le processus de germination).

L'avocat

Il contient 15 % de lipides, en majorité mono-insaturés, et de nombreuses fibres et micronutriments. C'est donc un aliment très intéressant pour compléter l'apport en lipides « neutres ».

Les bons apports en micronutriments et en fibres

Outre les aliments cités précédemment, ces apports seront particulièrement incontournables *via* les fruits et légumes, qui sont tous bénéfiques au sportif (sauf s'ils sont trop acidifiants, voir liste p. 229), sous réserve que leurs qualités aient été préservées. Leur richesse en micronutriments nombreux et variés a été détaillée précédemment. Voici quelques clés pour bénéficier au maximum de leurs bienfaits.

• La meilleure source de micronutriments étant l'alimentation, il est important de veiller à consommer à tous les repas des aliments qui en sont riches.

• La composition de chaque aliment en micronutriments est spécifique et différente de celle des autres aliments, il est donc important de veiller à les varier d'un repas à l'autre, d'une saison à l'autre.

• Les températures élevées peuvent détruire certains micronutriments, notamment les vitamines. On veillera donc à absorber tous les jours des aliments crus (fruits, fruits secs ou séchés, crudités) ou cuits à température douce (vapeur, papillote, pochés...). À titre d'exemple, la carotte cuite, riche en vitamine A, en contient néanmoins deux fois moins que la carotte crue et ne contient plus de potassium.

• En ce qui concerne les fruits et légumes, plus ils sont frais et plus ils sont riches en micronutriments, qu'ils commencent à perdre petit à petit dès la cueillette. Par ailleurs, la plupart des fruits et légumes surgelés immédiatement après la récolte présentent des taux de vitamine C et de polyphénols supérieurs à ceux observés sur ces mêmes aliments frais trois jours après la cueillette [31]. La surgélation est donc une alternative intéressante et pratique aux produits frais.

• Les fruits et légumes sont à leur meilleur potentiel s'ils sont produits pendant la saison naturelle de leur production. Les fraises et les tomates en décembre n'ont que peu d'intérêt nutritif dans l'hémisphère Nord ! De plus, l'organisme les assimilera beaucoup moins bien que ces mêmes aliments consommés en saison.

• Outre le fait qu'ils ne contiennent pas de résidus toxiques (pesticides, etc.), des études ont montré que les aliments bio contenaient en moyenne 25 % de micronutriments de plus que les aliments non bio. C'est notamment le cas d'une étude menée par des chercheurs de l'université américaine de Rutgers[10].

• Nous détaillons plus loin les « super-aliments » (voir p. 77-86). Il s'agit d'aliments particulièrement concentrés en micronutriments et que l'on peut ajouter au repas ou à la collation pour les rendre encore plus nutritifs.

Privilégier une alimentation de qualité

Rappelons que bien que les besoins en micronutriments soient très nombreux dans beaucoup de domaines importants pour le sportif, il faut avant tout les rechercher dans les aliments naturels. En effet c'est ainsi qu'ils seront le mieux assimilés, donc les plus efficaces.

La composition des repas

Contexte du repas

Voici quelques éléments concernant la manière de prendre les repas pour favoriser une bonne digestion et donc une bonne assimilation.

• *Le calme et une ambiance détendue :* la digestion nécessite un état de tranquillité pour que tous les systèmes impliqués se régulent de manière optimale.

• *Une bonne mastication :* elle facilite le travail de digestion. De plus, la salive contient une enzyme qui prédigère les glucides. Il est donc très important qu'ils en soient bien imprégnés avant d'arriver dans l'estomac. On ne devrait avaler que des aliments à l'état liquide ou au moins à l'état de purée… En outre ce premier passage dans la bouche informe directement le cerveau de la composition du repas, ce qui permet à tout le processus digestif de s'y préparer. Poser sa fourchette entre chaque bouchée est une manière de s'obliger à mastiquer plus longtemps.

---

10. « Modification du contenu en minéraux des végétaux » rapport Firman F. Baer, Rutgers University, 1984.

• *Être en mode « mono-tâche »* : se consacrer entièrement à son repas, sans être distrait par d'autres activités comme la télévision ou autres écrans. Le corps et l'esprit doivent être pleinement présents au moment de manger et apprécier ce moment.

• *Prendre le repas du soir relativement tôt* afin qu'une bonne partie de la digestion ait eu lieu avant le coucher et que le sommeil soit ainsi plus réparateur.

Le petit déjeuner

Le petit déjeuner devra éviter les aliments à indice glycémique élevé tels que la confiture classique, les pâtes à tartiner, les sucreries, les biscuits sucrés… Ces aliments ont de grandes chances d'entraîner une hypoglycémie en cours de matinée (voir l'importance de l'index glycémique, p. 20-22).

• *Les œufs à la coque* sont une excellente option pour le sportif car ils apportent des protéines très digestes et ils sont riches en oméga-3 et en micronutriments. Les faire cuire à la coque pendant 3 minutes dans de l'eau bouillante préserve ces nutriments. Les œufs au plat peu cuits restent acceptables. Éviter les œufs émulsionnés, c'est-à-dire en omelette ou brouillés, beaucoup moins digestes.

• *Le pain complet, bio et au levain*, est très nourrissant. À défaut, et pour son côté pratique, on peut aussi opter pour le Pain des Fleurs. Ce sont des sortes de cracottes disponibles en différentes variétés : farines de sarrasin, de châtaigne, de quinoa, de riz, de lentilles…). À choisir sans sucres ajoutés !

• Si on ne peut pas se passer de céréales, choisir des *céréales sans gluten* (à base de riz, sarrasin, quinoa…) et sans sucre ajouté, type muesli, riche en oléagineux. Ou des flocons d'avoine (certaines variétés sont sans gluten) ou de millet.

• Pour changer du beurre, on peut tester la *purée d'amandes*, qui apportera tous les bienfaits des amandes, ou l'huile de coco, solide à température ambiante.

• Tester aussi les *crêpes au sarrasin* (2 œufs, 100 g de farine de sarrasin, eau) et 1 pomme.

• Une idée de *petit déjeuner complet* sans produits laitiers, sans gluten et très riche en nutriments : le « Miam-Ô-Fruits » de France Guillain (voir encadré page suivante).

Que boire au petit déjeuner ?

• Si possible, éviter le café, à remplacer plutôt par du *thé vert* aux vertus antioxydantes ou par une *infusion* type rooibos ou de la *chicorée* pour rappeler le goût du café. Éviter aussi le lait qui pourra être remplacé par un *lait végétal de riz ou d'amande*.

• Éviter le jus d'orange, très acide. L'idéal est l'eau tiède avec quelques gouttes de *jus de citron*, à prendre dès le lever.

Le Miam-Ô-Fruits de France Guillain

Au préalable, préparer pour plusieurs jours :

• Bocal n° 1 : graines de sésame + graines de lin moulues

• Bocal n° 2 : au moins 3 graines au choix moulues (courge, tournesol, noix, amande, noisette, cajou, arachide, macadamia, noix du Brésil…)

NB. Les graines oléagineuses (non grillées ni salées, ni trempées) sont broyées au moulin électrique. Conservez les bocaux dans le bas du frigo (pas plus d'une semaine). À la fin de la semaine, utilisez les surplus dans vos salades.

1) Écrasez ½ banane à la fourchette jusqu'à obtenir une purée parfaitement lisse.

2) Émulsionnez 2 cuillères à soupe pleines d'huile de colza ou de lin (vierges et de première pression à froid) avec la banane écrasée, comme une mayonnaise : l'huile doit disparaître.

3) Ajoutez 2 cuillères à soupe rases du bocal n° 1 et 1 cuillère à soupe rase du bocal n° 2 (les cuillères sont rases pour ne pas irriter l'intestin).

4) Complétez avec 2 cuillères à café de jus de citron.

5) Sur ce mélange, ajoutez au moins 3 sortes de fruits frais au choix, coupés en morceaux (sauf orange, pamplemousse, pastèque, melon, qui sont à digestion trop rapide mais pourront être consommés seuls à d'autres moments). Pas de fruits séchés. Vous pouvez ajouter un peu de pollen frais ou de miel.

Mastiquez et insalivez longuement en petites bouchées. Ce repas cru peut se consommer le matin, à midi ou le soir si vous travaillez de nuit.

Source : www.bainsderivatifs.fr/

Le déjeuner

La composition idéale du déjeuner sera la suivante :

• *Crudités en entrée* : elles sont riches en micronutriments et en enzymes qui facilitent la digestion. Le jus de légumes est également une bonne option. Assaisonnement : huile de première pression à froid (colza, noix… environ 4 cuillères à soupe sur la journée), citron ou vinaigre de cidre, aromates à volonté.

• *1 part de protéines.* Privilégier les poissons des eaux froides type saumon, thon, maquereau, sardines, 2 à 3 fois par semaine. Également les volailles (dinde, poulet, canard). La viande de bœuf de qualité est elle aussi intéressante (2 à 3 fois par semaine maximum).

• *Des glucides à index glycémique bas* type pomme de terre, riz. L'alimentation paléo recommande particulièrement la patate douce plutôt que la pomme de terre, le potiron, le riz plutôt que les pâtes.

• *1 ou plusieurs légumes cuits* : carottes, courgettes, haricots verts, brocoli, choux divers…

• *Le dessert n'est pas indispensable.* Il peut s'agir d'un fruit doux type pomme, banane, poire ou de compote de fruits sans sucre ajouté.

• La boisson idéale est de l'*eau pure de qualité.*

Le dîner

• Il comprendra également des *crudités* ou du *jus de légumes.* Idem que le déjeuner pour l'assaisonnement.

• Si une protéine est nécessaire pour compléter les apports quotidiens, privilégier une *protéine digeste et légère* de type sardines à l'huile, œufs, poisson. Éviter la viande rouge le soir, elle risque de rendre le sommeil moins récupérateur.

• *Des glucides à index glycémique bas.*

• *Des légumes cuits.*

• Idem qu'au déjeuner pour le *dessert.*

Autres options

• *1 soupe de légumes* contenant à la fois des légumes cuits et des glucides type patate douce ou à laquelle on ajoute du riz complet laissé à tremper depuis le matin.

• *L'association deux tiers de céréales* et un tiers de légumineuse (par exemple riz/lentilles, riz/haricots secs) pourra parfois compléter l'apport en protéines.

Les en-cas

• *1 poignée de fruits oléagineux* de type noix, noisettes, amandes, noix du Brésil, graines de courge… Faire tremper pendant quelques heures les amandes et noisettes qui n'en seront que plus savoureuses et surtout beaucoup plus riches en micronutriments.

• *Fruits frais à volonté*, plus digestes en dehors des repas.

• *Fruits séchés*, très pratiques à transporter, et qui sont des concentrés de glucides naturels et de micronutriments.

• *Jus de légumes.*

• *Infusions* à volonté.

Les spécificités de l'alimentation de l'effort et de l'endurance

Comme l'indique Ève Tiollier, nutritionniste que nous avons rencontrée à l'INSEP, l'entraînement quel qu'il soit est, entre autres, une adaptation de la physiologie du sportif aux contraintes qui lui sont imposées : adaptation des mitochondries (centrale énergétique de la cellule), en particulier mitochondries des cellules musculaires, adaptation des vaisseaux sanguins, adaptation du rythme cardiaque, etc. Ainsi, les apports alimentaires et hydriques autour des séances sont essentiels pour faciliter l'adaptation de la physiologie et rendre l'entraînement le plus efficace possible.

La prise de masse : muscle ou graisse ?

Certaines disciplines exigent du sportif une force musculaire voire une « masse » globale importante (boxe, arts martiaux, rugby...). Pour être le plus compétitif possible, celui-ci va donc chercher à augmenter sa « masse » par la musculation intensive et l'alimentation. De nombreuses disciplines sportives nécessitent de compléter les entraînements par des séances de musculation au service des performances. En outre, l'augmentation de la masse musculaire augmente le stock de créatine situé dans les muscles ; c'est une réserve d'énergie supplémentaire rapidement disponible pour les efforts intenses de courte durée.

Il est essentiel dès lors d'être particulièrement vigilant sur la qualité de l'alimentation et de respecter les principes cités plus haut. Les effets d'une alimentation de mauvaise qualité, augmentée de plus en quantité pour obtenir de la « masse », peuvent être désastreux sur le moyen comme sur le long terme. De mauvais choix alimentaires conduisent à une prise de graisse importante en même temps que la prise de muscle. Ce qui signifie que le corps va remplir les unités de stockage de graisse, les adipocytes, puis en créer de nouvelles. Ces adipocytes pourront se vider lors d'une diminution de l'alimentation (et une perte de poids), mais resteront présents en quantité augmentée et prêts à se remplir bien plus vite (et plus vite que l'augmentation musculaire) dès que les apports alimentaires augmenteront.

Pour augmenter la masse musculaire et non la masse graisseuse [31] :

• Adopter les principes d'une *alimentation optimale de qualité*, sans augmenter les quantités, ce qui va permettre une prise de muscle et une diminution de la graisse.

• Lorsque la prise de muscle se stabilise, *augmenter l'alimentation en quantité*, en respectant les mêmes critères de qualité. L'augmentation sera de 250 à 500 kcal/jour, ce qui correspond à 50 à 100 g de noix, 100 g de sarrasin ou 500 g de patate douce.

À savoir

Une séance de musculation ou d'entraînement de « force » va utiliser l'énergie issue des réserves de glycogène des muscles et du foie, mais également issue de la créatine musculaire voire des protéines musculaires. En outre, l'effort musculaire intense va provoquer des microdéchirures qui diminuent le muscle et provoquent une inflammation donc des courbatures ultérieures. C'est pourquoi l'alimentation autour des séances d'entraînement doit être particulièrement bien « calibrée ».

L'alimentation autour des séances d'entraînement/musculation (31)

Avant l'entraînement

Le repas doit avoir lieu moins de 2 h avant l'entraînement, sinon une collation pré-entraînement est nécessaire, contenant peu de fibres et de graisse.

• *Si l'on veut perdre de la graisse*, on peut choisir de s'entraîner à jeun pour brûler plus de graisse, mais le risque est de perdre aussi du muscle qui va servir de carburant. Dans ce cas, prendre une collation uniquement à base de protéines, par exemple 100 g de viande blanche.

• *Si l'on veut prendre du muscle*, prendre 20 à 40 g de protéines pour un entraînement intense, avec également des glucides à index glycémique bas, pour faciliter l'assimilation de protéines, et procurer de l'énergie.

Pendant l'entraînement

Il n'est pas possible de digérer pendant l'entraînement, toute l'énergie étant concentrée sur l'effort physique.

• *Seule une boisson est envisageable*, sauf s'il existe une vraie période de repos entre 2 séries d'effort, ce qui permet alors de prendre des fruits frais, séchés ou oléagineux.

• Au minimum, *de l'eau est nécessaire*, par petites gorgées. Il est important d'éviter la déshydratation dont les signes peuvent être des maux de tête, des crampes, des nausées ou, tout simplement, une fatigue importante.

• On peut ajouter à l'eau *des glucides à index glycémique élevé* de qualité, pour apporter de l'énergie immédiate, ménager le stock de glycogène et donc favoriser la récupération et la construction musculaire post-entraînement. Ces glucides rapides peuvent être du jus de fruits « pur jus », sans sucre ajouté.

• Une autre option (onéreuse) consiste en l'absorption d'*hydrolysat de protéines* : ce sont des protéines prédigérées qui seraient donc assimilées même pendant l'entraînement et permettraient de limiter la perte musculaire pendant l'entraînement de force. L'apport est d'autant plus digeste que l'hydrolyse est importante (et donc plus coûteuse). Sinon, gare aux troubles digestifs désagréables !

Après l'entraînement

Il s'agit de stimuler la reconstruction des muscles et de reconstituer les stocks de glycogène consommés pendant l'entraînement. Il est généralement admis qu'il existe une « fenêtre métabolique » juste après l'entraînement et que l'ingestion de glucides et de protéines à ce moment serait optimale.

• *Construction musculaire :* ce qui importe est le délai entre la session et le repas qui suit. Il suffit que l'écart ne dépasse pas 3 à 4 heures. Le repas ou la collation suivant la séance devra inclure 20 à 25 g de protéines, car un excès de protéines implique qu'une partie ne sera pas assimilée mais éliminée, avec la production de déchets qui contribuent à l'oxydation et à l'acidification de l'organisme.

• *Reconstitution des stocks de glycogène :* seuls 20 % des 60 g de glucose absorbés juste après l'effort (soit 12 g) ont servi à reconstituer les stocks de glycogène et les 80 % restants se sont stockés sous forme de graisse [31]. Il est donc néfaste d'absorber trop vite des quantités importantes de glucose. Il vaut mieux répartir les apports de glucose sur les 24 à 48 heures suivant l'effort, selon le degré d'épuisement des réserves, afin que ce glucose soit assimilé de manière utile et non stocké sous forme de graisse.

– La quantité de glucose à absorber est estimée à 1,5 g/kg/h dans les deux heures suivant la séance, soit environ 100 g pour un individu de 70 kg, c'est-à-dire par exemple 350 g de riz cuit ou 4 bananes. Puis 400 g (6 g/kg) sur la journée qui suit la séance.

– Il faut privilégier une bonne digestibilité dans les 2 h suivant la séance, les fruits seront donc une très bonne option.

– Il faut privilégier les aliments à index glycémique bas, qui vont permettre une bonne reconstitution des stocks de glycogène. En effet, si le glucose arrive trop vite dans le sang (index glycémique élevé), le corps n'a pas le temps de tout transformer en glycogène et le reste est transformé en graisse.

• *Quid de la sucrerie ou douceur post-entraînement ?* C'est probablement après un effort intense, consommateur d'énergie, que les aliments très chargés en glucose et à indice glycémique très élevé sont le plus « acceptables », car ils seront mis à profit pour reconstituer les stocks de glycogène, mais à condition que la quantité de glucose soit très raisonnable (voir plus haut : seuls 12 g de glucides sont réellement utilisés immédiatement pour les réserves de glycogène). Par exemple : 4 carrés de chocolat noir ou 1 seul biscuit de type « choco BN ». Un peu frustrant…

Des coups de pouce naturels

Certaines plantes ont une action globale et, à ce titre, stimulent l'ensemble de l'organisme et en particulier sa capacité à construire les tissus, tout en respectant la physiologie. On peut citer notamment le *macérat de bourgeons de chêne* qui remplace avantageusement les anabolisants de synthèse des body-builders [24]. Le *fenugrec* est également connu pour ses vertus fortifiantes. Il ouvre l'appétit et est notamment utilisé dans la population générale pour les personnes présentant une maigreur excessive.

L'alimentation de l'endurance (15)

Les carburants utilisés sont les suivants :

• *Le glycogène* qui résulte du glucose stocké dans les muscles (350 à 400 g en moyenne, voire plus de 1 kg chez les sportifs) et le foie (de 80 à 100 g). C'est le glycogène des muscles en action et non de tous les muscles qui est utilisé. De plus, le glycogène stocké dans les muscles est proportionnel à la masse musculaire.

• Les *lipides stockés* dans les tissus adipeux (5 à 10 kg) et dans les muscles (300 g). Ils résultent de l'absorption de graisse ou du surplus de glucose qui n'a pas été utilisé et lorsque les réserves de glycogène sont déjà pleines.

• *Les protéines musculaires*, dans une bien moindre mesure, lorsque les deux sources précédentes ne suffisent plus.

Tous ces carburants sont issus des processus de transformation des réserves en glucose, seul carburant utilisable par les cellules, et sont réalisés par le foie. On considère que les réserves de glycogène permettent de réaliser un effort de 90 à 120 minutes à 75 % du VO_2 max[11]. Au-delà, c'est-à-dire une durée plus longue avec un effort moins intense, la réserve de glycogène est épuisée et ce sont les réserves de lipides qui prennent le relais.

La dégradation des graisses prend plus de temps pour fournir de l'énergie que l'utilisation du glycogène (14). On estime que leur utilisation est progressive et atteint son maximum après 20 minutes d'effort. Elles sont donc privilégiées pour les efforts de moindre intensité mais durant plus longtemps : elles permettent une autonomie de longue durée comme la marche rapide par exemple. C'est l'entraînement qui permet d'habituer l'organisme à remplacer une partie de l'utilisation du glycogène par les réserves lipidiques. Ce qui permettrait peut-être d'éviter le fameux « mur des 30 km » du marathon ? Celui-ci correspond en effet à l'épuisement des réserves de glycogène, en attendant que le relais soit pris par les réserves lipidiques. Un minimum de glucose reste nécessaire pour le processus de transformation des lipides… d'où la nécessité d'un apport en glucose tout au long d'un exercice de longue durée.

Les autres impacts physiologiques sont les suivants :

• *La consommation de micronutriments* : l'effort nécessite de nombreux micronutriments – les vitamines B1 et B6 pour la transformation des réserves en énergie, le magnésium pour le travail musculaire, les antioxydants type vitamine A ou C pour contrer la production de radicaux libres, etc.

---

11. VO_2 max : la consommation d'oxygène d'un athlète augmente proportionnellement à l'intensité de l'effort, mais ne peut dépasser un niveau « plateau » dépendant de chaque individu. La VO_2 max est la valeur de ce « plateau ».

• *La transpiration* : tout effort dégageant de la chaleur, le corps tente de maintenir la température corporelle normale par le biais de la transpiration (il faut donc éviter de l'essuyer trop souvent) qui est composée d'eau mais aussi de minéraux (essentiellement du sodium).

• *Les micro-déchirures* : l'effort musculaire de longue durée va, comme pour les efforts de force, provoquer des micro-déchirures musculaires qui nécessiteront un processus de réparation postérieur à l'exercice.

Compte tenu de tout ce qui précède, voici donc l'alimentation optimale à prévoir autour des séances d'endurance.

1 semaine à 72 h avant l'effort

Il s'agit de constituer les stocks de glycogène à leur maximum, progressivement, tout en évitant de les utiliser, donc en évitant une activité physique intense. L'équilibre alimentaire habituel est maintenu, tout en augmentant la quantité de glucides. Les aliments privilégiés seront donc :

– L*es aliments sources de glucose* mais à indice glycémique bas (voir table des IG p. 218-220) : monter à environ 8 à 10 g/kg/jour.

– *Les fruits, les graines, les légumes* pour la recharge en minéraux et micronutriments.

– Ingérer une quantité suffisante d'*huiles de première pression à froid*.

À l'inverse, il faut :

– *Limiter les viandes grasses* ainsi que les graisses et les sauces.

– *Diminuer particulièrement les aliments acidifiants* tels que le fromage, les alcools forts (voir liste des aliments acidifiants p. 229).

À noter

• S'il s'agit de la préparation d'une compétition, ne pas faire de « test » alimentaire à ce moment-là. Les aliments doivent avoir été introduits bien avant pour éviter toute mauvaise surprise, chaque organisme ayant ses spécificités.

• Une activité légère est possible pendant cette période si elle est suivie d'une prise de glucides à IG bas : environ 1,5 g/kg.

Dans les 24 à 48 h avant l'effort

Pour les personnes particulièrement sensibles au niveau intestinal, éviter les aliments de type Fodmaps, c'est-à-dire contenant des glucides peu absorbés par l'intestin mais qui y fermentent et provoquent chez certains ballonnements, diarrhée, douleurs intestinales (par exemple : aubergine, avocat, champignon, voir liste plus complète p. 226).

3 à 4 h avant le début de l'effort

Prendre un dernier vrai repas qui sera digéré facilement. Il doit notamment être léger en fibres et en graisses (par exemple : riz, œuf, banane…). Afin de limiter les désordres intestinaux, fréquents lors des efforts d'endurance, éviter également les aliments réputés irritants pour l'intestin tels les plats très épicés, voire le café. Ainsi que les aliments riches en gluten et en produits laitiers (voir le paragraphe sur les intolérances alimentaires, p. 92-97). Si toutefois le délai entre le dernier repas et l'effort est trop court, il est possible de mixer les aliments pour les rendre plus digestes en « cassant » les fibres. En tout état de cause, il ne faut rien ingérer de consistant moins d'1 h avant l'effort.

Juste avant l'effort

Éviter les glucides à IG élevé car ils provoqueraient une hypoglycémie réactionnelle, d'autant plus accentuée avec le stress précompétition. Prendre néanmoins 20 à 40 g de glucides à IG bas, type compote sans sucre ajouté ou banane.

Attention !

Éviter notamment les compléments à base de maltodextrines, dont l'IG est le plus souvent élevé, en dépit des allégations du marketing sportif. Il s'agit de plusieurs types de molécules à base de glucose, obtenues par hydrolyse (sorte de « prédigestion ») de l'amidon de blé, de maïs ou autres.

Pendant l'effort

Les éléments ingérés ne peuvent être que liquides ou dilués dans un gel s'ils sont ingérés pendant l'effort, car toute l'énergie est, à ce moment-là, orientée sur les muscles et le cœur et aucun transit digestif n'est possible.

• *Hydratation* : certains auteurs [15] recommandent l'eau salée à hauteur de 500 à 700 mg/l (c'est-à-dire une petite pincée de sel) pour reconstituer les pertes en sodium de la transpiration. L'ajout de sel avec les glucides accélérerait la vidange de l'estomac ; par ailleurs, le bicarbonate de sodium ou le bicarbonate de potassium sont plus intéressants que le sel classique [31].

Ne pas trop boire !

La capacité de transfert du liquide par l'estomac est de maximum 1 litre/heure. Il faut donc boire par petites gorgées et simplement être à l'écoute de sa soif. En effet, boire plus que nécessaire pourrait nuire à la performance selon une étude sud-africaine. L'hyperhydratation peut même être dangereuse. Les marathoniens les plus rapides ne boivent que 0,5 l d'eau par heure et perdent 6 à 12 % de leur poids pendant l'épreuve. Les indices de déshydratation sont la perte de poids entre le début et la fin de l'épreuve et la couleur des urines, qui doivent rester couleur paille. Plus foncées, elles indiquent un manque d'hydratation, plus claires ou transparentes, un surplus d'hydratation.

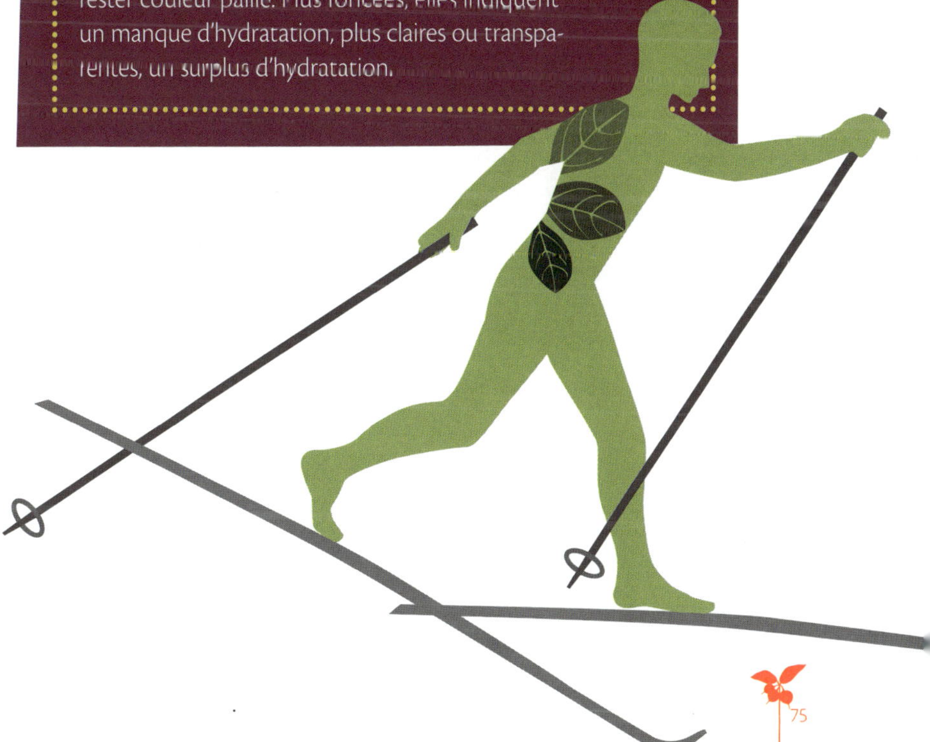

• *Un supplément en potassium* paraît également nécessaire selon certains auteurs [15].

• *Glucides* : l'apport de glucides à IG élevé pendant l'effort permet d'économiser les réserves de glycogène, car ils seront utilisés en priorité. Un apport de 50 à 80 g par heure et au minimum 30 g par heure est recommandé ; il est également préférable de varier la nature des glucides ingérés car ils ne sont pas tous assimilés de la même façon par la cellule, et on augmente ainsi l'absorption globale. Glucose et maltodextrine sont équivalents ; le fructose est un peu différent mais peut générer davantage de sensibilité intestinale, il est donc à tester au préalable. La quantité de glucides présents dans la boisson de l'effort doit être d'environ 60 à 80 g/litre. Privilégier les sucres d'origine naturelle.

• *Protéines* : peu de recherches ont été effectuées sur le sujet. Néanmoins, un apport de protéines à hauteur de 20 g/heure peut être utile comme supplément de source d'énergie. Dans ce cas, il est préférable d'opter pour les BCAA (acides aminés branchés) ou le peptopro (hydrolysat de protéines, c'est-à-dire protéines prédigérées). Les protéines seront surtout nécessaires après l'effort pour la reconstruction musculaire. Si l'effort dure moins de 90 minutes, un apport d'eau pure suffit. À l'autre extrême, si l'effort est supérieur à 4 h, l'effort est moins intense et des produits un peu plus solides de type barres sont possibles [31].

• *Des vitamines B* pour la bonne utilisation de l'énergie devront être présentes.

• Il faut veiller à ce que le *pH de la boisson* ne soit pas trop acide (supérieur à 5,5).

Après l'effort

Il s'agit de profiter de la « fenêtre métabolique » pour se réhydrater, reconstituer les stocks de glycogène, fournir les protéines nécessaires à la reconstruction musculaire et compenser les pertes en vitamines et minéraux (voir aussi la récupération post-entraînement de « prise de masse » expliquée plus haut).

À titre d'exemple, il est recommandé [31] :

– l'ingestion de glucides à IG bas, progressivement, lors des 48 heures suivant l'épreuve.

– 80 à 100 g de poisson ou de viande ou 2 œufs.

– une soupe de légumes pour reconstituer les stocks de minéraux, ainsi que des oléagineux de type noisettes ou amandes.

– Un jus de légumes (voir p. 78) est également très intéressant pour reconstituer les stocks de minéraux et de vitamines. Les fruits et jus de fruits également (voir p. 86).

L'ingestion de bicarbonate peut être utile pour compenser la forte production d'acides lors de l'épreuve [15]. En naturopathie, on recommandera 2 ou 3 ampoules de « plasma » de Quinton (voir p. 82) qui est très intéressant de ce point de vue.

Les super-aliments

Ces aliments spécifiques, très riches en micronutriments, peuvent être ajoutés à l'alimentation. Ce sont des aliments à part entière et non une concentration de un ou plusieurs micronutriments tels qu'on les trouve en complément alimentaire. Les micronutriments présents dans les super-aliments ont donc toutes les chances d'être très bien assimilés par l'organisme car ils sont apportés sous une forme naturelle et complète, telle qu'elle existe dans la nature.

Les huiles de première pression à froid

Elles sont très riches en acides gras essentiels (voir « Les lipides, pour la protection du sportif », p. 25). On les trouve dans les magasins bio ou au rayon bio des grandes surfaces. Les huiles de première pression à froid de colza, de lin (en gélule), de chanvre ou de noix fournissent une quantité importante d'oméga-3, souvent déficitaires dans l'alimentation. Elles contiennent également les vitamines liposolubles A, D, E et K.

Intérêt pour le sportif. En tant que sources d'oméga-3, ces huiles réduisent l'inflammation, favorisent la construction musculaire et l'endurance. Les oméga-3 sont nécessaires à la fabrication de toutes les membranes cellulaires. La vitamine E que contiennent ces huiles est en outre antioxydante.

Comment/quand. À ajouter au repas, en assaisonnement des crudités ou des plats chauds après cuisson. Ces huiles ne peuvent pas être chauffées car elles perdraient leurs qualités et deviendraient toxiques.

Quantité recommandée. L'équivalent d'environ 4 cuillères à soupe par jour, réparties sur les repas. Une supplémentation spécifique en oméga-3 *via* des gélules d'huile de poisson ou d'huile de périlla (la plus concentrée en oméga-3) est aussi envisageable.

La spiruline

Il s'agit d'une algue bleue d'eau douce qui se présente sous sa forme sèche, le plus souvent en poudre ou en comprimé de poudre compressée. En poudre, elle peut se mélanger à une compote ou être diluée dans une boisson.

Intérêt pour le sportif. Le fer est essentiel au transport de l'oxygène. Or la spiruline est très riche en fer assimilable (le fer de la spiruline serait jusqu'à six fois mieux assimilé que celui du bœuf). Comme toutes les sources végétale de fer, son assimilation est favorisée lorsqu'elle est absorbée en même temps qu'une source de vitamine C (fruit…). Elle est riche en vitamine B12, nécessaire à la fixation du fer (la vitamine B12 peut être en carence chez les végétariens ou végétaliens) et peut donc contribuer à compenser ou à éviter une anémie éventuelle. C'est une source de protéines complètes et également d'acides gras insaturés, de vitamines et de minéraux. Sa richesse en chlorophylle en fait aussi une alliée de l'intestin, qu'elle aide à assainir.

Comment/Quand. À prendre sous forme de comprimés ou en poudre, ajoutée à un aliment, une boisson ou un shaker. Elle peut être intégrée à une collation post-entraînement comme apport de protéines.

Quantité recommandée. Jusqu'à 20 comprimés de 500 mg/jour pour le sportif, soit 10 g. Augmenter les quantités progressivement. Elle peut être prise en cure (3 semaines voire beaucoup plus) et également en complément de certains repas, au coup par coup.

Les jus de légumes

Il s'agit de jus de toutes sortes de légumes crus. On en trouve en version prête à boire dans les magasins bio (choisir de préférence des jus lacto-fermentés car la lacto-fermentation préserve mieux les nutriments). Idéalement ils seront confectionnés à la maison à l'aide d'un extracteur de jus et bus frais, ce qui préserve parfaitement l'ensemble des nutriments.

Intérêt pour le sportif. Très grande richesse en micronutriments, facilité de digestion (pas de fibres), apport important d'enzymes digestives qui facilitent la digestion. Les jus de légumes sont en outre très alcalinisants et compensent l'acidification générée par l'exercice intense. Ils aident donc à préserver l'équilibre acido-basique dont nous parlerons plus loin (voir p. 142-149). Une étude spécifique, citée par Ariane Dandoy et Maddy Lecomte dans leur mémoire [14] a été réalisée sur l'impact du jus de betterave sur les sportifs. Son analyse a montré que le jus de betterave crue est riche en nitrates naturels qui contribuent à la dilatation des vaisseaux sanguins, ce qui facilite donc le flux sanguin et l'efficacité musculaire. Une amélioration de 3 % de la performance de cyclistes a été constatée et imputée à une ingestion de jus de betterave préalablement à l'exercice. Julien Louis, membre du département de recherche à l'INSEP, se fait également l'écho des bienfaits supposés du jus de betterave pour les sportifs.

Comment/Quand. En « apéro » ou en entrée, pour enrichir le repas en micronutriments ou en boisson de récupération. Les légumes choisis peuvent être très variés, selon leurs propriétés spécifiques. Ils peuvent aussi être mélangés à des fruits [33].

Quantité recommandée. Un verre avant le repas ou dans une boisson de pré- ou de post-entraînement. S'il s'agit d'un jus frais maison, les quantités ingérées doivent être progressives et plutôt de l'ordre de 1 demi-verre à la fois.

Les algues de mer

On les trouve en sachets de paillettes séchées en magasin bio, ou fraîches conservées dans le sel au rayon frais des magasins bio. Plusieurs variétés sont disponibles : kombu, dulse, nori…, de couleur rouge, brune ou verte.

Intérêt pour le sportif. Elles sont très riches en minéraux et oligo-éléments, en particulier en fer et en calcium, très utiles au sportif. Leur richesse en minéraux leur permet de contribuer à l'équilibre acido-basique. En outre, les algues rouges favorisent l'oxygénation, les algues vertes ont des vertus détoxifiantes (les algues brunes ont plutôt un impact hormonal).

Quand/Comment. En paillettes, elles sont faciles à parsemer sur les salades, soupes, légumes (après cuisson). Leur goût salé évitera de saler par ailleurs. Les algues fraîches ou séchées réhydratées permettent de confectionner de délicieux tartares d'algues, à tartiner sur du pain pour l'apéritif ou en entrée (on trouve facilement des recettes sur Internet).

Quantités recommandées. Elles peuvent être consommées à chaque repas. Néanmoins, comme elles sont riches en iode, elles devront être évitées pour les personnes souffrant d'hyperthyroïdie. En revanche, elles seront bénéfiques et auront un effet stimulant pour les personnes à la thyroïde un peu paresseuse.

Les graines germées

Il s'agit, comme leur nom l'indique, de graines de légumes très variées, que l'on consomme lorsqu'elles ont germé. On peut les faire germer soi-même, pour un coût modique (voir mode d'emploi p. 231). Le processus naturel de germination des graines est un véritable multiplicateur de micronutriments et les graines germées sont des concentrés de vitamines et minéraux, différents d'une variété à l'autre.

Intérêt pour le sportif. Apport d'une quantité importante de vitamines, de minéraux ou d'oligo-éléments spécifiques à la variété de graine (voir quelques exemples p. 231). Elles contribuent également à l'équilibre acido-basique (voir p. 142-149). Elles sont en outre très vitalisantes, car elles contiennent toute la force de vie de la plante en devenir.

Quand/Comment. À ajouter aux salades ou aux légumes après cuisson. À éviter le soir car elles pourraient nuire à l'endormissement.

Quantités recommandées. Progressivement, jusqu'à 3-4 cuillères à soupe par jour.

Le germe de blé

Il s'agit du germe extrait du grain de blé, avant la germination proprement dite. Le blé germé, tout comme les autres graines germées, est encore plus riche et vitalisant que le germe de blé. Le germe est ôté des grains que l'on va moudre en farine pour que celle-ci se conserve plus longtemps. Ces germes sont en effet très fragiles et doivent être conservés au frais et peu de temps pour garder leurs nutriments et ne pas rancir. On les trouve sous forme de paillettes au rayon frais.

Intérêt pour le sportif. Le germe de blé est riche en vitamine B (donc harmonisant pour le système nerveux) et en vitamine E (antioxydante), ainsi qu'en acides gras essentiels. Il est en outre très vitalisant.

Quand/Comment. À ajouter dans une compote, une salade… On peut alterner avec le blé germé. De temps en temps ou en cure de 3 semaines environ.

Quantités recommandées. 1 à 2 cuillères à café par jour.

> ## Témoignage de sportif
> « Ma maman est naturopathe [...]. Depuis tout petit, j'entends parler des jus d'herbe et me dire qu'il est important de faire attention, de bien manger. Je ne l'ai pas souvent écoutée quand j'étais plus jeune, comme beaucoup d'entre nous lorsque l'on est enfant, mais petit à petit, j'ai tendu l'oreille. J'ai pris un peu d'âge et un jour, je lui ai demandé : "Dis-moi maman, qu'est-ce que tu me conseilles ?" Je l'ai écoutée, j'ai commencé à m'intéresser à différents produits qu'elle me recommandait. »
> *Tony Parker, joueur de basket-ball, 4 fois champion de la NBA aux États-Unis et champion d'Europe avec l'équipe de France. Le10sport.com, novembre 2014.*

Le jus d'herbe

Après germination et avant d'atteindre leur taille adulte, le blé et l'orge passent par une étape où ils ont l'aspect d'une herbe bien verte. Le jus d'herbe est extrait à partir de cette herbe, à l'aide d'un extracteur de jus, et idéalement consommé frais. On le trouve également sous forme de poudre lyophilisée à ajouter à de l'eau, ou congelé voire même en comprimés (vérifier, dans ce cas, l'absence d'additifs).

Intérêt pour le sportif. Il est extrêmement riche en chlorophylle (70 %). Rappelons que c'est la chlorophylle qui permet la photosynthèse, c'est-à-dire la production d'oxygène à partir de l'eau et de la lumière. Elle est donc très riche en oxygène. Le jus d'herbe a une action oxygénante et purifiante, notamment pour le sang, le foie et les intestins. Il a également une action de régulation de la glycémie. Il est très riche en vitamines A et C (antioxydants) et contient des éléments aidant à l'assimilation de la vitamine B. Calcium, phosphore, potassium et magnésium sont présents en quantité importante, ainsi que le fer.

Quand/Comment. Il peut être bu à n'importe quel moment de la journée, seul ou intégré à une boisson. Son action sera plus forte s'il est bu le matin. Il peut aussi aider à résister à une envie de sucrerie. On évitera de le prendre le soir, surtout s'il est frais.

Quantités recommandées. S'il est frais, commencer par 30 ml et augmenter progressivement. En poudre, 1 cuillère à café de poudre pour un verre d'eau suffit.

Le « plasma » de Quinton

Il s'agit d'eau de mer naturelle purifiée, dont les bienfaits ont été découverts et démontrés par René Quinton. Il se présente généralement sous forme d'ampoules de 5 ou 10 ml, en version « hypertonique » ou « isotonique ». L'eau de mer a la particularité d'être similaire au plasma sanguin dans sa composition en minéraux et oligo-éléments. Dans la version isotonique, l'eau de mer est diluée aux deux tiers pour avoir la même teneur en sodium que le plasma, l'eau de mer étant naturellement trois fois plus salée.

Intérêt pour le sportif. La similitude avec le plasma sanguin rend le « plasma » de Quinton très facilement et rapidement assimilable par l'organisme. Il est donc idéal à prendre pendant ou après un effort soutenu générant beaucoup d'acidité dans l'organisme, les minéraux du sérum de Quinton « tamponnant » les acides, sujet dont nous reparlerons plus loin. De plus le « plasma » de Quinton a un effet booster et vitalisant. il est donc aussi intéressant en cure ponctuelle.

Quand/Comment. Choisir la version « hypertonique ». Pendant ou après un effort physique intense, idéalement pur, en le conservant pendant quelques instants en bouche avant de l'avaler pour permettre l'assimilation des nutriments au niveau buccal. Également en cure pendant 3 semaines à 2 mois. Éviter la prise le soir, qui pourrait nuire à l'endormissement.

Quantités recommandées. 1 à 4 ampoules de 10 ml par jour de la version hypertonique. Pour les mêmes raisons que les algues de mer, il n'est pas recommandé pour les personnes en hyperthyroïdie. Il est également déconseillé pour les personnes en hypertension ou celles souffrant d'insuffisance rénale.

Les épices et les herbes aromatiques

Très variées, elles sont plus connues pour leurs arômes que pour leurs vertus et pour leurs nutriments, qui sont pourtant très nombreux et importants. Facilement consommées fraîches, surtout à la belle saison, elles apportent l'intégralité de leurs bienfaits et de la vitalité dans l'assiette. D'ailleurs, nombre d'entre elles sont utilisées pour produire des huiles essentielles aux vertus variées : basilic, estragon, romarin…

Intérêt pour le sportif. Elles ont chacune leur spécificité. Le persil, par exemple, est très riche en vitamine C et en fer. La coriandre, le cumin, le curcuma, le gingembre ont des vertus anti-inflammatoires.

Quand/Comment. À utiliser de préférence fraîches (achetées en pot ou en bouquet, voire congelées) et à ciseler (s'il s'agit de feuilles) sur les légumes, la viande... Les fines herbes (persil, ciboulette...) seront plutôt ajoutées après cuisson. Les feuilles plus épaisses (romarin, estragon, thym) pourront être ajoutées à la cuisson pendant laquelle elles « infuseront » et libéreront également leurs bienfaits. Elles peuvent également être ajoutées à des jus de légumes.

Quantités recommandées. Selon le goût de chacun !

L'eau de coco

Il s'agit de l'eau présente dans la noix de coco qui n'est pas encore arrivée à complète maturité. La chair blanche est encore gélatineuse et une eau très parfumée et désaltérante est présente au centre. Cette eau de coco est consommée immédiatement après avoir fendu la noix encore verte à la machette dans les pays tropicaux[12].

Intérêt pour le sportif. L'eau de coco est riche en minéraux, notamment en potassium et calcium, et très pauvre en graisses (contrairement au lait de coco). Elle présente, comme le « plasma » de Quinton, une similitude dans sa composition en minéraux et oligo-éléments avec le plasma sanguin, ce qui la rend facilement et rapidement assimilable. Son goût légèrement sucré est nettement plus agréable que celui du « plasma » de Quinton. Elle constitue donc un excellent moyen de s'hydrater ou de se réhydrater.

Quand/Comment. Pendant ou après un effort intense, en particulier lorsque la chaleur est élevée. Elle sera dans ce cas plus agréable à déguster légèrement rafraîchie. Elle peut aussi être consommée à tout moment pour ses vertus reminéralisantes et alcalinisantes.

Quantités recommandées. Selon les besoins et l'intensité de l'effort et selon l'envie aussi. Un pack d'environ 30 cl se boira très facilement, à tout moment.

12. On peut trouver de l'eau de coco conditionnée en pack cartonné. Le site www.chaudron-pastel.fr publie une enquête réalisée par la naturopathe Mely sur les différentes marques proposant l'eau de coco en France, pour identifier celles qui préservent le mieux les nutriments. Elle cite comme préférences les marques Jax Coco et Cocowell, les critères étant d'éviter la congélation et le procédé UHT (la pasteurisation préservant mieux les nutriment) ainsi que les eaux à base de concentré.

> **Témoignage de sportive**
>
> « Sur scène, entre deux chansons, je bois de l'eau de coco. Grâce à sa forte concentration en minéraux, elle aide à rester hydratée pendant l'effort physique. »
>
> *Hajiba Fahmy, danseuse, seule Française lors de trois tournées internationales de Beyoncé, article du magazine* Elle).

Le bouillon d'os

Il ne s'agit pas à proprement parler d'un super-aliment, car il est le résultat d'une cuisson longue. Néanmoins, il fournit de manière concentrée des nutriments très importants pour le sportif, que peu d'autres aliments peuvent lui fournir, et il peut également, une fois préparé, être un supplément nutritif du repas. Il s'agit de cuire doucement et très longtemps la carcasse d'un poulet rôti, par exemple, pour en extraire les précieux nutriments.

Intérêt pour le sportif. Outre le fait qu'il soit très riche en minéraux, le bouillon d'os contient une quantité importante de gélatine, chondroïtine et glucosamine, nutriments essentiels à la santé des tissus conjonctifs (cartilages, tendons, ligaments…) et des articulations, tous éléments grandement mis à contribution dans la pratique sportive intensive ! De plus, comme l'explique le Dr Natasha Campbell, mondialement connue pour ses travaux sur l'intestin : « Le bouillon d'os est excellent pour guérir et sceller l'intestin [8]. » L'intestin, souvent mis à mal par l'activité sportive intensive, bénéficiera donc aussi de ce bouillon traditionnel.

Quand/Comment. Une fois préparé, il peut être maintenu au frais plusieurs jours ou congelé dans de petits contenants pour faciliter son utilisation ultérieure. Il peut être consommé en tant que tel, surtout l'hiver, ou ajouté à une préparation comme une soupe par exemple.

Quantités recommandées. En fonction de la possibilité de le préparer et des os disponibles ! L'intégrer régulièrement à un repas est une bonne prévention.

NB. Ce bouillon peut aussi être réalisé avec des arêtes de poisson. Ce n'est plus tout à fait un bouillon « d'os » (!) mais il a les mêmes qualités.

La recette du bouillon d'os

Environ 2 kg d'os de bœuf, poulet, canard, dinde, agneau ou arêtes de poisson • 2 cuil. à soupe de vinaigre de cidre • Épices (sel, sauce à poisson, tamari, etc.) • Légumes (oignons, ail, carottes, céleri, etc.) • Herbes aromatiques (persil, laurier, thym, origan, etc.) • En option, champignons secs.

1) Placez tous les os dans une marmite, recouvrez d'eau filtrée, ajoutez le vinaigre de cidre et laissez tremper 1 à 2 heures. Réchauffez l'eau jusqu'à ébullition, puis écumez la mousse qui se forme à la surface pendant la cuisson, car celle-ci contient des impuretés qui peuvent nuire au goût du bouillon. Ajoutez les légumes et autres ingrédients et laissez mijoter à feu doux entre 4 et… 50 h selon le type d'os (voir ci-après) pour que les nutriments et minéraux des os puissent migrer dans le bouillon. À la fin de la cuisson, les os se désagrègent car ils ont perdu les minéraux, des cartilages et des tendons.

2) Filtrez le bouillon et jetez les os et légumes cuits dans le compost. Les os ainsi décomposés ne sont pas conseillés pour les animaux domestiques. Réfrigérez dans des bouteilles ou congelez. Le bouillon d'os se conserve quelques jours au frigo et 6 mois au congélateur.

3) Une fois refroidi, vous pouvez retirer le gras qui s'est accumulé à la surface et l'utiliser pour cuire des légumes, c'est une matière grasse saine. Le bouillon doit être gélatineux (c'est le signe qu'il contient beaucoup de gélatine).

Durée de cuisson

Elle dépend des os, c'est le temps qu'il faut respecter pour que le collagène et les autres nutriments se libèrent des os :

– poulet : de 6 à 24 h
– bœuf : de 12 à 50 h
– poisson : environ 4 h

Quel type d'os choisir ?

Choisissez bien entendu des viandes bio et élevées de manière respectueuse, car les autres contiennent beaucoup moins de nutriments.

– Volaille : la carcasse de 2 volailles cuites ou 2 kg de morceaux tels que le cou, les pattes, les ailes…
– Bœuf : minimum 2 kg, os et cartilages avec un peu de viande
– Poisson : les carcasses des poissons entiers avec un peu de chair

Quelques recommandations

Il est important de laisser mijoter et non de cuire ou de faire bouillir le bouillon. Il faut aussi éviter de le réchauffer dans un four à micro-ondes car les températures élevées et les ondes dénaturent les acides aminés et les rendent toxiques pour le foie, les reins et le système nerveux. La cuisson élevée détruit aussi le collagène. Consommez une tasse de bouillon chaud ou tiède aussi souvent que vous y pensez. Pour bénéficier de tous ses bienfaits, il est recommandé d'en consommer une tasse chaque jour, pur ou comme base de soupe ou de toute autre préparation culinaire.

D'après : www.simplementcru.ch/le-bouillon-dos/

Divers fruits et jus de fruits remarquables

Pour terminer, mentionnons quelques super fruits particulièrement riches en nutriments : grenade, myrtille, açai, dont les jus seront très concentrés en antioxydants (avec un effet légèrement constipant pour la myrtille), mais aussi acérola très riche en vitamine C (15 fois plus que l'orange), baies de goji vendues séchées, riches de nombreux nutriments, ou encore canneberge, mûre, pruneau, fraise, framboise… Ces fruits ou jus de fruits seront donc d'excellentes sources d'énergie et de nutriments, à prendre en en-cas, ajoutés à un smoothie ou à une boisson de récupération.

À retenir

Comme on peut le voir, les super-aliments sont nombreux, variés et ont généralement des saveurs agréables. Ils permettent donc de joindre l'utile à l'agréable en renforçant la teneur en nutriments des repas, collations ou boissons, les rendant ainsi encore plus bénéfiques pour le sportif soucieux de sa santé et de ses performances. En fonction de chaque personne, de ses spécificités physiologiques, de sa forme du moment, certains super-aliments seront plus appropriés que d'autres. L'aide d'un naturopathe pourra être utile pour les cibler plus précisément.

Des solutions pratiques

Il n'est pas toujours simple dans la vie d'un sportif, notamment d'un sportif de haut niveau de concilier l'organisation des repas avec l'emploi du temps souvent chargé ou les déplacements. Même si la prise d'un repas de manière « organisée », avec du temps, à table, est toujours préférable, des solutions pratiques existent. L'objectif étant l'aspect pratique et rapide, la priorité est la présence des nutriments nécessaires au sportif à ce moment-là et on peut tolérer un peu moins d'exigence sur la sélection et l'origine des aliments que lors des repas à la maison habituels.

Le naturopathe canadien Lowell Greib, qui suit de nombreux sportifs de haut niveau dans sa clinique Sportslab, et lui-même pratiquant de marathon et de ultra-VTT, est particulièrement sensibilisé à cet aspect pratique et a même mis au point quelques recettes dont vous trouverez des exemples à la double page suivante.

Les smoothies

Ils nécessitent de posséder un blender. Les smoothies ont le grand avantage de pouvoir mélanger de multiples ingrédients, liquides ou solides, très rapidement, et d'obtenir ainsi un « repas » ou une collation complète, en fonction des besoins. Autre intérêt, les smoothies sont particulièrement rapides à digérer, les fibres étant « cassées ». Ils peuvent donc être absorbés avant une séance ou entre 2 séances d'entraînement. Un smoothie doit être préparé sur le moment et consommé rapidement si l'on veut bénéficier de tous ses nutriments.

Témoignage de sportive

« Pour un coup de fouet, je mange deux ou trois « energy balls » maison aux dattes et je les saupoudre de noix de coco râpée ». *Suzanne Meyer, danseuse, membre de la troupe de Philippe Decouflé au Crazy Horse (magazine* Elle).

Smoothie ananas-citron-gingembre

1 tasse de lait d'amande (25 cl) • 1 cuillère à soupe de protéines « Whey (*)» en poudre goût neutre • 2 cuillères à soupe de jus de citron pressé • 1 tasse de feuilles vertes (épinard ou chou kale) • 1,5 tasse de morceaux d'ananas • ¼ de cuillère à soupe de gingembre frais • ½ banane.

Mixer le tout au blender et consommer sans attendre.

** Protéines de petit-lait en poudre, à choisir attentivement, en vérifiant la qualité/les ingrédients. À utiliser uniquement lorsqu'un autre apport de protéines n'est pas possible à ce moment-là, et si elles sont bien tolérées au niveau digestif (voir note 8, p. 54).*

Les barres « maison »

Elles pourront être consommées en toutes circonstances. On les prépare à l'avance et elles se conservent pendant quelques jours.

Barre protéinée menthe-chocolat

1 tasse de dattes dénoyautées • 1 tasse de flocons d'avoine • 2 cuillères à soupe de cacao en poudre • 1 cuillère à soupe d'extrait de menthe • ¼ de tasse de protéines Whey en poudre goût neutre • 2 cuillères à soupe de lait d'amande • 4 cuillères à soupe de pépites de chocolat • ½ tasse de noix • ¼ de tasse d'amandes

Dans un mixeur, mixer les dattes jusqu'à ce qu'elles soient émincées et collantes. Ajouter l'avoine, le cacao, l'extrait de menthe, les protéines et le lait d'amande. Mixer. Ajouter les pépites de chocolat, les noix et les amandes. Mixer jusqu'à ce que le tout soit bien homogène. Cela doit être assez collant pour pouvoir façonner une boule.

Les salades nutritives à emporter

Ce sont des salades complètes en termes de nutriments, elles peuvent donc remplacer un repas lors d'un déplacement. Elles seront préparées à l'avance et composées d'éléments supportant bien le transport.

Salade d'été aux haricots secs

Pour un grand saladier : 1 boîte de haricots rouges cuits • 1 boîte de haricots noirs cuits • 1 boîte de pois chiches cuits • 1 boîte de grains de maïs • 1 tasse d'oignon vert émincé • 2 carottes moyennes coupés en fines rondelles • 2 branches de céleri émincé • ¾ de tasse de coriandre ou de persil ciselé • 1 poivron rouge émincé • 1 poivron orange émincé • ½ tasse d'huile (de préférence huile de colza ou de noix bio)

Rincer et égoutter les haricots, les pois chiches et les grains de maïs. Placer tous les ingrédients dans un grand saladier en plastique alimentaire muni de son couvercle.

Les plats complets « à la mijoteuse »

La mijoteuse électrique est un appareil de cuisson très simple que l'on peut programmer avant de partir le matin, qui cuisine à basse température pendant votre absence, ce qui vous permet de trouver le soir un plat mijoté complet et nutritif, pour vous accueillir. Courant aux États Unis, cet ustensile revient au goût du jour en Europe. On peut en trouver autour de 50 euros.

Pois chiches en curry doux

2 cuillères à soupe d'huile • 2 gousses d'ail émincé • ½ tasse d'oignon émincé • 1 cuillère à soupe de poudre de curry • 1 boîte de lait de coco • 2 boîtes de pois chiches rincés et égouttés • 2 boîtes de tomates en morceaux • Sel • ½ tasse de coriandre (optionnel)

Faire chauffer une large poêle non adhésive, y mettre l'huile. Ajouter l'ail et l'oignon, faire revenir pendant 5 minutes. Placer cette préparation avec les autres ingrédients (sauf la coriandre) dans une mijoteuse . Bien mélanger. Couvrir et laisser mijoter à feux doux pendant 6 à 8 heures. Ajouter la coriandre et servir avec du riz.

On le voit, de nombreuses solutions pratiques, adaptées au mode de vie du sportif existent, une alimentation saine et optimale est donc toujours possible, à condition de s'organiser et de changer quelques habitudes.

Personnaliser son alimentation

Au delà des généralités sur les éléments de base d'une alimentation favorable à la performance, il faut garder à l'esprit que chaque individu a son métabolisme propre, dont les caractéristiques sont purement individuelles et liées à sa constitution de base et à la manière dont celle-ci a évolué. En outre, les besoins seront différents en fonction de la nature et de l'intensité de l'activité sportive, des impératifs éventuels de poids que la discipline exercée impose (catégories de poids, sport à dominance esthétique comme la danse ou la natation synchronisée...).

Les conseils d'un thérapeute naturopathe peuvent donc être très précieux pour aider le sportif à mieux connaître ses caractéristiques constitutionnelles et à personnaliser son alimentation. Nous évoquons ici quelques pistes.

Tenir compte de sa constitution individuelle

L'impact des constitutions naturopathiques sur l'alimentation

On distingue notamment en naturopathie quatre types de constitutions de base. Ces constitutions sont déterminées par des observations morphologiques (forme du visage, des mains, iris...). La constitution spécifique du sportif a un impact sur sa personnalité, sur l'ensemble de sa physiologie, sur sa santé et sa vitalité. En ce qui concerne le lien avec l'alimentation, elle a un impact plus ou moins important sur les points suivants :

– la vitalité du système digestif en général ;

– la capacité à métaboliser et à éliminer les acides (produits par l'organisme ou ingérés par l'alimentation) ;

– la capacité de capter et de stocker les minéraux ;

– une éventuelle tendance à la stagnation et à la rétention d'eau ;

– la capacité à métaboliser correctement les sucres ;

– Etc.

Selon les caractéristiques de chacune des constitutions, on comprend donc que l'impact d'un aliment donné n'est pas le même d'un individu à l'autre. L'un devra être plus vigilant sur les aliments acides, l'autre devra limiter plus drastiquement les sucres, etc. Nous évoquerons plus précisément ces constitutions dans le chapitre 2.

Une typologie des sportifs selon leur sensibilité aux glucides

Nous avons mentionné plus haut des études génétiques ayant révélé les variantes d'un gène induisant un métabolisme différent des glucides selon les individus, ainsi que les 3 constitutions différentes identifiées chez les sportifs [31] (voir p. 23). Ces types se distinguent par un besoin en glucides différent. Il est donc recommandé d'adapter en conséquence les proportions respectives de glucides et de lipides, ainsi que la quantité de protéines, pour optimiser la performance.

– *Le type N1* : capacité naturelle pour les sports d'endurance et difficulté à prendre de la graisse corporelle. Cette physiologie est bien adaptée à une alimentation riche en glucides, un manque de glucides induisant de la fatigue et une baisse de performances.

– *Le type N3* : capacité naturelle pour les sports de force et facilité à prendre de la graisse. Cette physiologie est peu adaptée à une alimentation riche en glucides, une quantité importante de glucides induisant une prise de poids importante, une tendance à la résistance à l'insuline et au diabète.

– *Le type N2* : capacités équilibrées dans les 2 types de sport, pas de typage flagrant.

Les groupes sanguins

Il s'agit d'une méthode développée par Peter D'Adamo [13] à la suite de son père, le Dr James d'Adamo qui, outre des types de personnalité, définit des aliments très bénéfiques, des aliments neutres ou des aliments néfastes, selon le groupe sanguin de l'individu : A, B, O ou AB. Cette théorie s'appuie sur des données d'évolution qui déterminent le groupe O comme celui des premiers humains, chasseur-cueilleurs ; le groupe A, celui des agriculteurs s'étant adaptés à un autre type d'alimentation ; le groupe B, celui des nomades vivant de l'élevage et de ses produits ; le groupe AB, plus récent et mélange des deux précédents.

Les groupes se distinguent en particulier sur leur capacité à métaboliser et à tirer profit de la viande (très bonne pour les O, moins bonne pour les A), des laitages (bonne pour les groupe B et AB, s'il s'agit de chèvre ou brebis), des céréales (faible pour les O).

À noter que les laitages à base de lait de vache et le blé ne sont considérés comme bénéfiques dans aucun des groupes, de même pour la viande de porc.

Cette méthode est séduisante car distinguer les différences de métabolismes des nutriments en fonction d'un critère objectif, le groupe sanguin, paraît de fait assez logique. Elle n'est certes pas universellement reconnue par les naturopathes mais peut être un élément d'analyse qui permet de corroborer d'autres caractéristiques de l'individu.

L'impact du groupe sanguin sur le métabolisme a été scientifiquement reconnu d'une autre manière, car une étude de l'Inserm (2014) a démontré que le groupe O présente beaucoup moins de facteurs de risques de diabète que les autres groupes sanguins.

Tenir compte des intolérances éventuelles

Intolérances et allergies

Les intolérances sont à distinguer des allergies, dont les manifestations sont beaucoup plus manifestes et évidentes, et peuvent être confirmées par un test sanguin scientifiquement et universellement reconnu (test des IgE spécifiques). Nous ne parlerons pas ici des allergies reconnues qui, bien sûr, mènent à l'exclusion complète de l'aliment concerné, sur indication médicale.

La médecine classique ne prescrit généralement aucun test concernant les intolérances éventuelles. Pip Taylor [30] estime qu'il n'est pas utile d'avoir des explications scientifiques à une intolérance, et que « vous avez une intolérance à un aliment spécifique si vous vous sentez mieux et constatez une baisse des symptômes lorsque vous l'évitez ». Elle fait en outre une distinction entre l'intolérance et la sensibilité : lorsqu'un aliment est bien toléré mais seulement sous une certaine limite, au-delà de laquelle il provoque des désagréments.

Une intolérance alimentaire peut provoquer, avec le temps, un simple inconfort, une gêne certaine, voire une dégradation importante de la santé générale. Elle ne doit donc pas être négligée, surtout pour un sportif souhaitant optimiser ses performances.

Attention !

Ne confondez pas une intolérance ou une sensibilité avec des problèmes intestinaux ponctuels le jour d'une compétition (ce qui est courant, surtout pour les courses d'endurance) qui sont, eux, liés à la stratégie alimentaire pendant ou lors des heures qui précèdent la compétition (voir plus haut nos recommandations concernant la nutrition spécifique pour l'effort et l'endurance).

Une sensibilité exacerbée chez le sportif

L'impact d'une intolérance alimentaire est généralement exacerbé ou accéléré par l'activité sportive intense, pour les raisons suivantes :

• L'activité physique intense provoque une *ischémie au niveau de l'intestin* : le flux sanguin y est raréfié au profit du cœur, des muscles, de la peau. Ce manque d'alimentation sanguine pendant l'exercice fragilise les « jonctions serrées » qui forment la barrière intestinale et la rendent donc plus perméable.

• *L'altération de la flore intestinale*, protectrice de la membrane intestinale, peut être d'autant plus importante si le sportif est amené à ingérer des médicaments de type antibiotiques ou anti-inflammatoires, ces derniers étant relativement courants en cas de blessure.

• La flore intestinale est également impactée par une consommation importante de *sucres rapides*, de *farines raffinées* ou de boissons et nourritures de l'effort qui en contiennent.

• L'activité physique intense, voire le surentraînement, peuvent mener à un *affaiblissement du système immunitaire*, qui est même systématiquement affaibli à la suite d'un effort physique très intense. Comme une très grande partie du système immunitaire se trouve dans l'intestin, c'est la paroi intestinale elle-même qui se trouve à la longue plus vulnérable et plus perméable : elle laisse ainsi passer dans le sang des particules issues de l'alimentation qui auraient dû être bloquées dans l'intestin, ce qui déclenche alors un processus d'intolérance éventuelle.

Les principaux signes de l'existence d'intolérances

Ces signes sont variables d'un individu à l'autre et peuvent concerner un ou plusieurs systèmes physiologiques, et pas obligatoirement le système digestif. Voici les signes listés par Pip Taylor [30] selon les différents systèmes :

• *Système digestif :* ballonnements et gaz, diarrhée, constipation, selles molles, lourdeur ou crampes d'estomac, éructations (« rots » ou « renvois »), aphtes, mauvaise haleine, nausée.

• *Système nerveux :* irritabilité, mémoire, troubles de la concentration, maux de tête, migraines, humeur instable, fatigue, sommeil.

• *Peau, cheveux, ongles :* démangeaisons, urticaire, eczéma, rougeurs.

• *Système respiratoire :* asthme, nez qui coule, rhume des foins, respiration sifflante.

• *Sphère urinaire :* envies fréquentes d'uriner, infections urinaires, irritations.

• *Système cardio-vasculaire :* palpitations, sentiment de faiblesse.

À noter que les jambes lourdes et des varices peuvent également alerter.

Ces signes peuvent également être symptomatiques d'intolérances et d'allergies autres qu'alimentaires : détergents, allergies respiratoires, etc.

Un indice signifiant

L'existence d'un aliment « fringale » que l'on doit absolument consommer tous les jours et dont on ne peut se passer est, toujours selon Pip Taylor, un signe majeur d'intolérance à cet aliment. En effet, la hausse brutale en histamines et en cortisol déclenchée par l'ingestion de cet aliment mal toléré provoque en parallèle une stimulation générale et une sensation d'énergie qui redescend très vite, mais que le corps cherche instinctivement à reproduire. Cela s'apparente à un processus d'addiction, heureusement facilement réversible par le retrait de l'aliment. Par exemple, l'addiction au sucre génère momentanément une hausse de la glycémie et donc un pic d'énergie de courte durée, que l'on cherche inconsciemment à reproduire.

L'impact des intolérances alimentaires pour le sportif

Quelques exemples célèbres illustrent l'impact positif de l'exclusion d'un aliment spécifique auquel le sportif s'est découvert intolérant, le plus fameux étant Novak Djokovic qui supprime le gluten et devient n° 1 du tennis mondial. Pip Taylor elle-même témoigne de son expérience de triathlète, estimant que gérer ses intolérances alimentaires a amélioré sa respiration, sa forme générale, lui a ôté ses fréquents maux de tête, fait disparaître son anémie et éliminé les fractures de fatigue dont elle souffrait régulièrement. Plus généralement, Pip Taylor estime qu'une (ou plusieurs) intolérances peuvent avoir les impacts suivants :

- *Prise de poids* due à l'inflammation ou aux fringales provoquées par les intolérances.
- *Difficulté à prendre du poids ou de la masse musculaire* due à une mauvaise assimilation des nutriments au niveau de l'intestin. Cette mauvaise assimilation peut bien sûr avoir des conséquences sur les autres systèmes physiologiques.
- *Moins bonne récupération en cas de blessure* à cause des autres foyers d'inflammation déjà créés par les intolérances.
- *Douleurs musculaires et articulaires accrues*, également à cause d'une inflammation « de bas grade » plus ou moins permanente.
- *Sensibilité accrue aux virus et aux maladies*, car le système immunitaire est occupé à réagir aux intolérances.

Les intolérances les plus courantes

Voici les intolérances alimentaires les plus courantes répertoriées par Pip Taylor :

- *Le gluten.*
- *Les produits laitiers.*

Ces deux catégories d'aliments ont déjà été évoquées plus haut, au sujet des régimes paléo et Seignalet. On ne s'étonnera donc pas de les retrouver citées ici.

- *Les Fodmaps*, c'est-à-dire les glucides fermentescibles (voir p. 226 la liste des aliments qui en contiennent).
- *Le soja :* de plus en plus utilisé comme additif alimentaire (lécithine de soja ou protéines de soja). À noter que 70 % du soja cultivé dans le monde est OGM.
- *Les substances irritantes des aliments.* Elles provoquent le plus souvent une sensibilité, c'est-à-dire qu'elles deviennent gênantes au-dessus d'un certain seuil ingéré, chaque individu ayant son propre seuil. En outre ces substances se trouvent généralement dans les plats industriels. Une baisse de la consommation de ces aliments diminue donc naturel-

lement la quantité globale ingérée et permet éventuellement de ne pas dépasser le seuil de sensibilité. Il s'agit des substances suivantes : salicylates, glutamate (souvent utilisé dans la cuisine chinoise), histamines (voir p. 227 des exemples d'aliments contenant ces substances).

• *Les aliments générant couramment des allergies.* Ils sont aussi susceptibles de générer des intolérances : les œufs, les arachides, les fruits à coque, les fruits de mer.

Identifier ses intolérances

Rappelons que le processus d'intolérance s'établit à partir d'une dégradation de la barrière intestinale (perméabilité intestinale), qui laisse passer dans le sang des particules qui n'auraient pas dû passer le filtre de la membrane intestinale. Ces molécules provoquent une réaction immunitaire et inflammatoire de l'organisme.

Certains laboratoires proposent des analyses détaillées sur un panel d'aliments. Il s'agit de tester les IgG, c'est-à-dire la présence dans le sang d'antigènes spécifiques à un aliment particulier. Ces analyses sont coûteuses et parfois contestées.

Il existe une méthode pragmatique pour déterminer les intolérances, décrite par Pip Taylor. Celle-ci consiste à établir un « régime de base fonctionnel », qui exclut tous les aliments « poisons » (voir plus haut) et les sources fréquentes d'intolérance (gluten, produits laitiers, légumineuses). Ce régime, qui s'apparente à l'alimentation de la performance que nous avons décrite plus haut, sera suivi pendant plusieurs semaines. Si on ne constate pas d'amélioration suffisante du bien-être ou des symptômes, on enlève alors d'autres aliments moins fréquemment source d'intolérances (œufs, aliments contenants des Fodmaps…).

Lorsque l'état général est devenu satisfaisant, on réintroduit progressivement et méthodiquement les aliments, un à la fois, et l'on observe la réaction physiologique : si l'état général reste bon, il ne s'agit pas d'une intolérance. Si les symptômes reviennent, on le retire de nouveau et on teste un autre aliment dès la stabilisation, et ainsi de suite. Un accompagnement de cette démarche en naturopathie permettra de la compléter par un travail de restauration de l'intégrité de la barrière et de la flore intestinale, par des méthodes et compléments alimentaires spécifiques.

Une autre méthode de test peut être utilisée : il s'agit de la kinésiologie qui, par la réponse musculaire du corps au produit qui lui est présenté, donne une réponse de tolérance ou non de l'aliment. Cette méthode est pratiquée par des thérapeutes spécifiquement formés, dont certains naturopathes.

Le RAC (réflexe auriculo-cardiaque), également pratiqué par certains naturopathes, observe la réaction du pouls à chaque aliment présenté.

Pas de panique !

Il peut sembler inquiétant d'envisager de se priver d'un aliment que l'on a toujours mangé, que l'on apprécie ou que l'on estime nécessaire à l'équilibre alimentaire. Mais aucun aliment n'est irremplaçable et il existe toujours des alternatives nutritionnelles saines et agréables. Néanmoins, les changements d'habitudes alimentaires ne sont pas toujours faciles et les connotations émotionnelles sont importantes. Le rythme de l'évolution des habitudes est donc à adapter en fonction des objectifs et des capacités de chacun. Les améliorations de tous ordres qui s'ensuivront seront un encouragement et une motivation évidents pour continuer.

Et puis la rigueur absolue n'est pas forcément nécessaire ni même conseillée : pourquoi ne pas s'octroyer des moments de « relâche » (relative !), en dehors des périodes de compétition importante ? Et s'assurer ainsi d'être capable de plus de rigueur dans les moments importants. Ces tentations se feront de toutes façons de moins en moins pressantes au fur et à mesure que les bonnes habitudes seront prises et leurs effets bénéfiques devenus évidents.

Choisir l'observation personnelle plutôt que les idées reçues

Cette approche pragmatique des intolérances alimentaires se heurte souvent au scepticisme du monde médical et, par conséquent à l'entourage des sportifs. En particulier lorsqu'il s'agit des produits laitiers, auxquels sont traditionnellement attribuées de multiples vertus (voir p. 44-45). Or de nombreux sportifs limitent largement leur consommation de produits laitiers de manière intuitive (parce qu'ils ne les aiment pas ou qu'ils ne leur conviennent pas), mais ils essuient alors souvent des reproches. L'exemple de Novak Djokovic, cité plus haut et expliqué dans son livre *Service gagnant* donne par ailleurs une illustration concrète de l'intérêt de détecter une intolérance au gluten lorsqu'elle existe. J'encourage ici chaque sportif à se forger sa propre opinion sur la base de ce qui précède et à faire confiance à ce que son corps « lui dit » à propos des aliments profitables ou au contraire néfastes pour lui.

Les contraintes de poids spécifiques

Outre les variables sur l'alimentation liées à la nature du sport lui-même (adresse, endurance, combat...), la pratique de certains sports de haut niveau impose des contraintes de poids spécifiques.

• *Il peut s'agir de catégories de poids* (judo, haltérophilie...). Le sportif ou son entourage peuvent considérer, s'il est à la limite entre 2 catégories, que l'une d'elles est préférable pour ses résultats. Dans ce cas, il vivra sous la pression d'être au poids requis.

• *Il peut s'agir de contraintes esthétiques*, en particulier pour les sports féminins comme la gymnastique artistique ou la natation synchronisée (voir encadré ci-contre).

L'attitude et les connaissances vis-à-vis de l'alimentation sont très variables d'un sportif à l'autre. On distingue 2 catégories extrêmes dans ces attitudes :

• *Les sportifs d'endurance* (marathon, triathlon, cyclistes...) qui sont les plus avertis et peuvent même devenir « obsessionnels » sur le sujet.

• *Certains sportifs qui ne s'en préoccupent absolument pas* et c'est alors la porte ouverte aux blessures répétitives, aux maladies ou aux contre-performances.

D'où l'importance pour le sportif de bénéficier d'un accompagnement individuel, qui tiendra compte de ses contraintes et de son niveau de connaissances et d'implication sur le sujet.

Les dangers de la contrainte de poids

Il faut surveiller attentivement la manière dont le sportif vit cette contrainte de poids (que la contrainte soit d'augmenter ou de diminuer le poids) et être vigilant sur les outils et l'accompagnement dont il dispose (ou pas !) pour atteindre l'objectif qu'il s'est fixé. Il faut également en premier lieu évaluer si ces objectifs de poids sont réalistes par rapport à sa constitution, à son rythme de vie et surtout à sa santé.

Un témoignage édifiant

Voici le témoignage d'une jeune nageuse de natation synchronisée en sport études jusqu'à l'âge de 17 ans, membre de l'équipe de France Espoir. Elle explique que, son sport se pratiquant en équipe, tous les membres de l'équipe doivent avoir le même gabarit pour l'harmonie globale de la prestation. En ce qui la concerne, on lui répétait que ses cuisses étaient « trop grosses » et qu'il fallait qu'elle maigrisse. Ce qu'on préconisait ? Envelopper ses cuisses dans de la cellophane et des collants de laine, faire de la corde à sauter et faire un régime. Lequel ? Aucun accompagnement, aucun suivi individuel au niveau de la nutrition. La seule chose qu'elle a retenu, c'est qu'il fallait manger des sucres lents. En conséquence, elle mangeait beaucoup de pâtes et de riz, et peu de protéines. Cette contrainte de poids engendrait une culpabilité et un malaise permanents vis à vis de son alimentation. Son entraîneur lui faisait des remarques acerbes mais il ne lui donnait aucun conseil d'alimentation personnalisé et approprié aux contraintes de sa pratique sportive et aux objectifs de poids qu'on lui fixait.

Cette jeune fille a présenté un retard dans sa puberté et a vécu des arrêts de règles pendant la pratique intensive de son sport. Lors de l'arrêt de la pratique, un « rattrapage » brutal a eu lieu, au niveau de la puberté, du poids et aussi probablement au niveau émotionnel : croissance brutale de la poitrine du bonnet B au bonnet D/E (et vergetures en conséquence), prise de poids importante, épisode dépressif. Elle raconte également que plusieurs de ses coéquipières sont tombées dans l'anorexie.

L'approche naturopathique

En naturopathie, tout régime de privation de calories est déconseillé, car il ne fait qu'entraîner le corps à stocker encore mieux, au cas où une autre disette apparaîtrait. La priorité de la physiologie est la survie et le corps s'adapte en permanence pour maintenir cet objectif. Néanmoins, des mesures diététiques sont envisageables, notamment au niveau des associations alimentaires ; surtout, la vigilance sera constante sur l'apport nécessaire en macro- et micronutriments, comme nous l'avons longuement décrit. De même, un objectif de prise de poids devra être accompagné de manière vigilante, en évitant les surcharges compromettant la santé et les performances sportives elles-mêmes.

La dimension émotionnelle de l'alimentation

L'accompagnement personnalisé et émotionnel est d'autant plus essentiel que l'alimentation a un lien direct avec les émotions et l'histoire personnelle de chacun. Un changement drastique et brutal de l'alimentation n'est conseillé ni pour les sportifs, ni pour personne. Il ne peut être que progressif et expliqué de manière très pédagogique.

Or comme le montre le témoignage de la jeune nageuse citée plus haut, beaucoup de sportifs de haut niveau, par ailleurs très bien encadrés, ne bénéficient pas d'un accompagnement personnalisé concernant leur alimentation. Ils insistent parfois personnellement pour l'obtenir, avec succès éventuellement, en fonction du potentiel de bons résultats qu'on leur reconnaît. Ils seront peut-être plus chanceux s'il s'agit d'un sport « professionnel » où les budgets disponibles sont plus importants. Ou alors ils entreprennent parfois une démarche personnelle en dehors du cadre de l'entourage sportif. Cet ouvrage pourra, je l'espère, les accompagner de manière efficace et les inciter à rechercher un accompagnement si nécessaire.

Enfin, il ne faut pas oublier que le sportif doit déjà s'adapter à de nombreuses contraintes : entraînement, rythme de vie, séparation éventuelle de ses proches, stress de la compétition. Il faut donc que la contrainte alimentaire (manger sain, équilibré et respecter tous les conseils détaillés plus haut) soit confortablement vécue. Ce qui signifie que l'on peut aussi parfois se faire plaisir, se « lâcher » pour être capable de tenir sur la durée. Il vaut mieux alors choisir les moments où on lâche un peu l'exigence, comme les périodes hors compétitions par exemple, ou de manière « soft » mais régulière : Teddy Rinner, double champion olympique de judo et huit fois champion du monde, explique qu'il y a en général « un craquage par semaine », c'est-à-dire une « sortie pizza » en famille par exemple. Ce qui sous-entend néanmoins que sa vigilance sur l'alimentation est grande, et est parfaitement intégrée à sa préparation de champion.

15 valeurs sûres de l'alimentation du sportif

- Légumes de saison crus (carotte, betterave, salade...)
- Légumes de saison cuits (brocoli, courgette, choux...)
- Patate douce
- Fruits de saison (sauf orange, clémentine, pamplemousse)
- Banane
- Citron
- Grenade
- Châtaignes cuites
- Sarrasin
- Riz basmati semi-complet
- Œufs
- Sardines à l'huile
- Filet de dinde/poulet
- Noix/Amandes
- Huile de colza

Voir aussi p. 232-233 le classement des aliments du sportif qui vous guidera dans vos choix.

Chapitre 2

OPTIMISER LES PERFORMANCES PHYSIOLOGIQUES

Après avoir optimisé la qualité du « carburant » ingéré par le sportif, nous allons maintenant évoquer les éléments qui permettent d'optimiser son utilisation, ainsi que le fonctionnement de l'ensemble des processus physiologiques contribuant à la performance sportive.

Connaître les spécificités de sa constitution

La constitution de chaque individu est spécifique et comporte des points forts et des points de vigilance au niveau physiologique. Nous les décrivons ici de manière très synthétique. Une consultation en naturopathie permettra d'affiner les observations avec le regard d'un professionnel, ainsi que de les compléter par d'autres observations comme le tempérament (constat de l'évolution de la constitution avec le temps) et les diathèses (photographie à l'instant t [19]).

Les deux constitutions naturopathiques

Caractéristiques et impact sur la physiologie

• *Le « neuro-arthritique »* se caractérise par une silhouette longiligne (c'est-à-dire avec des membres plutôt longs par rapport au tronc) et plutôt mince. Sa nature est plutôt frileuse (citons par exemple le joueur de tennis Gaël Monfils).

Le neuro-arthritique a une tendance naturelle à l'acidose des tissus (voir p. 142-149), à la carence en minéraux et au stress. Ses systèmes d'élimination (rénal, intestinal…) peuvent manquer d'efficacité.

• *Le « sanguino-pléthorique »* se caractérise par une silhouette plutôt trapue et charpentée, avec des membres relativement courts par rapport au buste. Sa nature est plutôt joviale. Le sport lui est très bénéfique pour éviter la surcharge et il sera attiré par les sports d'équipe ou de force (citons par exemple l'haltérophile iranien Hossein Reza Zadeh).

Le sanguino-pléthorique devra surveiller son système cardio-vasculaire, souvent mis largement à contribution par son côté « bon vivant ». Et éventuellement, par la suite, son système digestif.

Les quatre constitutions hippocratiques

Les quatre constitutions hippocratiques sont classées par ordre d'importance, ce qui détermine un profil individuel. Un individu présente en effet généralement une constitution principale, ainsi que des éléments plus ou moins importants des trois autres constitutions.

Caractéristiques et impact sur la physiologie

• *Le « bilieux »* s'inscrit dans le profil de la constitution « neuro-arthritique » citée ci-dessus. Il est donc longiligne mais aussi tonique, et présente un visage plutôt carré ou rectangle large. Sa main est chaude et sèche, la paume est plutôt carrée et bien large et les doigts ont une longueur équivalente à celle de la paume. Son système physiologique privilégié est le système neuromusculaire, c'est une constitution naturellement équilibrée par l'exercice physique. Le bilieux s'orientera donc souvent très jeune vers la pratique du sport. C'est une personne très (voire trop) active, plutôt battante, entreprenante et du genre « meneur » (ce qui en fait assez régulièrement un capitaine d'équipe).

Le bilieux est donc bien représenté chez les sportifs en général. On peut citer comme exemples le nageur Florent Manaudou ou le tennisman Rafael Nadal dont le visage carré est typique de la constitution du bilieux. Ou bien Didier Deschamps, ex-capitaine de l'équipe de France de foot (dont la constitution de base a bien sûr évolué avec le temps).

Le bilieux devra penser avant tout à soutenir son foie et sa vésicule biliaire. En effet, son système de prédilection est, nous l'avons dit, le système neuromusculaire. Or en médecine chinoise, c'est le foie qui gère la motricité musculaire (nous y reviendrons). En outre, il devra être vigilant sur sa tendance au surmenage et au stress, et à d'éventuelles sensibilités, intolérances ou allergies.

• *Le « sanguin »* s'inscrit dans le profil de la constitution « sanguino-pléthorique » citée ci-dessus. Il a les membres plutôt courts, mais il est aussi tonique et présente un visage massif et coloré. Sa main est plutôt large et épaisse, chaude et humide. Son système physiologique privilégié est le système cardio-vasculaire. C'est une personne émotive et expansive, voire explosive...

Le sanguin est une constitution courante chez les rugbymen pour son côté très charpenté, au bon coup de fourchette, donc éventuellement enrobé mais riche d'une grande vitalité. Mathieu Bastareaud (1,83 m pour 122 kg) en est un bon exemple.

Le « sanguin » sera vigilant sur son système cardio-vasculaire, que ce soit au niveau cardiaque ou au niveau de la circulation sanguine proprement dite. En effet, l'ensemble du système pourra pâtir d'une tendance à diverses surcharges.

• *Le « nerveux »* s'inscrit dans le profil de la constitution « neuro-arthritique » citée ci-dessus. Il est longiligne mais moyennement tonique et présente un visage plutôt triangulaire (pointe vers le menton) et pâle. Sa main est longue et étroite et les doigts très longs. Elle est généralement sèche et froide. Son système physiologique privilégié est le système nerveux, qui est puissant. C'est une personne très analytique, réfléchie et plutôt anxieuse.

Le nerveux sera rarement la dominante principale du sportif, mais il peut être une composante secondaire. On trouve fréquemment une composante nerveuse chez les marathoniens (dont la puissance du mental est en effet un ingrédient de réussite !). On peut citer également le tennisman Djokovic, très longiligne et au visage allongé voire creusé, mais dont la composante bilieuse est la plus importante.

Le « nerveux » sera vigilant sur l'acidose (voir plus loin), sur sa capacité à gérer le stress, sur la qualité de son sommeil et sur son système nerveux de manière générale.

• *Le « lymphatique »* s'inscrit dans le profil de la constitution «sanguino-pléthorique » citée ci-dessus. Il a donc les membres plutôt courts et n'est pas très tonique. Il présente un visage très rond et pâle. Sa main est plutôt courte et « boudinée », généralement moite et froide. C'est une personne plutôt contemplative, imaginative et intuitive.

Le lymphatique est, encore plus que le nerveux, difficilement une composante principale du sportif de haut niveau, car son métabolisme plutôt lent ne l'incite guère à la performance physique. Néanmoins, les lutteurs de sumo, sport professionnel extrêmement populaire au Japon, présentent très certainement une constitution lymphatique, qui les sert dans leur capacité à prendre énormément de poids (271 kg pour le plus lourd en activité, le Russe Aurora), condition essentielle de leur performance (d'autant qu'il n'y a pas de catégorie de poids pour les sumos).

Le « lymphatique » devra surveiller la prise de poids, la tendance à la rétention d'eau et ses systèmes lymphatique et glandulaire de manière générale.

Les trois constitutions homéopathiques

Cette manière d'appréhender les constitutions est très importante pour déterminer la capacité de capter et de stocker les minéraux, et donc pour surveiller l'éventualité d'une déminéralisation ou d'une acidose précoces (voir la définition de l'acidose p. 142). La constitution homéopathique principale est éventuellement pondérée d'une constitution secondaire.

Caractéristiques et impact sur la physiologie

• *Le « fluorique »* se caractérise par une grande souplesse et une laxité articulaire (par exemple au niveau des coudes). Il est plutôt mince et dégingandé. C'est une personne qui a besoin de changement, plutôt désordonnée et du genre indécis. Le fluorique sera naturellement bien représenté dans les sports nécessitant une grande souplesse comme la danse, la gymnastique ou la natation synchronisée. Il est le moins apte à capter les minéraux.

Le fluorique devra veiller à un apport suffisant en minéraux (notamment la silice) et surveiller l'acidose, sous peine de voir surgir des problèmes articulaires, osseux ou tendineux. Il doit être vigilant sur une éventuelle tendance à la scoliose ainsi qu'à une fragilité des vaisseaux (varices).

• *Le « phosphorique »* présente une souplesse articulaire moyenne (les bras tendus forment un angle exact de 180°). Il est plutôt grand et mince, la silhouette est harmonieuse. C'est une personne passionnée, enthousiaste et hypersensible. Le phosphorique est probablement la constitution la plus répandue parmi les sportifs – et dans la population générale.

Le phosphorique a hérité d'une sensibilité au niveau pulmonaire et est sujet aux affections ORL (angine, bronchite…). Il devra donc s'assurer d'affronter l'hiver avec un système immunitaire en forme. Il sollicite particulièrement le système hépatique et sera donc vigilant sur le soutien du foie. Dans une moindre mesure, il veillera à avoir un bon apport en minéraux.

• *Le « carbonique »* se caractérise plutôt par une raideur articulaire (il n'arrive pas à tendre le bras à 180°), et présente une très forte minéralisation, des os solides et de bonnes dents. Il a une silhouette plutôt massive et bien ancrée sur ses deux jambes. C'est une personne ordonnée et orientée vers l'action. Le carbonique est bien représenté dans les sports de combat ou de force comme le rubgy, mais aussi chez les haltérophiles et les lanceurs de poids.

Le carbonique a une constitution très solide qui le maintient aisément en bonne santé. Il sollicitera plus particulièrement le système cardio-vasculaire, qui est puissant mais qu'il devra veiller à ne pas surcharger par des lipides saturés en excès par exemple. Il s'efforcera également de ne pas surmener son système digestif et de ne pas se laisser aller à la prise de poids.

Les trois constitutions iridologiques

Caractéristiques et impact sur la physiologie

Il s'agit de la couleur de l'iris : bleu (« fibrillaire bleu »), marron (« hématogène ») ou vert («mixte»). Attention aux « faux » yeux verts ou marron qui peuvent être des yeux bleus sur lesquels se sont superposées des nappes colorées. Le naturopathe examinera l'iris au moyen d'un loupe éclairée spécifique (ou d'un iridoscope). Il est difficile de recenser des prévalences plus ou moins importantes dans certains types de sport selon la couleur de l'iris. Elle distinguera peut-être plus facilement une origine géographique qu'un sport en particulier.

• *L'iris fibrillaire (bleu)* révèle une plus grande difficulté à métaboliser les acides et donc une tendance plus nette à l'acidose et à la déminéralisation (voir p. 143).

• *L'iris hématogène (marron)* révèle une tendance aux surcharges hépatiques ainsi qu'aux stases (stagnations) au niveau de la circulation sanguine ou au niveau de l'intestin (constipation).

• *L'iris mixte (vert)* se caractérise principalement par une plus grande difficulté à gérer les sucres, notamment les sucres à IG élevé. Il présente donc plus fréquemment une dysbiose intestinale, c'est-à-dire un déséquilibre de la flore intestinale, engendrant des troubles intestinaux.

À retenir

Identifier la combinaison de ces différentes types de constitutions (naturopathique, hippocratique, homéopathique et iridologique) pour un individu permet de définir son « profil » personnel, et surtout les axes de vigilance au niveau physiologique. Pour optimiser son fonctionnement physiologique global et donc ses performances dans la durée, le sportif aura tout intérêt à tenir compte de ces informations précieuses. Il pourra ainsi éviter également la dégradation de certains systèmes physiologiques, forcément pénalisante pour ses performances ou favorable aux blessures.

Optimiser les organes qui contribuent à la performance sportive

Certains organes jouent un rôle prépondérant lors d'une activité sportive intense, ou sont particulierement sensibilisés par celle-ci. Il est donc essentiel d'être capable d'identifier les éventuels « signaux d'alerte » et de pouvoir agir pour garantir leur fonctionnement optimal.

Surveiller le foie

Le foie est un organe majeur du corps humain, aux multiples fonctions. Sa bonne santé et son fonctionnement optimal sont particulièrement importants pour la performance sportive.

Rôles essentiels pour le sportif

Le foie a un rôle central dans le *stockage* et la *transformation* du « carburant », et donc dans la constitution de la puissance énergétique. Un foie en bonne santé a la capacité de stocker environ 100 g de glycogène issu du glucose non utilisé immédiatement par l'organisme. Ce glycogène est ensuite de nouveau transformé en glucose par le foie en cas de besoin. La bonne santé du foie assurera donc un bon niveau de stockage de glycogène et la capacité immédiate de rendre disponible du glucose, donc du carburant, dans les efforts importants nécessitant d'avoir recours à ces réserves.

Outre cette capacité à mettre à disposition ses propres réserves de glycogène, c'est également le foie qui déclenche la mise à disposition d'autres réserves d'énergie éventuelles, à savoir les graisses stockées un peu partout dans le corps (transformées également en glucose par le foie), et éventuellement les protéines musculaires, dont le foie parvient également à faire de l'énergie.

Autres fonctions importantes

(Liste non exhaustive.)

Fabrication de la bile

C'est le foie qui fabrique la bile, stockée ensuite dans la vésicule biliaire, qui la libère pour la digestion des graisses, au fur et à mesure des besoins. La bonne santé du foie permet donc une bonne digestion des graisses. La bile est également utile à l'élimination de nombreux déchets.

Filtre majeur

Tout passe par le foie *via* la circulation sanguine : les nutriments issus de l'intestin mais aussi toutes les toxines, produites par le corps lui-même ou ingérées *via* les médicaments, la pollution, etc. C'est le foie qui essaie dans un premier temps de « casser » ces molécules toxiques pour les rendre liposolubles, puis de les évacuer. S'il n'y arrive pas, il tente de les stocker quelque part dans le corps, notamment dans les graisses. De la bonne santé du foie dépend donc la plus ou moins bonne élimination de ces toxines.

Stockage de vitamines

Il s'agit des vitamines liposolubles, c'est-à-dire les vitamines A, D, E, K dont nous avons évoqué l'importance précédemment.

Réserve d'oligo-éléments

Le foie est la principale réserve d'oligo-éléments (qui peuvent également être stockés dans les tissus).

Transport de nutriments vers les cellules

En particulier le cuivre, le fer, la vitamine B12. C'est en effet le foie qui fabrique les molécules régulant la circulation de ces substances, leur acheminement dans les cellules ou leur élimination si elles sont en excès.

Fabrication de protéines

La santé du foie est essentielle dans la lutte contre les virus et autres bactéries car il fabrique des protéines de l'immunité. Il fabrique également des protéines de l'inflammation, qui sont envoyées sur les « sites » du corps endommagés nécessitant réparation.

Fabrication et transport d'hormones

Rappelons que les hormones sont de grands régulateurs des fonctionnements physiologiques.

En médecine chinoise, le maître des muscles et des tendons

Last but not least pour le sportif : en médecine chinoise, c'est le foie qui gère la santé et l'intégrité des tendons et ligaments, ainsi que la motricité musculaire – autrement dit, le foie régit tous les mouvements ! D'autres arguments sont-ils nécessaires pour inciter le sportif à surveiller cet organe vital ?

Les signes d'alerte à observer

Des analyses sanguines dans les normes, donc non pathologiques, ne signifient pas pour autant que le foie soit au top de sa forme et que son fonctionnement soit optimal. Certains signes physiologiques peuvent alerter sur la saturation et/ou la fatigue du foie et doivent inciter à entreprendre des actions bénéfiques pour cet organe. Il s'agit par exemple des signes suivants :

• *Constipation* (qui peut être due à une mauvaise production ou évacuation de la bile).

• *Couleur anormale des selles* : selles blanches ou au contraire très jaunes (pas assez ou trop de bile non transformée).

• *Production de glaires* fréquente dans la zone ORL ou autres (s'évacuent ainsi des déchets que le foie n'arrive pas à éliminer par les selles).

• *Problèmes de peau* (idem : évacuation prenant le relais du foie).

• *Nausées fréquentes.*

• Etc.

Un naturopathe pourra détecter, lors de l'anamnèse (histoire médicale), le cumul éventuel d'indices de fatigue du foie.

Les ennemis du foie

Ce sont tous les éléments qui contribuent à le faire travailler en sur-régime :

• *Les molécules de synthèse.* Il s'agit des molécules qui ne sont pas naturelles et pour lesquelles le corps n'a prévu aucun système d'élimination : médicaments, polluants divers… Le foie doit travailler énormément pour éliminer ces déchets, dont il cherche à préserver le corps. Ces tentatives d'élimination sont épuisantes pour le foie et contribuent à l'affaiblir ou à l'encombrer lorsqu'il n'arrive pas à s'en débarrasser rapidement. Ce qu'il n'arrive pas à « métaboliser » (à éliminer) est alors stocké dans les tissus, provoquant à terme une inflammation, technique de destruction par le « feu » ! Il s'agit donc pour le sportif (et toute personne soucieuse de sa santé) d'éviter les médicaments qui ne sont pas absolument nécessaires (en particulier la pilule contraceptive), de manger bio le plus possible et d'éviter les environnements pollués.

• *L'excès de graisses saturées* (voir chapitre 1). Ce sont les graisses qui surchargent le plus le foie.

Le cas particulier de l'alcool

Il est très difficile pour le foie de métaboliser, c'est-à-dire de digérer, l'alcool. En effet, il ne peut en gérer qu'une très petite quantité par heure (environ 0,1 g). Il est également agressé par l'alcool, qui abîme ses cellules. En outre, l'alcool inhibe la resynthèse de glycogène après un effort important, c'est-à-dire qu'il empêche la reconstitution des stocks de carburant du foie. Boire de l'alcool après un effort important est donc particulièrement néfaste. Fêter une victoire de manière alcoolisée peut sérieusement compromettre les réserves d'énergie disponibles pour la prochaine épreuve si elle est proche.

• *La colère rentrée.* Selon la médecine chinoise, nous « stockerions » dans notre foie les colères non exprimées et les non-dits, qui contribueraient donc à le surcharger. L'accumulation de colères « rentrées » serait même caractéristique d'un foie en difficulté dont il faut s'occuper. Exprimer ses ressentis d'une manière ou d'une autre (verbalement, par écrit...) contribue à préserver le foie de surcharges inutiles.

Renforcer le foie

L'alimentation

Une alimentation riche en nutriments fournit au foie tous les éléments dont il a besoin pour assurer ses fonctions (voir le chapitre sur l'alimentation).

• *Les aliments bénéfiques pour le foie* sont par exemple les crucifères (choux, brocolis) qui sont très riches en soufre, élément majeur du foie, les crudités, les légumes verts, l'oignon et l'ail.

• *Certains aromates* ont également un effet très positif : le curcuma, le romarin, le thym, la sarriette... (en assaisonnement ou en infusion).

• *Quelques gouttes de jus de citron* dans un verre d'eau tiède, au lever, sont aussi une bonne habitude à prendre.

La bouillotte

Le foie fonctionne à une température de 40 °C. C'est l'organe le plus chaud du corps, il a besoin de chaleur et le froid perturbe son fonctionnement. L'utilisation d'une bouillotte (le soir au coucher par exemple, le foie se situant du côté droit, sous les dernières côtes) va l'aider à effectuer son travail de détoxification, qui se fait surtout la nuit.

Les plantes

La nature fournit de nombreuses plantes amies du foie. Certaines contribuent à stimuler la régénération de ses cellules (desmodium, chardon-Marie, chrysantellum...) D'autres aident à le drainer et donc à le nettoyer (romarin, radis noir...). À noter que l'artichaut agit sur les deux aspects. Un naturopathe sera de bon conseil pour choisir le moment et les plantes les plus adéquats.

Les techniques diététiques

La monodiète est une technique diététique consistant à ne s'alimenter que d'un seul aliment (fruit, légume ou céréale) à volonté, pour la durée d'un repas, d'une journée ou sur plusieurs jours. La monodiète de compote de pommes, par exemple, est particulièrement drainante pour le foie. Un naturopathe pourra valider le choix de l'aliment, la durée de la monodiète, le moment choisi pour la réaliser.

Choyer l'intestin

• L'intestin est un long tube composé de l'intestin grêle puis du gros intestin (également appelé côlon). L'intestin grêle est la partie la plus longue de l'intestin (6 à 7 mètres). Il débute à la sortie de l'estomac et est constitué par une membrane aussi fine que du papier à cigarette, qui représente la frontière avec l'intérieur du corps proprement dit. L'ensemble du tube digestif, de la bouche à l'anus peut en effet être considéré comme étant encore extérieur au corps. C'est à travers la fine membrane de l'intestin grêle que les nutriments résultant de la digestion passent dans la circulation sanguine (et lymphatique), qui alimente l'ensemble des organes et chacune des cellules.

• Le côlon se trouve à la suite de l'intestin grêle et se charge, quant à lui, d'absorber l'eau dont le corps a besoin. Il prépare également l'évacuation des déchets *via* les selles. Il abrite la flore intestinale, présente de manière de plus en plus concentrée de la bouche jusqu'au côlon.

L'intestin est donc la barrière sélective qui décide, parmi l'ensemble des éléments résultant de la digestion, de ce qu'il y a lieu de laisser entrer dans le corps ou, au contraire, de ce qu'il faut évacuer. On comprend donc à quel point l'intégrité et le bon fonctionnement de cette barrière sont essentiels au fonctionnement du corps tout entier.

La flore intestinale

La flore intestinale tapisse la membrane de la fin de l'intestin grêle et de l'ensemble du côlon pour la protéger. Elle joue également d'autres rôles complémentaires. Elle est composée de très nombreux micro-organismes (dix fois plus nombreux que les cellules du corps humain !). Ces micro-organismes appartiennent à des familles (ou souches) différentes. C'est le nombre de ces micro-organismes et l'équilibre entre les différentes souches qui font la bonne santé et l'efficacité de la flore intestinale.

Rôle essentiel pour le sportif

Le lieu d'absorption des nutriments

L'intestin grêle est le réceptacle direct des aliments une fois digérés par l'estomac puis par l'intestin lui-même. La paroi de l'intestin grêle agit comme un filtre dimensionné pour laisser passer des molécules de très petite taille : les nutriments issus de la digestion des aliments. L'intégrité de cette membrane intestinale est donc essentielle. Elle doit être à la fois suffisamment « dégagée » et poreuse pour laisser passer l'ensemble des nutriments. Elle ne doit cependant pas être trop poreuse, pour ne pas laisser passer des molécules plus grosses qui intoxiqueraient alors l'organisme ou provoqueraient des réactions de rejet plus ou moins violentes (phénomène observé par exemple lors des intolérances alimentaires). Une bonne absorption des nutriments essentiels à l'ensemble des processus physiologiques (voir le chapitre sur l'alimentation), donc à la performance du corps tout entier, est de ce fait conditionnée par l'état de santé de la membrane intestinale.

Autres fonctions importantes

L'immunité

L'intestin joue un rôle très important pour l'immunité, c'est-à-dire la lutte contre les maladies. C'est la flore intestinale qui joue ce rôle ; lorsqu'elle est dégradée, l'immunité est affaiblie.

La sécrétion d'hormones

La flore intestinale joue également un rôle important dans la sécrétion de certaines hormones (comme la sérotonine, une hormone qui contribue à la sensation de bien-être) et de certaines vitamines comme les vitamines B5, B8, B12 et K.

Les signes d'alerte à observer

Comme évoqué précédemment dans le cadre des intolérances alimentaires, l'intestin du sportif est particulièrement fragilisé du fait de l'ischémie intestinale provoquée par l'exercice physique : l'intestin est très peu alimenté par la circulation sanguine pendant l'exercice intense, il reçoit notamment beaucoup moins d'oxygène, ce qui le met en souffrance provisoire et l'empêche de jouer son rôle normalement. De plus, l'afflux sanguin brutal à l'arrêt de l'effort contribue à le fragiliser. Cette fragilisation répétée chez le sportif explique pourquoi il est particulièrement important pour lui de choyer son intestin.

À savoir

Lors d'une enquête réalisée auprès de 18 jeunes joueurs de rugby de l'équipe Espoir d'un club du Top 14, la moitié d'entre eux affirmaient souffrir de désagréments au niveau digestif : « mal au ventre, difficulté à digérer, acidité gastrique «, « diarrhée assez fréquente », « problème de transit environ 1 fois par mois », « gastro 1 à 2 fois dans l'année », « souvent des gaz et le transit assez irrégulier », « intolérance à la crème fraîche », « fréquemment mal au ventre (diarrhée) »…
Lorsque l'on constate la fréquence de ce type de problèmes et que l'on sait l'importance du rôle de l'intestin et du système digestif dans la performance physiologique globale, on a la confirmation qu'il est impératif de s'occuper de son intestin !

Certains signes physiologiques doivent alerter sur l'état de l'intestin et inciter à entreprendre des actions bénéfiques pour rétablir son intégrité. Il s'agit par exemple des signes suivants :

Un transit perturbé

Un transit normal consiste en l'émission 1 à 2 fois par jour de selles bien moulées, de couleur marron, expulsées sans effort et qui tombent au fond de la cuvette (ne flottent pas). Toute différence par rapport à ce scénario classique n'est bien sûr pas forcément pathologique au sens médical, mais est le signe d'un intestin qui n'est pas au top de sa forme. Les dérèglements les plus courants du transit sont bien sûr la constipation (moins d'une selle par jour) ou, à l'inverse la diarrhée, ponctuelle ou chronique. En l'absence de toute pathologie, un naturopathe pourra conseiller des mesures diététiques ou des remèdes naturels à adopter pour normaliser le transit.

Des désagréments digestifs

Les ballonnements, gaz fréquents, spasmes, douleurs intestinales ainsi que mauvaise haleine, éructations fréquentes, brûlures d'estomac ou nausées sont des signes de difficultés au niveau de l'intestin, qu'il faudra élucider à l'aide d'un naturopathe.

Une immunité amoindrie

Des virus ou bactéries à répétition, plus ou moins importants, peuvent être le signe d'une immunité diminuée et d'une flore intestinale dégradée.

Des intolérances alimentaires

Comme nous l'avons expliqué plus haut, les intolérances alimentaires se distinguent des allergies : ce ne sont pas les mêmes processus physiologiques qui sont en jeu. Une intolérance alimentaire signale une très probable porosité intestinale, c'est-à-dire le fait que les « jonctions serrées » de la membrane intestinale sont un peu desserrées et laissent passer des molécules qu'elles devraient normalement bloquer. S'ensuit une réaction physiologique du corps vis-à-vis de ce « corps étranger », qui peut prendre des formes diverses (voir les paragraphes consacrés aux intolérances p. 92-97). La détection d'une intolérance alimentaire, outre des changements dans l'alimentation, doit conduire à choyer son intestin pour tenter de rendre la membrane intestinale moins poreuse.

Connaître les ennemis de l'intestin

• *Certains médicaments.* Certains médicaments sont particulièrement nuisibles à l'intestin car ils fragilisent ou détruisent la flore intestinale : ils détruisent les micro-organismes dont elle est composée et le fragile équilibre de l'ensemble de ces micro-organismes entre eux, favorisant le développement de souches pathogènes.

Ces médicaments sont en premier lieu les *antibiotiques* qui, comme leur nom l'indique, ont la capacité de détruire des bactéries mais aussi les micro-organismes bénéfiques qui constituent la flore. Attention également à la consommation importante de viande non bio, potentiellement riche en antibiotiques donnés à l'animal.

• *Les anti-inflammatoires*, que les sportifs peuvent avoir à utiliser lors des blessures éventuelles, sont également nuisibles à la flore intestinale. Dans son ouvrage *The Athlete's Fix* [(30)], Pip Taylor mentionne une étude (réf. 32 du livre), ayant démontré le lien entre un usage répété d'anti-inflammatoires et les dommages sur la muqueuse intestinale.

• De même, l'usage répété d'*infiltrations* (cortisone) aura potentiellement cet effet secondaire.

• *L'impact des sucres rapides et du gluten.* Les sucres rapides sont également nuisibles à l'équilibre de la flore intestinale, favorisant notamment le développement de *Candida albicans*, une souche de levure très friande de sucre, qui devient pathogène quand elle occupe une proportion trop importante de la flore. Le sucre change la composition de la flore intestinale et réduit sa capacité à protéger la muqueuse intestinale.

Par ailleurs, toujours selon Pip Taylor, *la combinaison d'exercice intense et de consommation importante de gluten* a toutes les chances de favoriser la perméabilité intestinale. En revanche, elle mentionne que « les aliments complets riches en fibres créent en fermentant des acides gras à chaîne courte qui protègent la muqueuse intestinale ».

Respecter les mesures diététiques autour de l'effort

Voir les aliments à consommer ou à éviter avant et pendant l'effort, mentionnés au chapitre 1 (p. 68-76). Des erreurs à ce niveau peuvent avoir des conséquences immédiates sur l'intestin et provoquer des désagréments nuisibles à la performance.

• *Les anomalies liées à la digestion.* Toute anomalie au niveau du processus de digestion (mastication, passage dans l'estomac…) a une répercussion sur l'intestin qui reçoit alors des matières mal digérées, qu'il devra gérer au mieux. Il est donc important de ne pas négliger d'éventuelles difficultés de ce type, et de favoriser tout le processus en prenant ses repas tranquillement, dans une ambiance sereine et en mastiquant bien…

• *Le stress.* Le stress et les préoccupations ont bien souvent un impact immédiat sur l'intestin. Il est bon d'en prendre conscience lorsque c'est le cas, et de gérer ce stress pour mieux préserver son intestin…

• *Les inflammations diverses.* L'inflammation (voir p. 149), quelle que soit sa localisation dans le corps, a une conséquence directe sur l'intestin car elle est très consommatrice de glutamine, acide aminé consommé à 90 % par l'intestin pour renouveler sa membrane intégralement tous les 3 jours.

Pour toutes les raisons que nous venons de citer, le sportif devra être particulièrement vigilant sur les dysfonctionnements éventuels de son transit (ou de toute autre étape du processus de digestion). Il sera en particulier utile d'observer les variations et de les relier au contexte qui a précédé : aliments ingérés, exercice, contexte du repas, stress... pour prendre conscience de ce qui ne convient pas à son intestin, avec l'aide d'un naturopathe si besoin.

Renforcer et assainir l'intestin

Par son rôle d'évacuation des déchets, l'intestin peut, à la longue, accumuler des résidus et générer des fermentations et putréfactions, ceci de manière d'autant plus importante s'il y a constipation. Les techniques et remèdes naturels suivants sont très utiles à l'assainissement de l'intestin.

La chlorophylle

Déjà évoquée avec les super-aliments, la chlorophylle, présente dans tous les légumes verts et de manière très intense dans le jus d'herbe ou la spiruline, a une action purifiante très importante pour l'intestin en fragilisant les souches pathogènes de la flore intestinale. À consommer sans modération, également en prévention.

Le charbon végétal activé

Il existe sous forme de poudre, de granules à mélanger à un liquide ou de gélules. Il a un très grand pouvoir d'absorption des molécules toxiques (intoxication alimentaire par exemple) et des gaz issus des fermentations.

Les techniques d'hydrologie

Ce sont des techniques naturopathiques d'hygiène intestinale, qui contribuent à assainir et à nettoyer le côlon. Elles seront indiquées par un naturopathe s'il le juge utile.

• *La douche rectale* consiste en l'administration *via* l'anus d'un demi-litre d'eau tiède, à l'aide d'une poche à lavement et d'une canule. L'eau est immédiatement expulsée de manière réflexe et entraîne de nombreux déchets avec elle.

• *Le lavement* agit selon le même principe, pour une quantité d'eau plus importante, ayant donc un effet plus haut dans le côlon.

• *L'hydrothérapie du côlon* est un lavement beaucoup plus important, effectué avec un appareillage plus complexe et sous surveillance d'un thérapeute spécialisé. Il nécessite un protocole bien précis et un réensemencement de la flore intestinale *via* des probiotiques.

• *Le nettoyage ayurvédique.* Rappelons que les techniques de nettoyage du côlon sont également très présentes dans d'autres traditions comme la médecine ayurvédique, qui recommande un protocole précis à partir de l'ingestion d'eau salée par la bouche.

Les plantes

Certaines plantes ont des effets particulièrement laxatifs et sont parfois utiles notamment en cas de constipation. Un naturopathe pourra les conseiller, assorties d'autres recommandations au niveau diététique. Attention à ne pas abuser de certaines plantes à l'effet drastique, qui pourraient être irritantes pour l'intestin. Certaines ont en revanche un effet très doux. La *méthode Xantis* consiste en l'ingestion, sur plusieurs semaines, de différentes plantes qui auront pour effet de drainer l'intestin.

L'alimentation et l'hydratation

La consommation en quantité suffisante de fibres (notamment issues des fruits et légumes) et d'eau pure peu minéralisée est essentielle à la santé de l'intestin.

Les probiotiques et prébiotiques

• *Les probiotiques* sont un apport de micro-organismes/bactéries présents dans la flore intestinale. Les formules proposées incluent un nombre plus ou moins grand de ces micro-organismes (il est préférable d'en ingérer au minimum 10 milliards par prise pour une bonne efficacité), répartis en différentes souches. La variété de ces souches augmente les chances de fournir à l'intestin la ou les souches dont il a besoin. En effet, il est maintenant démontré que la composition de la flore intestinale est très personnelle et différente d'un individu à l'autre.

• *Les prébiotiques* sont un apport de fibres particulièrement bénéfiques à la flore intestinale (par exemple, inuline), qui vont l'alimenter et la renforcer.

• *Les symbiotiques* sont des remèdes incluant à la fois des probiotiques et des prébiotiques.

Les nutriments spécifiques de l'intestin

• *Certains aliments* peuvent fournir eux aussi des micro-organismes à l'intestin et agir comme des probiotiques : certains yaourts (de chèvre) comme les K-philus, riches en ferments bénéfiques, le kéfir (de chèvre), les produits lacto-fermentés comme la choucroute ou la boisson komboucha.

• *La glutamine* est un acide aminé apporté par les protéines, qui existe aussi sous forme de complément alimentaire. Elle est particulièrement nécessaire au renouvellement de la paroi intestinale, mais aussi à l'ensemble des processus de construction, des muscles par exemple. Les sportifs ont des besoins élevés en glutamine et l'intestin peut parfois en manquer. Une supplémentation peut donc être utile en cas d'indice de souffrance de l'intestin ou de porosité de la membrane intestinale.

Les anti-inflammatoires de l'intestin

• *Les oméga-3* (poisson gras ou supplémentation) ont de grandes vertus anti-inflammatoires qui peuvent bénéficier à la paroi intestinale lorsqu'elle donne des signes d'inflammation.

• *L'argile* a une action réparatrice et calmante de l'intestin, sous forme d'eau d'argile : 1 cuillère à soupe de poudre d'argile verte ou blanche dans un verre d'eau, qu'on laisse décanter toute une nuit. Le lendemain, on ne boit que l'eau, qui contiendra toute la richesse en oligo-éléments de l'argile.

• *Curcuma et gingembre* ont une puissante action anti-inflammatoire, en particulier sur l'intestin (également cumin, coriandre...). À inclure sans modération à l'alimentation.

Préserver le pancréas

Le pancréas joue le rôle d'agent de la circulation du glucose : de son action dépend l'entrée du glucose dans les cellules, et notamment les cellules musculaires (pour transformation immédiate en énergie), la mise en réserve du glucose ou la mise à disposition des stocks (voir schéma p. 126).

Rôle essentiel pour le sportif

Agent de la circulation du glucose

Le pancréas est le garant du taux de glucose sanguin qu'il cherche à maintenir en permanence autour de 1 g/litre quels que ce soient les aliments ingérés ou l'activité physique.

L'insuline

L'insuline, hormone sécrétée par le pancréas, déclenche la distribution du glucose dans l'ensemble des cellules. Le glucose est ainsi transformé en énergie *via* les mitochondries présentes dans chaque cellule, en particulier dans les cellules musculaires.

Lorsque les cellules sont saturées en glucose, c'est la mise en réserve de ce glucose sous forme de glycogène dans le foie et les muscles, puis sous forme de graisse, qui est déclenchée par l'insuline.

L'une ou l'autre de ces actions entraîne une baisse immédiate du taux de glucose sanguin.

Le glucagon

Lorsque la glycémie sanguine est au contraire inférieure à 1 g/litre (hypoglycémie), le pancréas sécrète du glucagon, qui va déclencher la mise à disposition des réserves de glycogène puis de graisses, transformées ensuite par le foie en glucose (voir « L'alimentation de l'endurance », p. 72).

Autres fonctions importantes

Un rôle essentiel dans la digestion

Le pancréas joue un rôle important par la production d'enzymes digestives qui contribuent à la digestion des graisses et des protéines denses.

Un rôle dans la construction musculaire

La présence d'insuline favorise la synthèse protéique, c'est-à-dire la fabrication par les cellules, à partir des protéines de l'alimentation, des nouvelles protéines dont le corps a besoin (pour la réparation et la construction des muscles par exemple). C'est la raison pour laquelle il est recommandé d'associer l'absorption de glucides (à IG bas) à celle de protéines lorsque l'on souhaite optimiser la réparation ou la construction musculaires.

Les signes d'alerte à observer

Certains signes physiologiques doivent alerter sur la « surchauffe » du pancréas et inciter à entreprendre des actions bénéfiques pour rétablir sa pleine efficacité.

Le piège de l'hypoglycémie réactionnelle

Plus les glucides ingérés ont un indice glycémique (IG) élevé (voir les glucides p. 18-22), plus le glucose arrive vite dans le sang et plus le pancréas est contraint d'avoir une réaction brutale pour maintenir la glycémie sanguine à 1 g/litre, en déclenchant très rapidement une sécrétion d'insuline qui fait baisser la glycémie sanguine. Si ce processus « brutal » se reproduit souvent, le pancréas devient de plus en plus réactif et le « dosage » de l'insuline sécrétée est de plus en plus important, si important qu'au lieu de baisser jusqu'à 1 g/litre, la glycémie se retrouve inférieure à ce taux référence.

Le corps est alors en hypoglycémie et va, avant que la mise à disposition des réserves soit effective, déclencher des signaux d'alerte immédiats pour corriger la situation : faiblesse musculaire, baisse d'énergie et surtout, sensation de faim irrépressible (et en particulier envie de sucre rapide pour remédier à la situation). L'insuline devient un tyran difficilement domptable ! « L'hypoglycémie réactionnelle » (en « réaction » à un apport de sucres rapides trop brutal) engendre le « yoyo » permanent du sucre sanguin et explique que « le sucre appelle le sucre ». Selon la physiologie de l'individu, son historique personnel, l'efficacité de son insuline et la perméabilité de ses cellules au sucre, ce phénomène sera plus ou moins amplifié.

Le corollaire est bien sûr à terme l'épuisement du pancréas, qui doit fabriquer des quantités très importante d'insuline, et la résistance progressive des cellules à l'insuline qui a de moins en moins d'effet sur elles : elles laissent entrer le glucose de plus en plus difficilement et se privent donc du carburant qui fait tourner les mitochondries pour le transformer en énergie. On comprend vite que ce n'est pas très compatible avec l'énergie optimum dont le sportif a besoin ! Ce phénomène peut en outre mener à terme à un prédiabète, voire à un diabète.

L'addiction au sucre et ses conséquences

Ces envies de sucre irrépressibles s'apparentent à une addiction au sucre. En voici quelques conséquences possibles :

- Le développement en excès de *Candida albicans* (voir p. 118). Ce micro-organisme est avide de sucre et va donc contribuer à émettre, au niveau de l'organisme, des envies de sucre impérieuses. En outre, il déséquilibre la flore intestinale et contribue à la dégradation de la muqueuse intestinale, avec tout ce qui en découle (voir plus haut). Il peut également avoir des conséquences très variées et éloignées de l'intestin : démangeaisons, mycoses, problèmes de sommeil, sensibilité au stress, etc.
- Le « yoyo » de la glycémie sanguine engendre une instabilité physiologique fatigante pour l'organisme.
- Le cerveau est également impacté par ce « yoyo », car il utilise beaucoup de glucose pour fonctionner : difficultés de concentration, instabilité émotionnelle...
- Des crises d'hypoglycémie sont susceptibles d'intervenir à tout moment, et en particulier pendant un effort physique intense : la panne sèche !

Ménager le pancréas

Voici les meilleures méthodes pour protéger le pancréas.

Privilégier les IG bas

Comme nous l'avons expliqué dans la partie traitant des glucides, il est extrêmement important d'éviter les sucres à IG élevé, sauf circonstances exceptionnelles. Les aliments à IG bas assureront une arrivée progressive du glucose dans le sang, et donc une sécrétion d'insuline modérée, plus étalée dans le temps, préservant les cellules du pancréas qui la fabriquent, et évitant les épisodes d'hypoglycémie réactionnelle. Vigilance donc sur les classiques boissons de l'effort, souvent très riches en glucides à indice glycémique très élevé.

Consommer des co-facteurs de l'insuline

• *Le chrome* renforce l'action de l'insuline. Il est présent en quantité importante dans les moules, les huîtres et les noix du Brésil, ains que dans la myrtille (fraîche, en jus ou surgelée).

• *Le zinc* est essentiel à la fabrication de l'insuline. On le trouve notamment dans les huîtres, le germe de blé et les œufs.

• *La vitamine B1* est nécessaire à la digestion des sucres. Il faut donc éviter une carence en vitamine B1 pour préserver une bonne digestion des glucides. Une surconsommation de sucres diminue grandement les réserves de vitamine B1 disponibles, vitamine qui a aussi bien d'autres fonctions.

Sortir de l'addiction au sucre

Il est beaucoup plus aisé qu'on ne le croit de sortir de cette addiction. Il suffit… d'arrêter de consommer des sucres rapides ! Il est en effet possible de se déshabituer relativement rapidement, bien plus rapidement que pour n'importe quelle autre addiction.

• Puisque c'est le sucre qui appelle le sucre, le simple fait de démarrer le plus tard possible dans la journée le « yoyo du sucre » diminue automatiquement les envies de sucre.

• Préférer le sucre des fruits à n'importe quel gâteau ou barre chocolatée est une stratégie immédiatement bénéfique.

• L'envie de sucre cache souvent une déshydratation : commencer par boire lentement et éviter la déshydratation (voir plus haut hydratation pendant et après exercice).

• Par ailleurs un naturopathe peut également conseiller des mesures d'accompagnement (aliments spécifiques, plantes, huiles essentielles…) pour aider à la transition. En particulier s'il y a soupçon de candidose (c'est-à-dire la présence en surnombre du *Candida albicans*).

Éviter les ruminations

Pour la médecine chinoise, l'élément rate/pancréas est tout particulièrement mis à contribution lorsque l'individu est sujet à la rumination ou aux regrets (petit vélo dans la tête, ressassement…). La rumination ou la tendance un peu « obsessionnelle » serait un signe de souffrance de cet élément. Éviter l'excès de ce genre de pensées (ou résoudre leur cause) est donc une bonne stratégie pour préserver son pancréas. Enfin, pour la medecine chinoise, c'est le pancréas qui « gère » le muscle en tant que tissu (sa motricité étant gérée par le foie).

CIRCUIT NUTRITIONNEL
vers les os, les articulations et les muscles

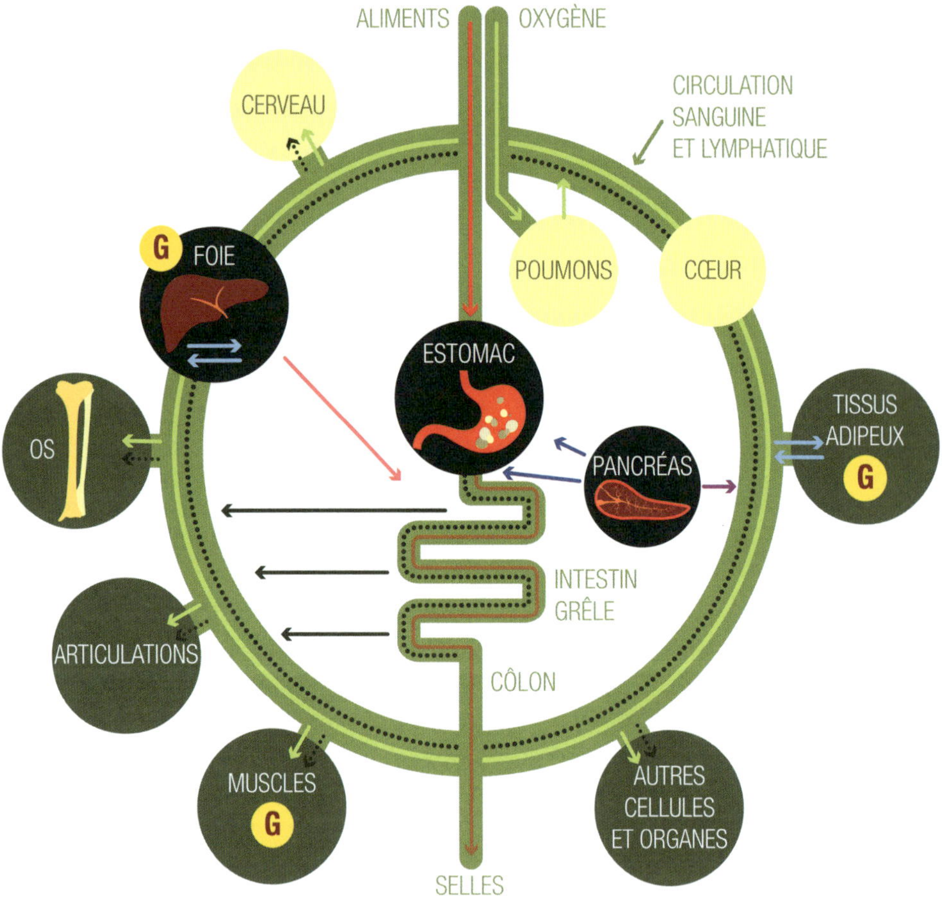

L'intestin, le foie et le pancréas sont des organes du système digestif essentiels à la transformation des aliments en nutriments, ainsi qu'au stockage ou à la mise à disposition de ces nutriments en fonction des besoins. Et notamment du glucose, source d'énergie principale. Avec la contribution de la circulation sanguine et lymphatique, ces nutriments sont acheminés vers l'ensemble des organes et cellules qui en ont besoin, en particulier les muscles, articulations et os. Le choix d'aliments de qualité et le bon fonctionnement de l'ensemble du processus contribuent donc à la bonne santé et à la performance d'éléments essentiels à la pratique sportive.

Aliments.

Acheminement des nutriments (glucides, lipides, protides et micro-nutriments).

Transfert de nutriments via la paroi intestinale.

Stockage ou déstockage du glucose* ou des nutriments.

Sécrétion de glucagon (ordre de déstocker le glucose*) ou d'insuline (ordre de stocker le glucose*).

G Stock de glucose* (muscles et tissus adipeux) ou stock de glucose*, vitamines et oligoéléments (foie).

Apport d'enzymes digestives.

Expulsion de la bile (enzymes digestives et déchets).

Acheminement et expulsion des déchets.

Acheminement de l'oxygène.

** Stocké sous forme de glycogène*

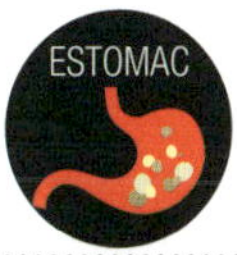

Digestion.

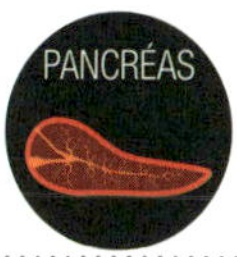

Fabrication d'enzymes digestives.
Gestion du glucose (stockage ou déstockage).

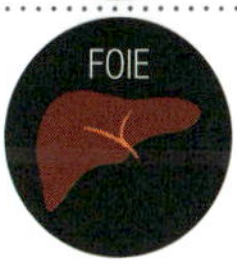

Fabrication d'enzymes digestives.
Filtre.
Stockage (glucose, nutriments).

Digestion.
Transfert des nutriments.

Optimiser la récupération

Une bonne récupération est essentielle pour préparer la séance d'entraînement suivante ou la prochaine compétition. C'est la qualité de cette récupération entre les entraînements qui permet de rendre les entraînements les plus productifs possible ou qui évite de pâtir trop longtemps des très gros efforts réalisés lors d'une compétition.

La récupération doit permettre un retour le plus rapide possible à l'homéostasie, c'est-à-dire un retour à l'équilibre physiologique du corps, mis à mal par un entraînement ou une compétition intense.

De nombreuses méthodes naturelles existent et sont plus ou moins couramment utilisées par les sportifs. Nous recenserons les principales ici, en nous inspirant notamment d'un ouvrage de Christophe Hausswirth, publié par l'INSEP (18).

L'alimentation et l'hydratation

Ce sont les deux premiers éléments majeurs et incontournables pour une bonne récupération. Ils ont déjà été évoqués en détail dans le chapitre sur l'alimentation, nous n'y reviendrons pas ici.

L'hydrologie

L'hydrologie regroupe les techniques utilisant les bienfaits de l'eau ou de la vapeur, à des températures allant du très froid au très chaud, selon la situation et l'effet recherché. Ces techniques sont très efficaces, souvent peu onéreuses et faciles à mettre en œuvre. Le naturopathe pourra éclairer individuellement sur les contre-indications éventuelles.

Utilisation de la chaleur

Application de chaleur sur une zone spécifique

Le chaud a un effet antidouleur sur le muscle car il provoque un relâchement et une augmentation de l'élasticité. Il diminue la sensation de fatigue musculaire. Par ailleurs, la vasodilatation induite par la chaleur permet un apport accru en nutriments et une élimination plus rapide des déchets.

Dans quels cas ?

- Après un effort important.
- En cas de contractures ou pour les éviter.

Comment ?

- Au moins 2 h après l'exercice.
- En position de repos confortable favorisant le retour veineux.
- Tout moyen permettant de conserver la chaleur : « hot packs », linge humide (protéger la peau)...
- Pendant 20 à 40 minutes, à la température maximale tolérée par la peau.

À noter : certaines huiles essentielles peuvent aussi avoir un effet réchauffant (voir p. 134-135).

Contre-indications

- État fébrile ou inflammatoire, plaie ou cicatrice récente.
- N'est pas adaptée après les gros efforts d'endurance sur un organisme épuisé.

Immersion eau tempérée corps entier

Améliore la récupération, le retour veineux, l'élimination des déchets.

Dans quels cas ?

En post-exercice ou dans les 2 jours suivant l'effort.

Comment ?

Immersion dans une piscine classique pendant 10 à 20 minutes. Marche lente en immersion pendant 10 minutes, nage pour soulager tronc et membres inférieurs.

Sauna et hammam

Détente, sommeil, baisse des courbatures, élimination des acides (sauna), nettoyage de peau.

Dans quels cas ?

Dans toute situation de récupération.

Comment ?

Il faut bien sûr disposer d'un équipement à proximité.

- Au moins 1 h après l'exercice, en étant bien réhydraté.
- Douche préalable, puis 3 fois 10 minutes (progressivement), douche froide et repos entre chaque session, se reposer et s'hydrater ensuite. À faire 1 à 2 fois/semaine.

Contre-indications

Œdème important, troubles circulatoires, état fébrile, plaie ou cicatrice récente. Le sauna est à éviter après un exercice de longue durée ayant engendré une forte transpiration. Déconseillé chez la femme enceinte.

Utilisation du froid

Application de froid sur une zone spécifique

Pour réduire l'inflammation, effet antidouleur, pour compenser une forte chaleur ambiante.

Dans quels cas ?

- Après un exercice intense et inhabituel.
- Pendant une séance de musculation intense en ambiance chaude.
- Pour des efforts sollicitant intensément certains muscles en isométrie.
- Pour soulager les courbatures.
- Pour les traumatismes musculaires ou articulaires.

Comment ?

- Après ou entre les exercices.
- En position de repos facilitant le retour veineux.
- Sac d'au moins 600 g de glaçons et d'eau, protection avec un linge.
- 3 à 5 minutes entre les exercices, 15 à 20 minutes, à répéter toutes les 20 minutes en récupération.
- Possible en application dynamique, en massant avec le sac de glace.

Contre-indications

Cryoglobulinémie, hypersensibilité au froid, syndrome de Raynaud.

Immersion eau froide jusqu'au nombril

Il s'agit de bénéficier de l'impact du froid sur une partie plus importante du corps que ci-dessus (jusqu'au nombril) : membres inférieurs, membres supérieurs, zone lombaire.

Dans quels cas ?

- Post-exercice.
- En cas de micro-lésions, d'arthrose aiguë, d'hématomes post-traumatiques fermés, de lésions musculaires aiguës. Effet antalgique.

Comment ?

Immersion de 10 à 20 minutes dans une baignoire d'eau froide autour de 7 à 10 °C (en ajoutant des glaçons).

Contre-indications

Cryoglobulinémie, hypersensibilité au froid, syndrome de Raynaud, lésions musculaires aiguës.

> ### Témoignage de sportive
> « Mon remède pour pieds légers : de l'eau très froide à la fin de la douche (...). Juste avant d'aller dormir, je les masse avec de l'huile d'amande douce additionnée d'une goutte d'huile essentielle de menthe poivrée (...). Je fais systématiquement une séance de cryothérapie après une journée de répétition intense ou un show, c'est le top pour une bonne récupération musculaire. »
> *Suzanne Meyer, danseuse, membre de la troupe de Philippe Decouflé au Crazy Horse, article du magazine* Elle.

Cryothérapie corps entier

Il s'agit de bénéficier de l'impact du très froid sur l'ensemble du corps, pour réduire l'inflammation et les micro-traumatismes.

- Minimum 30 minutes après exercice.
- Chambre de froid pouvant descendre jusqu'à -110 °C, où le sportif reste une très courte durée.
- Demander un avis médical.

Alternance chaud/froid

Alternance chaud/froid zone spécifique

Stimulation de la circulation sanguine et de la réparation de la zone. Une alternance rapide entre vasoconstriction (rétrécissement des vaisseaux sanguins sous l'effet du froid) et vasodilatation (dilatation des vaisseaux sous l'effet du chaud) active la circulation sanguine et accélère tous les processus de récupération/réparation.

Dans quels cas ?

• Entre 2 efforts soutenus qui s'enchaînent.

• Lorsqu'une articulation ou un groupe musculaire est particulièrement sollicité dans l'effort.

• Lorsqu'une douleur articulaire spécifique est présente (mais pas dans la phase aiguë d'une douleur chronique).

• Après l'exercice ou entre des séries d'exercices.

Comment ?

• En position de repos favorisant le retour veineux (par exemple, assis jambes allongées ou allongé jambes surélevées).

• Tout moyen permettant un effet de température localisé : eau du robinet, glaçons, bouillotte d'eau chaude, bain local…

• D'abord le chaud pendant 5 à 7 minutes, puis le froid pendant 3 minutes. Alterner pendant 30 minutes. Finir par le chaud pour la récupération.

Contre-indications

Œdème important, troubles circulatoires, état fébrile, plaie ou cicatrice récente, rhumatisme chronique en phase aiguë, hypersensibilité au froid.

Alternance chaud/froid corps entier

Cette technique améliore le retour veineux et accélère l'élimination des déchets métaboliques, immédiatement après l'exercice. Il s'agit de bénéficier de l'alternance chaud/froid sur l'ensemble du corps.

Dans quels cas ?

Après l'exercice.

Comment ?

On alterne une dizaine de fois l'immersion pendant 2 minutes dans un bassin (ou une baignoire) à 8-10° C puis à 40-42 °C (en commençant et en finissant par le froid).

Contre-indications

Hématomes et œdèmes récents, états fébriles.

Les massages

Outre leur impact généralement très relaxant, les massages peuvent contribuer de manière importante à une bonne récupération. Les techniques sont variées, nous indiquons quelques exemples ci-dessous.

Massage des contractures (post-exercice)

- Pour permettre un relâchement musculaire localisé.
- Durée de 20 à 40 minutes.
- Répétitions régulières jusqu'à disparition de la contracture.

Massage circulatoire (post-exercice)

- Pour soulager un œdème ou une stase veineuse au niveau des membres.
- Stimulation du retour veineux superficiel et stimulation de la circulation lymphatique.
- Durée : 30 minutes en 3 phases (appel, activation, résorption).

Massage des courbatures

- Pour permettre une diminution de la douleur.
- De 2 h après l'exercice (prévention) à 48 h.
- Durée : en fonction de l'importance de la courbature.

Divers massages de récupération

Frédérique Laurent [23] cite notamment le massage californien (profonde relaxation physique et psychique), le massage énergisant (pression et vibrations sur des points spécifiques), le massage balinais (revitalisation et détente des muscles), le massage ayurvédique (tonification et détente des muscles, circulation).

- Post-exercice ou entre 2 manches d'une compétition.
- Durée : de 30 minutes à 1 h 30.

Une alternative : le collant de compression

Si une récupération active immédiate (voir p. 136) ou la pratique de techniques d'hydrologie ou de massage ne sont pas possibles dans la foulée d'un effort physique intense, un palliatif peut être le collant de récupération « Skin ». Il s'agit d'un collant de compression qui facilite notamment la récupération et le retour veineux, ce qui est d'autant plus nécessaire si un match à l'extérieur est suivi en guise de récupération… d'un long trajet en bus.

Les huiles essentielles

En application locale

Les huiles essentielles [4 ; 10] sont particulièrement utiles en cas de sport entraînant des chocs, des micro-lésions ou des gestes très répétitifs. Elles s'utilisent rarement pures mais plutôt diluées dans une huile végétale de massage, que l'on pourra choisir pour ses vertus spécifiques (circulatoire, relaxante, tonifiante…). On peut associer plusieurs huiles essentielles selon l'effet recherché. Ce mélange sera créé au cas par cas ou en plus grande quantité, pour être utilisé de manière régulière. On l'employera à raison d'environ 20 % d'huile essentielle pour 80 % d'huile végétale (pour un adulte). On vérifiera toujours que leur usage sur la peau est possible, surtout si elles sont utilisées pures. Citons notamment :

• *La gaulthérie* : huile essentielle très camphrée entrant notamment dans la composition du fameux « baume du tigre ». Son odeur caractéristique accompagne souvent les massage à visée anti-inflammatoire et antidouleur. Elle a une action très « réchauffante », et peut donc également être utilisée lors de l'échauffement sur des zones spécifiques. À utiliser néanmoins ponctuellement et non en continu, car le camphre peut avoir à la longue et en grandes quantités accumulées des effets neurotoxiques.

• *Le citron zeste* a lui aussi une très bonne action anti-inflammatoire, sans les effets cumulatifs du camphre de la gaulthérie. Comme les autres huiles essentielles d'agrumes, cette huile essentielle est néanmoins photosensibilisante, il ne faut donc pas s'exposer au soleil après l'avoir utilisée en massage sur la peau.

• *L'hélichryse italienne* est le produit naturel le plus efficace contre les hématomes. Cette huile essentielle est même bien plus puissante que l'arnica.

• *La menthe poivrée* (moins onéreuse) permettra également d'éviter les hématomes.

• *Le cèdre de l'Atlas et le genévrier de Virginie* ont une grande action circulatoire et lymphatique, sans le côté œstrogénique (déconseillé en particulier pour les sportifs masculins) de l'huile essentielle de cyprès, également connue pour son action circulatoire.

• Les huiles essentielles relaxantes telles que *la lavande* (« fine », « vraie » ou « officinale »), *le petit grain bigarade, la mandarine zeste* et *la verveine citronnée* (qui a également une action anti-inflammatoire mais qui est chère) seront aussi très utiles, selon l'effet recherché.

À savoir

• Les conseils d'un naturopathe ou d'un expert en huiles essentielles seront précieux, pour une utilisation optimale et sans risque.

• Par prudence, on s'abstiendra d'utiliser les huiles essentielles chez la femme enceinte et chez l'enfant de moins de 6 ans.

En diffusion

• Les huiles essentielles utilisées en diffusion lors de la récupération auront essentiellement une visée relaxante (voir les huiles essentielles ci-dessus). Plusieurs huiles essentielles peuvent être associées. Elles seront diffusées dans les pièces fréquentées par le sportif lors de sa récupération : salle de repos, salle de massage, vestiaire, chambre.

• Elles nécessitent un diffuseur d'huiles essentielles que l'on actionnera pendant environ 15 minutes toutes les heures (à moduler en fonction de la taille de la pièce).

Les exercices spécifiques

Les étirements

L'utilité essentielle des étirements est leur impact sur le relâchement musculaire, la décontraction des muscles, et donc sur la qualité et la rapidité de la récupération. Leurs effets sur les courbatures sont en revanche souvent contestés.

Quelques principes à respecter :

- Ne jamais s'étirer juste avant la pratique sportive.
- Ne pas s'étirer immédiatement après l'effort mais plutôt 1 h après.
- Ne pas étirer un muscle douloureux, lésé ou courbaturé, ne pas étirer au-delà du seuil douloureux.
- Ne pas effectuer de mouvements brusques de « ressort » mais des mouvements lents accompagnés par la respiration.
- Penser à étirer l'ensemble de la chaîne musculaire et non un muscle isolé.
- S'étirer dans une ambiance bien chauffée et propice à la relaxation.
- Bien s'hydrater avant, pendant et après la séance d'étirement.

Les étirements seront recommandés et/ou pratiqués par un professionnel averti des contraintes spécifiques du sport concerné. Ils ne sont pas toujours utiles, particulièrement après des séances intensives ou de reprise. Des étirements « d'entretien » peuvent être intéressants en dehors des séances d'entraînement, pour éviter la rétractation trop importante d'une chaîne musculaire qui pourrait favoriser les blessures (voir plus loin).

La récupération active

Certaines activités physiques sont particulièrement propices à la récupération. Ce sont celles qui ne subissent pas la contrainte du poids du corps et n'entraînent donc pas de micro-lésions musculaires, tout en remettant les muscles en mouvement et en favorisant ainsi leur drainage et le retour à l'homéostasie. Il s'agit par exemple du pédalage, de la natation, de l'aquajogging. Ils seront pratiqués de manière très douce, pendant 20 minutes, à une allure entraînant peu d'essoufflement (on doit pouvoir discuter tranquillement).

La sieste et la relaxation

Retrouver une détente profonde le plus rapidement possible est essentiel pour stopper l'action du cortisol qui, dans la foulée de l'exercice intense, continue de transformer les protéines en carburant. Les vertus de la sieste ne sont plus à démontrer ; elle permet de « recharger les batteries » en un temps très court et son apport est tout à fait différent de celui d'une nuit de sommeil. La bonne méthode pour une sieste réussie :

- Choisir le bon moment (entre 13 h et 15 h, environ 15 à 30 minutes après le repas).
- Trouver un endroit calme, à la lumière tamisée (mais pas de noir complet).
- Éventuellement, lire quelques lignes ou écouter une musique relaxante.
- Ne pas chercher à dormir mais tout simplement à se relaxer, en se concentrant sur sa respiration. Il s'agit idéalement d'un demi-sommeil.
- La durée ne doit pas dépasser 20 minutes.
- Mettre un réveil ou se faire réveiller pour ne pas se préoccuper de « partir » trop longtemps.

Le sommeil

Le sommeil est essentiel à l'optimisation de tous les processus physiologiques. Il s'agit de récupérer de la journée précédente et de préparer la suivante. En outre, de nombreux processus de nettoyage, de mise à jour, de fabrication d'hormones sont à l'œuvre pendant le sommeil, *a fortiori* dans le cas d'une physiologie utilisée de manière intensive par le sportif.

Le sommeil doit être à la fois suffisant en quantité (qui peut varier d'un individu à l'autre) et en qualité : les phases de sommeil profond (ou paradoxal) sont plus réparatrices et récupératrices que les phases de sommeil léger. Il est donc intéressant de les favoriser.

Les partenaires d'un bon sommeil

- Des horaires de coucher réguliers.
- Un dîner pris idéalement 3 h avant le coucher.
- Des aliments spécifiques le soir (glucides complets…).
- Le noir complet.
- Une température fraîche dans la pièce (18 °C).
- Une douche chaude avant le coucher (pas de bain trop chaud).
- Un bain de pieds chaud (si pieds froids).
- Une bonne literie.
- Un rituel de coucher (lumière tamisée, musique douce, préparatifs au coucher…).
- La respiration ventrale, qui a la capacité de faire mécaniquement passer le corps en mode « parasympathique », c'est-à-dire en mode récupération, qui favorise le sommeil (voir p. 241).

Les adversaires d'un bon sommeil

- L'alcool.
- Les boissons énergisantes : café, thé, chocolat noir ou vitamine C en fin de journée (la sensibilité est variable d'une personne à l'autre, la vitamine C d'origine naturelle n'a *a priori* pas d'impact sur le sommeil).
- Trop s'hydrater le soir (ce qui peut obliger à se lever pour uriner).
- Un repas trop riche en graisses saturées, protéines ou sucres rapides.
- Un entraînement intensif tardif.
- Les écrans dans les 2 h précédant le coucher (leur lumière bleue spécifique est mauvaise pour le sommeil).

Les remèdes éventuels

Si ces mesures de bon sens ne suffisent pas, de nombreuses plantes ont des vertus sur le sommeil. Elles pourront être choisies pour leur action sur le stress, sur l'endormissement ou sur les réveils nocturnes éventuels. Un naturopathe pourra aider à identifier la ou les plantes les plus adaptées en cas de problème de sommeil persistant. Elles peuvent être prises sous forme d'infusion, d'huile essentielle en diffusion ou de complément alimentaire. Exemples : tilleul, camomille, valériane, passiflore, fleur d'oranger, lavande, mélisse...

Les somnifères ne sont absolument pas la solution car le sommeil qu'ils induisent n'a pas les mêmes qualités que le sommeil naturel et sera beaucoup moins récupérateur. De plus, ces substances sont toxiques pour l'organisme.

Et le décalage horaire ?

Ce cas de figure peut se présenter à des moments particulièrement importants pour les sportifs de haut niveau, en particulier pour se rendre à une compétition internationale. L'impact du décalage horaire doit absolument pouvoir être résorbé pour ne pas pénaliser les performances le jour J.

D'après le protocole détaillé dans le manuel de C. Hausswirth consacré à la récupération [18], il s'agit principalement d'anticiper le décalage dès avant le départ :

• En modulant les horaires d'entraînement, de repas, de coucher et de lever, dans un sens ou l'autre selon qu'il s'agit d'un déplacement vers l'ouest ou vers l'est.

• En veillant à s'exposer à la lumière extérieure, voire à un éclairage halogène direct, à certaines heures (la naturopathie recommande plutôt les lampes spécifiques de luminothérapie).

• En se calant sur les horaires locaux dès l'arrivée.

Le naturopathe peut également conseiller certaines plantes facilitant l'endormissement ou le sommeil comme *l'eschscholzia* (pavot de Californie) ou *le bourgeon de figuier.*

D'autres plantes ou huiles essentielles pourront être conseillées selon les manifestations associées de stress ou d'anxiété (voir plus loin).

D'après le Dr Ledoux [24], la meilleure plante d'adaptation au décalage horaire est *l'éleuthérocoque*, plante adaptogène particulièrement bénéfique, en outre, pour les efforts soutenus, qu'ils soient intellectuels ou sportifs.

Chapitre 3

ÉVITER LES BLESSURES ET LES MALADIES

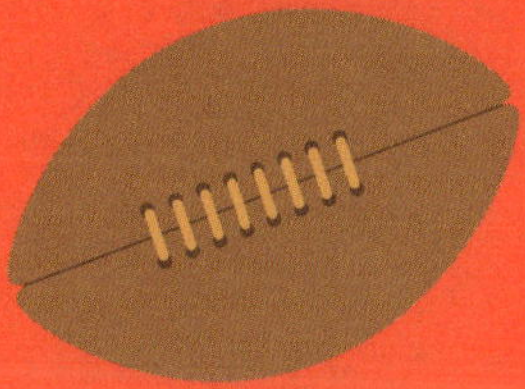

Les blessures ou les maladies sont des imprévus et aléas qui « au mieux » réduisent la préparation sportive et au pire, empêchent tout simplement le sportif de participer à une compétition ou à la compétition importante pour laquelle il s'est vaillamment entraîné de longs mois. Il s'agit d'obstacles soudains qui bloquent l'horizon, voire peuvent remettre en cause ou raccourcir une carrière sportive.

Traquer les déséquilibres de terrain

Trois principaux types de déséquilibre de « terrain » du sportif peuvent contribuer à favoriser l'apparition de blessures ou de maladies. Il s'agit de l'acidose, de l'oxydation et de l'inflammation. La pratique sportive intensive contribue particulièrement à déséquilibrer le « terrain » du sportif dans ces 3 domaines. C'est pourquoi il est important de veiller à ce que ces déséquilibres ne soient pas trop importants ou qu'ils soient compensés.

Les facteurs menant à une blessure sont bien sûr multiples et difficiles à identifier clairement. Ils sont souvent mis sur le compte de la fatalité ou de la malchance. L'exigence de la compétition implique une intensité toujours croissante des entraînements, ce qui pousse les organismes jusqu'à leur limite, voire au-delà. Le sport pratiqué (mouvements très répétitifs, intensité des chocs...) influe également sur le type et la fréquence des blessures éventuelles.

Les facteurs menant à la maladie sont multiples. La naturopathie considère qu'on n'« attrape » pas une maladie, mais que c'est le terrain de chacun à l'instant t qui rend cette maladie possible.

La naturopathie joue donc avant tout un rôle de prévention. Une « garantie » contre les blessures ou les maladies n'existe pas. Optimiser l'alimentation et la physiologie, comme nous l'avons détaillé dans les deux premiers chapitres, contribue à renforcer l'organisme et à « huiler » tous les systèmes, donc à diminuer le risque de blessure ou de maladie. Veiller à l'équilibre du terrain et du système immunitaire est tout aussi important. Mais l'aspect mental et émotionnel intervient également, dans la performance comme dans le risque de blessure. Il sera traité dans le dernier chapitre.

Maintenir l'équilibre acido-basique

Qu'est-ce que l'acidose ?

L'ensemble de la physiologie du corps humain doit être maintenue en équilibre pour bien fonctionner : température corporelle, tension, battements du cœur, équilibres chimiques (en particulier du sang) – c'est ce que l'on appelle l'homéostasie. Le pH, mesure qui permet de savoir si une solution est acide ou, au contraire basique (ou alcaline, synonyme de basique) est un indicateur essentiel. C'est en particulier le cas du pH sanguin qui doit être maintenu dans une fourchette étroite de pH neutre pour préserver l'ensemble des fonctionnements physiologiques, entre 7,35 et 7,45.

Le sportif a tendance à l'acidose

L'organisme produit naturellement des acides par son propre fonctionnement : produire de l'énergie est générateur d'acide, la digestion des aliments également, avec des différences importantes d'un aliment à l'autre. Le sportif devant produire beaucoup d'énergie, il produit naturellement plus d'acides. En outre, les situations de stress sont également très acidifiantes, pour l'individu moyen comme pour le sportif. Enfin, les substances chimiques des médicaments sont toutes acidifiantes, c'est notamment le cas des anti-inflammatoires ou de la cortisone qui peuvent être couramment utilisés dans la vie d'un sportif.

Comment l'organisme préserve-t-il le pH sanguin ?

Différents mécanismes interviennent à plus ou moins brève échéance pour évacuer les acides ou pour compenser un pH sanguin devenu trop acide :

- Les urines qui évacuent beaucoup d'acides.
- La respiration qui évacue les acides volatils.
- La transpiration évacue également des acides.

Au niveau physiologique interne, les acides sont « tamponnés » c'est-à-dire compensés par des bases (des bicarbonates). L'activité sportive est certes productrice d'acides, mais elle favorise aussi leur élimination pulmonaire et cutanée (accélération de la respiration, transpiration). Elle peut néanmoins limiter leur élimination rénale en cas d'hydratation insuffisante.

Le risque de déminéralisation

Si la quantité d'acides à éliminer est très importante, que les mécanismes d'élimination de ces acides sont insuffisants et que les bicarbonates présents dans les liquides internes s'épuisent, l'organisme va utiliser tous les minéraux disponibles pour préserver le pH sanguin en les délogeant de là où ils sont stockés, c'est-à-dire les os, les articulations, les cheveux, les ongles. Car le maintien du pH sanguin dans les normes dictées par l'homéostasie est une priorité vitale.

Comment mesurer l'acidité de l'organisme ?

Les signes d'une acidité excessive sont très variés d'un individu à l'autre. Ils peuvent être isolés mais importants, ou répartis sur différents systèmes. Ils sont souvent la conséquence d'une carence en minéraux, car comme nous venons de le voir, ceux-ci sont utilisés en dernier recours pour compenser l'excès d'acide. Quelques exemples :

• *Système musculaire* : spasmes, spasmophilie, fragilité musculaire.

• *Système osseux* : fragilisation (fracture) jusqu'à l'ostéoporose.

• *Système articulaire* : douleurs articulaires, fragilité des articulations et des tendons.

• *Système nerveux* : irritabilité, sensibilité au stress, émotivité.

• *Système respiratoire* : angines, inflammation des muqueuses.

• *Système digestif* : saignement des gencives, sensibilité dentaire, brûlures urinaires et rectales.

Les constitutions sensibles à l'acidose

Certaines constitutions naturopathiques (voir chapitre 2) ont plus de difficultés que d'autres pour métaboliser les acides :

• *Le profil plutôt longiligne* par opposition au profil « trapu », très minéralisé.

• *Le profil fluorique* (grande souplesse articulaire), voire *phosphorique* par opposition au profil carbonique très minéralisé.

• *Les constitutions aux yeux bleus* et, dans une moindre mesure, les iris dits *mixtes*, c'est-à-dire de couleur verte, chez qui la consommation de sucre aura tendance à produire des acides en plus grande quantité.

Une évaluation chiffrée possible : les variations du pH urinaire

Si l'on souhaite analyser de manière précise les variations du pH interne, il est possible de l'évaluer très simplement *via* des bandelettes spécifiques (disponibles en pharmacie) que l'on trempe dans l'urine.

La première urine du matin est en principe acide car c'est pendant la nuit que s'effectue l'élimination majeure des acides par le rein.

- Le pH neutre dit normal est entre 7 et 7,5.
- Le pH acide est inférieur à 7.
- Il est très acide entre 4,5 et 5.
- Le pH basique est supérieur à 7,5. Il est le signe d'un excès de bases (régime végétarien ou compléments alimentaires trop chargés en base) ou d'une incapacité du rein à excréter les acides.

Un pH acide des urines, à l'exception de la première urine du matin, signifie que l'organisme a besoin d'excréter beaucoup d'acides et que le niveau d'acidité des tissus est donc trop élevé. L'interprétation par le naturopathe d'un certain nombre de manifestations physiologiques de signes d'acidité, devra obligatoirement compléter ces mesures. Ces observations sont même souvent suffisantes pour déceler un terrain particulièrement acide.

Comment réduire l'acidose ?

La réduction de l'acidose peut se faire de trois façons :

- La première stratégie est bien sûr d'*éviter une accumulation trop importante d'acides.*
- La deuxième possibilité est de *favoriser leur élimination.*
- Enfin, si ces deux actions ne suffisent pas, on peut *aider l'organisme à « tamponner » ces acides* en compensant par l'apport de bases qui vont les neutraliser.

Limiter l'accumulation des acides

L'alimentation. C'est bien sûr le premier levier sur lequel s'appuyer pour maintenir un bon équilibre acido-basique. Certains aliments produisent des acides en grande quantité (les viandes fortes, les produits laitiers...), d'autres au contraire contribuent à basifier l'organisme, c'est-à-dire à produire des éléments basiques qui vont aider à « tamponner » les acides (légumes...). Il ne s'agit pas d'exclure totalement un aliment sous prétexte qu'il produit des acides (car il peut être utile en termes de nutriments), mais de s'assurer que l'équilibre global acide/base est respecté (voir p. 228-229 la liste des produits classés selon leur impact acidifiant ou basifiant).

Exemples pour le sportif

Le sportif s'assurera que l'apport en aliments basifiants et en minéraux est suffisamment important après un effort intense qui, par nature, produit des acides en grande quantité (voir les conseils d'alimentation et d'hydratation post-exercice dans le chapitre 1). Par ailleurs, toute augmentation de consommation de protéines (acidifiantes) doit être accompagnée d'une augmentation de consommation de légumes (basifiants) et d'eau (élimination des acides).

L'oxygénation. Une bonne oxygénation contribue à maintenir un bon équilibre acido-basique. En effet, l'oxygène intervient dans de nombreuses réactions métaboliques, notamment pour oxyder les acides, c'est-à-dire les neutraliser. Comme l'explique le site www.holiste.com, qui présente le « bol d'air Jacquier » (voir encadré ci-contre), une bonne oxygénation est notamment compromise par un air pollué, car les polluants tapissent alors les voies respiratoires (et limitent le passage de l'oxygène) ou prennent en partie la place de l'oxygène lors de son transport vers les cellules par l'hémoglobine du sang. L'accès de l'oxygène jusqu'aux cellules est également compromis notamment si le taux de gaz carbonique de l'air est supérieur à 0,06 %. Or en ville, il est généralement compris entre 0,09 et 0,14 %.

L'oxygénation pour le sportif

- Il est important de veiller à respirer un air riche en oxygène : en cas de pratique de sport en salle, il faut aérer abondamment et régulièrement, et prévoir des moments d'oxygénation à l'extérieur, dans un air de qualité, en pleine nature par exemple.
- Les séjours en altitude (où l'oxygène est plus rare) contribuent à exercer l'organisme à améliorer son absorption et son utilisation de l'oxygène, notamment en augmentant la fabrication naturelle de l'érythropoïétine (EPO).
- Le « bol d'air Jacquier » est un appareil permettant de respirer pendant quelques minutes un air enrichi par une huile essentielle de résine de pin des Landes (huile essentielle de térébenthine). Ce processus permet de rendre l'oxygénation cellulaire beaucoup plus efficace, pour la même quantité d'oxygène respirée. Ce procédé est inspiré de l'observation ancestrale des bienfaits des forêts de pins des Landes sur la santé et l'énergie.

La gestion du stress. Les situations de stress génèrent des réactions physiologiques adaptées au combat ou à la fuite. Parmi les réactions physiologiques, il y a la production de cortisol, dont l'action sur l'organisme est particulièrement acidifiante et déminéralisante. Apprendre à gérer son stress afin qu'il soit stimulant au moment opportun et laisse place ensuite à des phases de repos et de détente est une bonne manière de préserver son équilibre acido-basique (voir chapitre 4, « Optimiser le mental et les émotions »).

Surveiller son métabolisme. Les déficiences du foie ou des intestins peuvent également augmenter la production d'acides par l'organisme : un intestin en souffrance a tendance à produire en quantité importante des fermentations ou des putréfactions, qui sont par nature acidifiantes (voir p. 110-121).

Favoriser l'élimination des acides

L'élimination des excès d'acides se fait naturellement par les reins et les acides sont évacués par les urines. Le sportif profite en outre d'autres voies métaboliques d'élimination des acides par la respiration, profonde et/ou accélérée au moment des exercices intenses, ainsi que par la transpiration, qui transporte également les acides vers l'extérieur du corps.

Le sommeil. C'est pendant le sommeil que l'élimination des acides par les reins est la plus importante (le pic d'acidité est, nous l'avons dit plus haut, dans la première urine du matin). Une raison de plus pour le sportif de prendre soin de son sommeil.

L'hydratation. Le sportif doit veiller à une bonne hydratation permettant au système urinaire de fonctionner de manière optimale.

Les tisanes. Toutes les tisanes sont minéralisante et peuvent donc contribuer à l'équilibre acido-basique du corps. En consommer tout au long de la journée (en complément et non en remplacement de l'eau pure) ou en fin de journée aura un effet bénéfique pour le sportif. Il peut choisir la ou les plantes en fonction de leurs vertus particulières sur d'autres systèmes (voir notamment p. 162 et 164-166).

Les techniques d'hydrologie comme :

- *Le sauna* (voir p. 129) qui élimine beaucoup d'acides par la transpiration.
- *Les bains hyperthermiques* qui stimulent progressivement la transpiration (voir annexe), sous réserve d'être bien réhydraté au préalable.
- *Les bains avec ajout de sel :*

On peut ajouter au bain du gros sel de mer, qui rend l'eau alcaline et provoque naturellement une évacuation des acides, en particulier de l'acide lactique en excès. Des frictions permettront de renforcer l'action en stimulant la circulation sanguine et en ouvrant les pores de la peau.

– Le sel rose de l'Himalaya est reconnu pour ses grandes propriétés de désacidification et de détoxification.

– Le bicarbonate de soude (½ verre par bain) est également un excellent « extracteur » d'acides du corps.

Si un bain complet n'est pas possible, un bain de pieds (ou jusqu'aux mollets) bien chaud, avec sels ou bicarbonate de soude, est intéressant car les pieds sont très vascularisés et pourront également jouer le rôle d'évacuation des acides, même si ce sera alors dans une moindre mesure qu'un bain complet.

La cure drainante. La cure de sève de bouleau, au printemps, est réputée pour drainer les acides et les toxines de l'hiver et apporter de très nombreux minéraux, qui contribueront également à la santé des articulations. Elle a en outre des vertus vitalisantes. 70 ml minimum (environ 5 cuillères à soupe) de sève pure non pasteurisée, le matin à jeun, pendant 3 semaines.

« Tamponner » les acides

Les citrates alcalins, sous forme de poudre, sont des compléments minéraux qui peuvent être pris ponctuellement pour donner un coup de pouce à l'élimination des acides. Ils ne sauraient remplacer durablement les bienfaits d'une alimentation adaptée ni les autres mesures citées.

Réduire l'inflammation

Qu'est-ce que l'inflammation ?

Les signes classiques extérieurs d'une inflammation sont : douleur, rougeur, grosseur (œdème), chaleur. Ils peuvent être combinés ou certains plus notables que d'autres. Ils peuvent entraîner en outre une gêne dans le fonctionnement, notamment à cause de l'œdème : impossibilité de plier un membre par exemple.

L'inflammation se manifeste notamment chez le sportif lors d'une blessure brutale ou lors de l'accumulation d'efforts répétés : il s'agit alors d'une inflammation aiguë. Elle peut également se manifester de manière plus discrète et plus progressive, sans que soit identifié un événement déclencheur précis. C'est alors le signe d'un terrain inflammatoire ou d'une inflammation chronique.

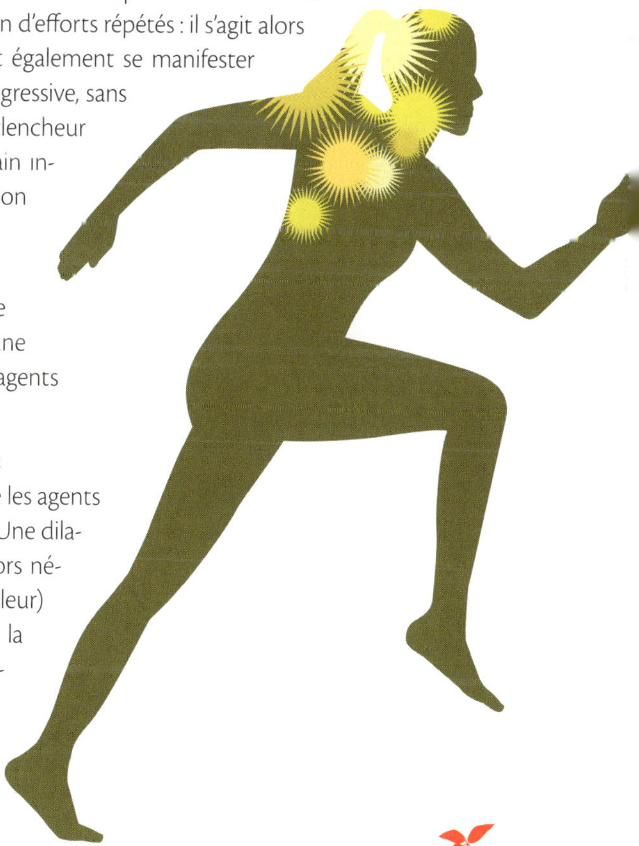

D'autres facteurs non physiques de l'inflammation peuvent être une agression extérieure par un virus, une bactérie, un champignon ou des agents chimiques.

Les 3 étapes de l'inflammation

1) *La phase d'alerte*, pendant laquelle les agents physiologiques se mettent en place. Une dilatation des vaisseaux sanguins est alors nécessaire (provoquant rougeur et chaleur) pour accélérer le flux sanguin sur la zone et l'arrivée des éléments nécessaires. Un processus d'infiltration des tissus par les liquides lymphatiques se met également en place (provoquant œdème et

douleur par constriction des nerfs sensitifs), pour permettre l'accès rapide d'autres éléments, notamment les globules blancs.

2) *La phase de nettoyage* : une fois le cadre de travail mis en place, les différents éléments sont en mesure d'assurer le nettoyage de la zone. Il est essentiel que cette phase de nettoyage puisse se dérouler de manière complète pour permettre l'exécution de la phase suivante.

3) *La phase de résolution*, c'est-à-dire de réparation, de cicatrisation, de reconstruction. Cette phase nécessite :

– que l'agression à l'origine de l'inflammation ait cessé ;

– que la phase précédente ait eu lieu de manière complète ;

– que se libèrent en quantité suffisante les substances anti-inflammatoires qui vont mettre un terme aux phases précédentes et installer le cadre de la réparation proprement dite.

Respecter la physiologie de l'inflammation

Si l'ensemble de ce processus se déroule dans de bonnes conditions, l'organisme en sortira non seulement réparé mais probablement aussi plus résistant sur les endroits concernés. En outre, les exercices ou entraînements de haute intensité qui génèrent de l'inflammation participent, comme l'explique le site Ergysport sur sa page web consacrée à l'inflammation, au processus d'adaptation global du corps, qui contribue progressivement à l'augmentation des aptitudes.

En revanche, si ce processus ne se déroule pas correctement, s'il est interrompu par exemple, ou si certaines phases ne se déroulent pas de manière complète, le risque est l'installation d'une inflammation locale chronique, qui peut même s'étendre à bas bruit à d'autres zones du corps.

Le corps sera alors davantage susceptible de déclencher des réactions inflammatoires importantes à la moindre agression, et l'apparition d'une blessure plus importante encore sera favorisée.

Le rôle du processus d'inflammation est donc essentiel à une véritable guérison. Le corps a les ressources naturelles nécessaires à cette guérison et les met automatiquement en place. Ce processus (à condition qu'il ne soit pas trop important) semble également nécessaire au processus d'amélioration des aptitudes physiques.

Faisons donc confiance à l'intelligence du corps, soyons à son écoute et laissons-le faire dans de bonnes conditions !

Les dangers de contrer ou d'ignorer l'inflammation

Il est courant de vouloir contrer au plus vite l'inflammation, ou de vouloir passer outre, en particulier de la manière suivante :

• Froid immédiat par l'application de poche de glace par exemple (qui soulage la douleur en limitant la vasodilatation et l'œdème, mais gêne aussi le corps dans le processus de mise en place du « cadre de travail » nécessaire au nettoyage). Cette technique ne doit être pratiquée qu'avec beaucoup de mesure, pour soulager éventuellement des symptômes extrêmement douloureux, tout en veillant à ne pas « casser » le processus inflammatoire.

• Médicaments anti-inflammatoires qui auront le même impact, outre des inconvénients majeurs notamment sur l'estomac et les intestins.

• Non-repos ou repos insuffisant de la partie lésée, ce qui la maintient en réaction inflammatoire et empêche la zone de passer en phase de résolution définitive.

Rappelons que les signes d'inflammation sont des « voyants » du fonctionnement du corps, qu'ils signalent que le corps est en souffrance mais qu'il a déclenché un processus de réparation et de cicatrisation des tissus lésés. Ces signes constituent donc une alerte et une protection naturelle. Ils ne doivent pas être éliminés (car le processus est alors entravé) et doivent conduire à une mise au repos de la zone concernée (qui, autrement, ne guérira pas).

Le terrain inflammatoire

Un individu présente un terrain dit « inflammatoire » lorsqu'existe une inflammation « à bas bruit » ou « de bas grade », c'est-à-dire de faible intensité et discrète, mais néanmoins persistante. Cette inflammation peut être localisée sur un foyer d'inflammation isolé ou être plus généralisée. Les conséquences de cette inflammation « à bas bruit » sont les suivantes :

• Elle rend le terrain prompt à s'enflammer très rapidement et de manière disproportionnée en cas d'agression extérieure ou de trauma.

• Elle a des conséquences directes sur le cerveau et notamment sur l'humeur, la motivation, voire les capacités psychomotrices.

• Elle est discrète, on néglige donc d'en rechercher les causes et de les résoudre.
• Elle rend le terrain individuel propice au développement de pathologies importantes.

L'impact du terrain acide

L'acidité du terrain, que nous avons décrite plus haut (voir p. 142-149), contribue à créer un terrain inflammatoire « à bas bruit ». S'occuper de l'équilibre acide-base du terrain évitera donc qu'il devienne de plus en plus inflammatoire.

De l'inflammation aiguë à l'inflammation chronique

Comme expliqué plus haut, le fait d'interrompre le processus inflammatoire empêche de terminer la phase de nettoyage et donc de passer à la phase de cicatrisation et de régénération. L'inflammation chronique est alors susceptible de s'installer : douleur chronique, inflammation à bas bruit. Une inflammation aiguë est « bénéfique » : elle nettoie, détoxifie, améliore le terrain. En revanche, une inflammation chronique est pathologique et aggrave.

Le syndrome de surentraînement

Le syndrome de surentraînement trouve son origine dans des micro-traumas du muscle qui ont mal cicatrisé. Si le sportif continue à s'entraîner de manière intensive en négligeant le signal de douleur, même relativement léger, l'inflammation va non seulement devenir chronique, mais elle risque également de s'étendre à l'ensemble du corps, *via* la libération des cytokines pro-inflammatoires. Comme si le corps, à force de ne pas être écouté dans ses signaux localisés, décidait de lancer d'autres foyers d'inflammation pour être enfin entendu !

L'alimentation pro-inflammatoire

Pip Taylor [30] mentionne les aliments particulièrement pro-inflammatoires :
• Les aliments « poisons » cités dans le chapitre 1 (graisses trans, huiles raffinées, sucres, sucres artificiels, sel ajouté, additifs divers), que l'on trouve en abondance dans les aliments et les boissons préparés industriellement.
• Les graisses animales en excès (viandes et produits laitiers) pour leur forte teneur en oméga-6.
• Les céréales raffinées.
• Les intolérances éventuelles, car elles provoquent une réaction inflammatoire systématique de l'organisme.

Les stratégies anti-inflammatoires bénéfiques

L'alimentation anti-inflammatoire

Les oméga-3 issus des poissons gras, des graines de noix ou de lin ou des huiles de noix, de colza, de lin ou de caméline. Le site Ergysport suggère au sportif de consommer ces poissons 2 à 3 fois par semaine et de consommer quotidiennement environ 3 cuillères à soupe de ces « bonnes » huiles ainsi que de grignoter des noix (5/6 par jour) et de saupoudrer les salades de graines de lin moulues...

Les oméga-3 sont très importants car ils sont à l'origine des prostaglandines anti-inflammatoires, envoyées notamment sur le site de l'inflammation, après le nettoyage, pour enclencher le processus de réparation. Nous avons déjà évoqué (p. 26) l'importance de préserver un bon ratio oméga-3/oméga-6, ces derniers figurant en excès dans notre alimentation moderne.

Le curcuma et le gingembre : ce sont des aliments reconnus pour leurs vertus anti-inflammatoires. Ils sont mieux absorbés avec un corps gras. L'idéal est de les ajouter frais (ou, à défaut, en poudre) à l'alimentation quotidienne et d'en augmenter sensiblement les quantités en cas d'inflammation avérée. 2 cuillères de curcuma pour 1 cuillère de gingembre diluées dans une bonne huile, en guise d'assaisonnement, peuvent avoir un effet bluffant sur des douleurs inflammatoires aiguës, de même que le curcuma frais passé à l'extracteur avec un jus de légumes.

Les plantes qui soulagent

Le macérat mère de bourgeons de cassis (Ribes nigrum) a de grandes vertus anti-inflammatoires, notamment au niveau articulaire. Il ne contre pas l'inflammation mais la rend plus efficace et donc de plus courte durée, selon le docteur Ledoux [(24)]. Le bourgeon de cassis a en outre de remarquables vertus revitalisantes et antioxydantes.

Le macérat mère de bourgeons d'aulne est, toujours pour le Dr Ledoux, le meilleur bourgeon en traitement de fond de l'inflammation ayant tendance à devenir chronique.

Complémentation éventuelles

Le cuivre : cet oligo-élément a des vertus anti-inflammatoires et anti-infectieuses reconnues. Il est présent notamment dans les huîtres, les moules, le crabe, les haricots secs. Il peut également être pris en complémentation sous sa forme ionisée (type granions ou catalyons). Son efficacité antidouleur a notamment été vérifiée par l'usage très répandu du bracelet de cuivre pour soulager les douleurs articulaires, et confirmée en Australie par une étude du Dr W.R. Walker qui a montré que les micro-diffusions de cuivre par la peau lui permettaient de jouer son rôle anti-inflammatoire. Le cuivre a en outre deux complémentaires pour le Dr Ledoux [24] : le *sélénium* pour son action antioxydante et l'*or* si l'inflammation s'aggrave vers l'articulation (arthrite...).

La glutamine : pour limiter les conséquences de l'inflammation. L'inflammation entraîne la libération de radicaux libres (voir le paragraphe suivant sur l'oxydation) et une consommation accrue de glutamine, qui est l'acide aminé le plus abondant dans le sang et les muscles. En cas d'inflammation importante ou chronique, les apports en glutamine doivent donc être renforcés.

Importance de la glutamine pour le sportif

• Pour le sportif, la glutamine a une importance capitale car elle contribue à la synthèse protéique et donc à la construction musculaire et à la réparation des muscles après des efforts physiques intenses. Elle est nécessaire à la fabrication de la glucosamine, elle-même nécessaire à la réparation du cartilage et des tendons, donc des articulations.

• Elle favorise la synthèse du glycogène (réserve de glucose dont nous avons parlé dans le chapitre sur l'alimentation) et combat le besoin de sucreries.

• La glutamine est l'acide aminé le plus utilisé par l'intestin pour le renouvellement des cellules de la paroi intestinale et la préservation des jonctions serrées et des villosités intestinales. Un manque de glutamine disponible causé par l'inflammation a des conséquences directes sur l'intégrité de la paroi intestinale (voir plus haut le paragraphe sur l'intestin)

• La glutamine est également indispensable au système immunitaire dont nous reparlerons plus loin.

• Les sources naturelles de glutamine dans l'alimentation sont la viande, le poisson, les céréales, les légumineuses, les épinards et le persil crus. Une complémentation en L-Glutamine peut être envisagée si un déficit important est soupçonné (à partir de 500 mg/jour).

Limiter l'oxydation

L'oxydation est provoquée, comme son nom l'indique, par l'utilisation de l'oxygène. L'oxygène est indispensable pour la production d'énergie par la cellule et, à l'issue du processus, sont libérés des dérivés de l'oxygène appelés radicaux libres (RL). Les radicaux libres ont quelques fonctions bénéfiques pour l'organisme : neutralisation de certains acides, bactéries ou virus et même, comme l'explique l'étude d'Andersson *et al.* (2), soutien de la contraction cardiaque en cas de stress intense. Néanmoins, les radicaux libres attaquent aussi de manière très agressive toutes les cellules du corps, en particulier les cellules musculaires, provoquant leur vieillissement et perturbant leur fonctionnement. Une oxydation trop élevée peut donc amener, entre autres, à une contre-performance au niveau musculaire.

Les facteurs d'augmentation de l'oxydation

L'activité sportive nécessitant une production d'énergie intense par l'organisme, elle a pour conséquences une oxydation et une production de radicaux libres plus importantes chez le sportif. Il est donc essentiel de s'assurer de la garder dans des limites qui ne pénalisent pas les performances.

D'autres facteurs contribuent à augmenter le nombre de radicaux libres : tabac, alcool, médicaments, pollution, radiation, excès de soleil, etc. L'inflammation évoquée plus haut provoque également la fabrication de radicaux libres.

Le pouvoir des antioxydants

Heureusement, une lutte antioxydation et antiradicaux libres de tous les instants est orchestrée par l'organisme *via* les antioxydants, qui ont le pouvoir de neutraliser les radicaux libres.

Certains antioxydants sont fabriqués par le corps grâce à des micronutriments apportés par l'alimentation : glutathion qui protège en particulier le foie, Coenzyme Q10 (CoQ10), qui protège en particulier la mitochondrie, usine de fabrication d'énergie de la cellule, donc du muscle et du muscle cardiaque, Superoxyde dismutase (SOD), acide alphalipoïque, mélatonine, etc.

Certains micronutriments sont antioxydants par nature et sont aussi nécessaires à la production des antioxydants fabriqués par le corps : vitamines A, C, E, oligo-éléments comme le sélénium, le cuivre, le zinc, le manganèse, polyphénols, caroténoïdes, etc.

L'alimentation et les super-aliments

L'alimentation est, ici encore, une source essentielle pour rééquilibrer le terrain. Il s'agit de consommer des aliments riches en nutriments antioxydants tels ceux cités plus haut ou dans le chapitre 1, et de consommer des aliments riches en micronutriments de toute sorte, notamment les fruits. On peut citer comme champions antioxydants choucroute crue (chou fermenté), pruneaux, thé vert, curcuma et gingembre (déjà cités pour leur propriétés anti-inflammatoires), thym, tomate séchée, vin rouge, en quantité modérée, bien sûr (voir liste p. 230).

Certains super-aliments que nous avons cités au chapitre 1 sont aussi particulièrement riches en antioxydants : jus de grenade, myrtilles, açai, blé germé, jus d'herbe... On peut y ajouter le pollen frais (que l'on trouve en barquettes congelées), le lait de jument (le lait le plus proche du lait maternel humain avec le lait d'ânesse), les cures d'eau hydroxydase (une eau qui conserve, une fois embouteillée à l'abri de l'air, l'intégralité des constituants minéraux et des propriétés qu'elle possédait à la source).

Le « bol d'air Jacquier »

Nous l'avons cité dans le paragraphe consacré à l'équilibre acide-base (voir encadré p. 147). Les sessions de respiration avec cet appareil ont le mérite d'augmenter l'oxygénation cellulaire sans augmenter la quantité d'oxygène absorbée, et donc sans augmenter la production de radicaux libres. En outre, une étude réalisée sur des rats a démontré l'action globale antioxydante, plus significative encore sur les rats âgés, c'est-à-dire déjà amplement oxydés. Cet effet antioxydant varie selon la durée et la fréquence des sessions de « bol d'air Jacquier » (voir le site www.holiste.com).

Les plantes

La chlorophylle étant un antioxydant puissant, toutes les plantes ont des vertus antioxydantes (et basifiantes) plus ou moins importantes. Les algues, très riches en chlorophylle, sont donc particulièrement bénéfiques : spiruline mais aussi klamath ou chlorella (la bien nommée !), qui a aussi des vertus détoxifiantes.

Certaines plantes, connues également pour d'autres vertus, ont des effets antioxydants notoires : écorce de pin (sécrétant le fameux pycnogénol), lapacho, mais aussi les champignons shiitake et maitake (ces trois derniers ont aussi des vertus très puissantes de renforcement du système immunitaire), cassis (également anti-inflammatoire). Ceci étant, hormis l'écorce de pin, les plantes seront utilisées avant tout pour leurs vertus premières (renforcement immunitaire, anti-inflammatoire, plantes adaptogènes, etc.), leurs vertus antioxydantes étant un plus.

Complémentation éventuelle

Comme toute supplémentation, une complémentation en antioxydants doit être envisagée avec précaution. Elle doit être ponctuelle et bien choisie.

• *Ponctuelle* pour ne pas « déshabituer » le corps à avoir recours aux antioxydants procurés par l'alimentation ou à fabriquer en quantité ceux dont il a besoin.

• *Choisie* car il est important de vérifier la composition réelle des nombreux produits proposés dans le commerce, en vérifiant notamment l'absence d'additifs et l'origine des substances proposées.

En résumé

Comme expliqué dans ce chapitre, l'activité sportive intense crée aisément des déséquilibres de terrain (acidité excessive, inflammation, oxydation), dont les conséquences sont directes sur les performances voire sur les probabilités de blessure. Il est donc très important d'en prendre conscience, de les limiter ou de les compenser par des techniques diverses.

Deux remarques :

• L'alimentation est un pilier essentiel. On notera que dans chacun des trois types de déséquilibre, outre des techniques spécifiques, l'alimentation est un pilier essentiel de prévention et de rééquilibrage.

• Il faut éviter la cascade des déséquilibres. Ces trois types de déséquilibres sont intimement liés car comme nous l'avons vu, une acidité excessive engendre une inflammation qui, elle-même, engendre une oxydation par la production de radicaux libres. Traquer l'acidité apparaît donc comme la première des mesures à prendre.

Stimuler le système immunitaire

Le système immunitaire regroupe l'ensemble des dispositifs de défense de l'organisme vis-à-vis de l'extérieur. Sa fonction est de préserver l'organisme de toute agression qui lui serait nuisible : virus, bactéries, champignons et tout autre élément qu'il identifie comme indésirable. En prendre soin est indispensable pour optimiser la santé, donc les performances du sportif. Il limitera ainsi les épisodes de grippe, bronchite, gastro-entérite ou autres pathologies plus sérieuses encore, néfastes à sa préparation et/ou à ses performances.

Un système de défense multiple et fluctuant

Les « équipiers » du système immunitaire sont principalement les *globules blancs* ou *leucocytes*. Chaque catégorie de globules blancs a un rôle bien spécifique dans le système immunitaire, inné ou acquis au cours de la vie. Ces globules blancs sont produits par les organes lymphoïdes (thymus, rate, moelle osseuse, ganglions…). Ils sont présents dans les organes qui les fabriquent ou voyagent dans l'ensemble du corps selon les besoins.

Importance du rôle de l'intestin

La moitié des *organes lymphoïdes* (fabriquant les agents de l'immunité), en termes de masse globale, se situent dans l'intestin (nodules lymphoïdes, plaques de Peyer, tissus lymphoïdes…).

L'intestin abrite en outre la *flore intestinale* qui joue également un rôle majeur dans l'immunité car elle protège la membrane intestinale – filtre entre les aliments digérés et l'intérieur du corps proprement dit. La flore intestinale sécrète en particulier des substances bactéricides et la paroi intestinale synthétise des molécules antimicrobiennes. La bonne santé de l'intestin est donc essentielle pour l'efficacité de l'immunité.

Rôle majeur du foie

Le foie occupe un rôle important pour le système immunitaire car il abrite les cellules de Kupffer, leucocytes qui lui sont spécifiques et représentent le filtre majeur du corps (100 l de sang et 40 l de lymphe sont filtrés chaque heure au repos, soit presque 1 000 l/jour, et jusqu'à 4 000 l/par jour lors d'une activité sportive intense !). Choyer son foie permet donc de préserver l'efficacité de son immunité.

Une efficacité fluctuante

S'agissant d'un système en perpétuelle évolution et adaptation, la bonne santé du système immunitaire est variable d'un individu à l'autre, et variable au cours de la vie d'un même individu. C'est ainsi qu' « attraper » la grippe signifie que le système immunitaire n'a pas réussi à empêcher l'introduction du virus dans l'organisme. Si deux personnes sont en contact en même temps avec le virus, l'une peut développer la maladie et l'autre non. Tout dépend de l'efficacité du système immunitaire de chacune à ce moment-là. Le médecin, chimiste et pharmacien Antoine Bechamps, doyen de la faculté de médecine de Lille et contemporain de Pasteur, affirmait donc, à l'opposé de Pasteur : « Le microbe n'est rien, le terrain est tout. » C'est sur cette base que la naturopathie aborde le système immunitaire.

Fragilisation spécifique du sportif

L'exercice physique intense peut affaiblir momentanément le système immunitaire. Comme nous l'avons expliqué dans le chapitre consacré à l'intestin, une hypoxie de celui-ci se produit pendant l'effort physique, ce qui à la longue peut le pénaliser dans l'exécution de l'ensemble de ses fonctions, dont l'immunité.

Le stress peut être présent chez le sportif soumis à un rythme d'entraînement et de compétition soutenu, et affaiblir le système immunitaire.

Les conséquences d'un système immunitaire défaillant

Sans évoquer ici les pathologies importantes ou maladies graves, qui peuvent être la conséquence ultime d'un système immunitaire défaillant, il est important d'évoquer les « petits ennuis » découlant d'un système immunitaire affaibli et leur impact sur les performances du sportif.

Des ennuis à répétition

Si le système immunitaire n'est pas au top, il ne lutte pas efficacement contre les virus et bactéries de la vie courante, que la personne va alors « attraper » régulièrement. Pour certains, ce seront des « petits » rhumes réguliers, des grippes ou des bronchites à répétition. Pour d'autres, des infections intestinales, urinaires, dentaires, etc., selon la constitution et le terrain propres à chacun. Les conséquences sur la forme du sportif sont évidentes : entraînements moins intenses, voire performances amoindries en compétition ou impossibilité d'y participer.

Le recours aux antibiotiques

Si de plus la défaillance du système immunitaire est telle que la personne n'arrive pas à se débarrasser seule de l'infection, que des complications apparaissent et qu'elle a alors recours aux antibiotiques, avec tous les inconvénients qu'ils comportent (voir plus haut le paragraphe sur l'intestin), les conséquences seront encore plus pénalisantes à moyen ou long terme pour les performances sportives.

Des conséquences sur l'inflammation

De plus, chaque lutte interne contre un agresseur quel qu'il soit génère automatiquement une réaction inflammatoire qui facilite l'efficacité et la rapidité des agents immunitaires sur le site de l'agression (poumons, intestin...). Cette réaction inflammatoire peut même « embraser » l'ensemble du corps si la lutte est ardue (fièvre). Voir plus haut les inconvénients de l'inflammation et ses conséquences éventuelles.

Les facteurs de fragilité du système immunitaire

Une alimentation carencée. Une carence en protéines, par exemple, a un impact direct sur la capacité à fabriquer en nombre suffisant les agents du système immunitaire. Nous verrons plus loin quels sont les autres nutriments particulièrement bénéfiques. En outre, certains aliments sont nuisibles au système immunitaire : c'est notamment le cas du sucre qui, entre autres « bienfaits », est soupçonné d'induire une baisse de l'immunité en réduisant l'efficacité des globules blancs

La fatigue, le surmenage. L'exercice physique modéré renforce le système immunitaire mais après un effort physique intense, le système immunitaire est momentanément déprimé, donc plus vulnérable.

Le stress. Il provoque une importante production de cortisol qui affaiblit le système immunitaire.

Le manque de sommeil. Le rythme et le moment de fabrication des agents du système immunitaire obéissent à un ordonnancement bien précis, certains éléments étant fabriqués de jour, d'autres de nuit. Un rythme de sommeil perturbé entraîne donc des perturbations dans la fabrication des éléments du système et participe à son affaiblissement.

Un intestin fragile ou une flore intestinale défaillante : nous avons vu plus haut le rôle important de l'intestin dans l'immunité et n'y revenons donc pas ici.

Préserver et stimuler son système immunitaire

Les éléments présentés ci-dessous sont utiles en prévention, lorsque des indices laissent percevoir un système immunitaire affaibli ou pendant un épisode de lutte de l'organisme contre une infection ou une maladie.

L'alimentation et les super-aliments

Bien sûr et comme toujours, l'alimentation sera la première alliée de l'immunité.

• Les nutriments spécifiques de l'immunité sont la *vitamine C*, mais aussi toutes les autres vitamines ainsi que des *oligo-éléments* tels que le *zinc*, le *cuivre* ou le *sélénium*. Les aliments crus seront donc à privilégier car plus riches en vitamines, ainsi que les graines, riches en oligo-éléments. Citons en particulier :

– Les *jus de légumes*, frais si possible, concentrés en vitamines et en minéraux (voir p. 78).

– Les *graines germées* (voir p. 80 et p. 231).

– La *spiruline*, riche en nutriments, et qui renforce également la flore intestinale grâce à la chlorophylle (voir p. 77).

• Les *produits de la ruche* sont très précieux pour booster le système immunitaire : gelée royale (en dosette au rayon frais des magasins bio), pollen frais (en barquettes congelées), en particulier le pollen de ciste, et propolis qui n'est plus un super-aliment mais un remède, extrêmement efficace notamment pour toutes les affections des voies ORL (outre ses vertus comme remède intestinal et bien d'autres choses encore).

Le soleil

La *vitamine D* joue un rôle reconnu dans l'efficacité du système immunitaire (outre son rôle dans la fixation du calcium). Il est donc utile de veiller à prendre des bains de soleil lorsque c'est possible, sans protection solaire, pour que la synthèse de la vitamine D par la peau puisse se réaliser, mais bien sûr, à petite dose, en fonction de la peau, pour ne pas s'exposer aux coups de soleil.

Les plantes

• De nombreuses huiles essentielles ont des actions antibactérienne et/ou antivirales et/ou antifongiques puissantes. Citons par exemple : *tea tree* (arbre à thé), *ravintsara* ou *niaouli*, relativement faciles d'utilisation. Les plus puissantes étant *l'origan, le thym et la sarriette* (à utiliser avec précaution).

• L'*échinacée*, sous différentes formes galéniques, est reconnue pour son grand soutien du système immunitaire, en particulier en phase aiguë.

• Les *champignons shiitake et maitake*, déjà rencontrés plus haut.

• Le *bourgeon de cassis*, déjà cité plus haut, lui aussi, pour ses vertu anti-inflammatoires. C'est également un grand soutien de l'immunité.

Un naturopathe pourra conseiller, au cas par cas, la ou les plantes les plus adaptées, ainsi que le dosage et la durée de la cure.

Complémentation éventuelle

• Une complémentation ponctuelle peut être envisagée en oligo-éléments de type *cuivre* ou *zinc*, et surtout l'association spécifique de l'immunité : *cuivre-or-argent*. L'argent colloïdal est un antibactérien puissant dont seul l'usage en application locale est autorisé en France. Il est néanmoins autorisé en usage oral dans cette association avec le cuivre et l'or. L'or est également reconnu pour ses vertus immunitaires.

• Une complémentation est parfois envisagée en *vitamine D*. Choisir alors la vitamine D3, d'origine naturelle, de préférence d'origine végétale (lichens) et non animale (lanoline de mouton pour laquelle le processus d'extraction est très polluant).

Protéger muscles, tendons articulations et os

Les muscles, les tendons et les articulations, ainsi que les os, sont des tissus particulièrement sollicités par la pratique sportive intensive, et sur lesquels sont concentrées l'essentiel des blessures que celle-ci peut provoquer, avec des variantes selon le type de sport pratiqué. Éviter tous les déséquilibres de terrain mentionnés dans la première partie de ce chapitre (acidose, inflammation, oxydation) est bien sûr la première des protections de ces tissus spécifiques. Nous précisons ici les approches naturelles particulièrement bénéfiques à chacun de ces tissus si précieux.

L'alimentation

Rappelons que l'alimentation optimale du sportif (voir chapitre 1) apporte naturellement tout ce dont muscles, tendons, articulations et os ont besoin. Néanmoins, une vigilance plus individualisée, en fonction de la constitution de chacun et lors de périodes particulièrement intenses, pourra inciter à veiller à l'apport spécifique de certains nutriments, aliments ou super-aliments. La vigilance sur l'alimentation devra également être plus importante en période de récupération de blessure, pour favoriser une récupération rapide et complète. Outre les micronutriments, il est très important de se souvenir de l'importance des protéines pour la santé des os, dont elles forment la trame, et des lipides de type oméga-3 pour les muscles.

Les plantes

Certaines plantes peuvent constituer un apport intéressant pour la protection et l'optimisation du fonctionnement des muscles, des articulations et du squelette. Les conseils d'un naturopathe (ou homéopathe) seront très utiles pour les choisir judicieusement

Les macérats mères de bourgeons

Ils représentent une forme d'utilisation de la plante particulièrement intéressante et puissante, car le bourgeon contient de manière concentrée tout le potentiel de la plante, et donc tout son potentiel d'action bénéfique. Le Dr Ledoux en est un spécialiste reconnu. Son ouvrage *La Phytembryothérapie* [24] est particulièrement complet et synthétique sur les vertus à la fois physiologiques, mentales et émotionnelles de ces bourgeons. Le Dr Leroux préconise notamment :

Témoignage de sportif

L'Équipe Magazine, *oct. 2015, évoquant Blaise Matuidi, alors joueur du PSG.*

« Trop souvent blessé à son goût lorsqu'il évoluait à Saint-Étienne et lors de sa première année au PSG, il a décidé de bousculer ses habitudes [...]. Désormais, Matuidi reste un peu plus longuement au centre d'entraînement, se soucie davantage de son hygiène de vie. Il a d'ailleurs embauché un cuisinier à domicile. "Pour avoir une bonne hygiène de vie, il me fallait un cuisinier. En regardant les autres, les Ibra, Motta, Silva, Maxwell... Si ces joueurs-là ont gagné des titres, il fallait faire comme eux. J'ai pris exemple sur les grands. Aujourd'hui j'en récolte les fruits. J'ai appris. Je me blesse de moins en moins." »

• *Le macérat mère de bourgeons de vigne vierge*, une plante dont l'aspect naturel (souplesse et résistance grâce notamment à des « ventouses » performantes) est particulièrement évocateur de son action thérapeutique sur les articulations. Ce macérat protège les ligaments et stimule le cartilage. Il est bénéfique pour la récupération de traumatismes des tendons et des articulations.

• *Le macérat mère de bourgeons de séquoia* renforce les tendons et les ligaments et consolide la trame osseuse. Il est complémentaire de la vigne vierge pour les tendons.

• Le *macérat mère de bourgeons de pin* protège le cartilages et les os au niveau de leur trame protéique.

• *Des synergies de plusieurs bourgeons* comme Gemmo Mouvement fabriqué par le laboratoire La Royale (romarin, séquoia et vigne vierge) permettent de bénéficier des bienfaits de plusieurs bourgeons : ils sont cueillis et macèrent ensemble pendant 21 jours, ce qui permet une réelle synergie et non une simple addition de bienfaits.

• Afin de bien nourrir le cartilage, il faut s'assurer d'une bonne micro-circulation, car les nutriments sont apportés par les capillaires de la circulation sanguine. C'est une action que stimulent les *bourgeons de mélèze*.

L'ortie et la prêle

Ce sont 2 plantes très riches en silice, un oligo-élément particulièrement important pour la construction et le renouvellement des tissus des tendons et articulations. Le Dr Ledoux [24] distingue l'apport de la prêle, qui apporte beaucoup de silice au corps, de celui de l'ortie, qui apporte moins de silice au corps mais la « fait fonctionner ». De plus, l'ortie a une action importante sur le foie, ce qui en fait un excellent apport pour le sportif.

• Frédérique Laurent [25] mentionne notamment le complément « ortie-silice bio » de Biofloral (extrait d'ortie + quelques huiles essentielles).

• Le complément Dissolvurol, distribué en pharmacie et qui contient de la silice colloïdale, est également très intéressant pour renforcer l'apport en silice.

Les compléments

Le cartilage de l'articulation est fragile, d'autant qu'il n'est pas irrigué par la circulation sanguine, sa nutrition n'est donc pas aisée. L'utilisation répétée et intensive de certaines articulations lors de la pratique sportive (genou, cheville, épaule…) provoque une usure de ces cartilages, qui ont néanmoins la capacité de pouvoir parfois se reconstituer.

• La *glucosamine* et la *chondroïtine* sont des compléments intéressants pour la santé des articulations, en particulier lorsqu'ils sont associés. La chondroïtine, naturellement produite par le corps, participe à l'hydratation du cartilage. La glucosamine, également produite par le corps, contribue à la construction du cartilage. La formule GlucochondroMsm de Solgar est une option à tester. À noter néanmoins que le MSM est une reconstitution du soufre à partir d'une matière naturelle mais *via* un procédé chimique en laboratoire.

• L'*acide hyaluronique* est un actif bien connu pour sa capacité à maintenir l'hydratation de la peau et des tissus conjonctifs. Il est également utile pour la protection et la réparation des articulations. Le complément Acide hyaluronique Complexe de Solgar inclut également du collagène de type UCII, de la chondroïtine et de la vitamine C.

L'homéopathie

Les remèdes homéopathiques doivent être prescrits par des spécialistes homéopathes, même si les remèdes homéopathiques sont en vente libre en pharmacie. Les homéopathes ont, comme les naturopathes, une approche globale et de terrain de chaque individu, et proposeront donc des remèdes personnalisés. Ces remèdes (élaborés à partir de produits naturels en dilutions infimes) sont dépourvus d'effets secondaires et peuvent avoir un impact rapide et puissant. Certains remèdes sont réputés pour leur tropisme spécifique sur les articulations tels que *Rhus toxicodendron*, *Ruta graveolens*, *Bryonia* ou *Arnica*.

Les sels de Schüssler

Ils sont intéressant pour favoriser la fixation des minéraux. Le Dr Schüssler a identifié 12 sels minéraux, dilués en doses homéopathiques, comme étant les sels minéraux essentiels à la structure et à la vitalité des organes de l'ensemble du corps. Certains d'entre eux sont particulièrement bénéfiques pour les tendons, ligaments et articulations. Il s'agit notamment du sel n° 1 (Calcium fluoratum) et du sel n° 12 (Silicea).

Une cure régulière de l'ensemble de ces 12 sels essentiels est également conseillée pour combler toute carence éventuelle. On peut trouver une combinaison de ces sels sous forme de poudre en pharmacie : « Multi-sels de Schüssler D6 trituration ». Ils existent aussi sous forme de comprimés. En France, ces sels ne sont vendus que sous cette forme. On les trouve par contre en unitaire dans les autres pays européens et en Suisse. Les laboratoires Helios en Angleterre (www.helios.co.uk/fr) ou Remedia Homeopathy en Autriche (fr.remedia-homeopathy.com/) permettent ainsi de les commander en ligne.

Pour traiter les douleurs après un entraînement

• Foulures, meurtrissures, contusions, claquages : sels n° 3 (Ferrum phosphoricum) et/ou n° 8 (Natrium chloratum).

• Fractures, blessures : sels n° 1 (Calcium fluoratum), n° 2 (Calcium phosphoricum) et/ou n° 3 (Ferrum phosphoricum).

Dosages

• Trouble aigü : 1 comprimé de chaque toutes les 5 minutes.

• Trouble chronique ou en prévention : 3 fois 2 comprimés de chaque par jour.

Pour aller plus loin : www.vitagate.ch (entrer le mot clé Schüssler dans le moteur de recherche du site).

Les approches physiques complémentaires

Le Pilates

C'est une technique intégrant des exercices variés et très précis dans leur exécution, supervisée par un professionnel formé à la méthode, ayant pour objectif l'équilibre postural global. Le Pilates a pour le sportif une fonction de rééquilibrage très importante, car la pratique intensive d'un sport peut bousculer l'équilibre postural et causer à la longue des douleurs et des dysfonctionnements.

Il permet aussi une optimisation des mouvements, peut travailler la coordination des gestes et évitera des blessures provoquées par une posture déséquilibrée ou un geste répétitif effectué de manière inadéquate.

Il se pratique à distance des entraînements (ou juste avant), de manière régulière, voire fréquente, pour obtenir un résultat en profondeur et sur le long terme. Il se pratique au sol, à la barre ou sur des machines spécifiques, en individuel ou en groupe restreint, avec l'ajout éventuel d'accessoires (ballon, bâton…).

Témoignage de sportif

« J'ai découvert le Pilates après avoir pratiqué l'ultra-trail pendant de nombreuses années : entraînement de 1 h 30 cinq fois par semaine et course le dimanche. J'ai été très surpris de ce que le Pilates m'a apporté : du gainage, de l'affinement musculaire et bien sûr de l'assouplissement. J'ai aussi perdu les douleurs de dos en position assise, qui revenaient dès que je courais moins. J'ai également développé ma capacité de concentration et de la précision dans mes gestes, car le Pilates enseigne des mouvements extrêmement précis. » *Serge, 45 ans, coureur d'ultra-trail.*

La méthode Mézière

Cette méthode a été complétée par Mme Godelieve Denys Struyf. Il s'agit d'étirements des chaînes musculaires réalisés par un thérapeute spécialisé. Le sportif participe à l'exercice en accompagnant les étirements du thérapeute par une respiration ou par des mouvements spécifiques. La méthode Mézière rééquilibre la posture, prévient les blessures musculaires ou lombalgies, diminue des raideurs spécifiques.

Les exercices de correction de posture

Certains exercices simples, pratiqués régulièrement, peuvent contribuer à préserver ou à rétablir l'équilibre postural global et ainsi à ménager muscles, tendons et articulations.

Lordose, cyphose, scoliose

Ce sont des défauts de postures courants, souvent préexistants à la pratique sportive. Ils pourront parfois donner lieu à un accompagnement en kinésithérapie et notamment par la méthode Mézière.

- La cyphose est l'arrondi normal de la partie haute du dos, qui peut parfois être trop exagéré et provoquer des douleurs sur la zone ou à distance.
- La lordose est la cambrure normale du bas du dos, qui peut parfois être trop exagérée et provoquer elle aussi des douleurs.
- La scoliose est constatée lorsque, vue de dos, la colonne vertébrale n'est pas tout à fait droite et forme un « S ». Elle correspond généralement à une constitution dite « fluorique » (voir chapitre 2).

Les exercices suivants peuvent être pratiqués régulièrement comme accompagnement de correction de ces postures anormales. Ils procurent en outre d'autres bénéfices, tels que détente, effet dynamisant, centrage, etc.

Ils sont décrits par Daniel Kieffer, naturopathe et directeur de l'école de naturopathie Cenatho, dans son livre *Comment se régénérer pour bien vieillir* [20] dans lequel sont précisément expliqués de nombreux exercices, certains utiles pour le sportif même bien avant de vieillir ! Ces exercices sont généralement connus des naturopathes qui peuvent les conseiller et les expliquer lors d'une consultation.

Les étirements du « tigre »

Ils permettent d'étirer la chaîne musculaire postérieure, « débutant au talon, remontant tout le dos et finissant derrière le crâne, insérée sur l'occiput », comme la décrit Daniel Kieffer. Ils se pratiquent debout dos au mur, jambes pliées ou encore corps allongé au sol et jambes au mur. Les exercices du tigre favorisent en outre la concentration et le centrage ou ancrage, notion importante que nous évoquerons dans le dernier chapitre.

Le plongeur

Cette posture consiste à s'asseoir lentement sur les talons, pieds à plat si possible, avec les bras levés dans l'axe du corps, à tenir la posture puis à remonter lentement. Outre la correction progressive des mauvaises postures citées ci-dessus, cet exercice est très dynamisant pour tout le rachis.

La torsion assise

En position assise sur une chaise, on effectue une lente rotation de la taille. Outre ses vertus sur la colonne vertébrale et la région lombaire, cette posture est dynamisante et favorise l'ancrage.

Le skieur

Cette posture est plus spécifique de la correction des cyphoses. Il s'agit de la position du skieur en « schuss », jambes pliées et mains sur l'avant des tibias, en effectuant une forte poussée sur ceux-ci. Elle est également bénéfique à l'irrigation de l'ensemble des muscles du rachis

La relaxation différentielle de Jacobson

Cette méthode, dont nous reparlerons dans le dernier chapitre pour ses vertus de relaxation (voir p. 192), peut aussi être utilisée pour protéger les muscles, tendons et articulations, notamment dans les sports asymétriques entraînant l'utilisation intensive d'un membre en particulier (tennis par exemple). Elle permet d'induire une relaxation musculaire réelle et profonde du membre en question et d'éviter les contractions permanentes involontaires, sources de fatigue et de douleurs inutiles.

Aider à la récupération des blessures

Malgré toutes les mesures de prévention indiquées jusqu'ici, la survenue d'une blessure n'est jamais totalement exclue ! Nous exposons donc ici des techniques naturelles permettant d'accompagner au mieux ces blessures pour garantir une guérision optimale.

« Aucune thérapie ne peut accélérer la guérison… Elle peut seulement optimiser les conditions pour que le corps puisse se guérir lui-même. » Il est impératif de garder à l'esprit cette affirmation de Craig Kawaoka, directeur de la médecine du sport à la Western States University à Portland (Orégon, États-Unis). Il est en outre spécialiste de la technique de « Soft Tissue Mobilization » (mobilisation des fascias) dont nous reparlerons plus loin et fut, à ce titre, intervenant à la *First Intégrative Sports Medecine Conference* qui s'est tenue en novembre 2015 à Portland.

• Comme toujours et peut-être de manière encore plus impérative, *l'alimentation* est un pilier essentiel de la période de récupération d'une blessure, afin d'apporter à l'organisme tous les nutriments nécessaires à la guérison, qui sera d'autant plus rapide et complète s'ils sont tous présents en quantité suffisante. On sera donc particulièrement attentif à l'apport des nutriments selon que la lésion concerne muscles, tendons, articulations ou os (voir p. 34-36).

• On veillera également à maintenir ou à restaurer les *équilibres de terrain* cités en première partie de ce chapitre.

• Enfin, le *sommeil*, grande technique de récupération globale, est essentiel dans la période de récupération de blessure car l'hormone de croissance, nécessaire à la reconstitution des tissus, est sécrétée pendant le sommeil.

Les techniques d'hydrologie

Nous retrouvons ici certaines techniques d'hydrologie déjà citées précédemment (voir p. 128-132).

Les bains, immersion en eau chaude

Pour quoi ?

• Pour les contractures musculaires « vraies », c'est-à-dire qui persistent à distance des entraînements.

• Pour les douleurs du rachis, présentant des contractures musculaires de défense.

• Pour les inflammations chroniques, en dehors des phases aiguës.

Comment ?

• Bain ou jacuzzi à 40-42 °C (selon tolérance), pendant 10 à 20 minutes, à distance des séances créant des micro-lésions (entraînement, matchs...).

• Idéalement, mobiliser la zone contractée par des jets ou des massages après décontraction.

Les bains, immersion en eau tempérée

Cette technique, déjà citée pour optimiser la récupération (voir p. 129), est également utile dans le cadre de la rééducation suite à une blessure.

Bains au sel d'Epsom

Le sel d'Epsom est constitué de sulfate de magnésium, c'est donc un composé de soufre et de magnésium. Dilué dans un bain (à raison de 300 g dans un bain tempéré), il aide à éliminer les acides et, à ce titre est un allié de la récupération. Dans les mêmes conditions, il a également de grandes vertus anti-inflammatoires. Il soulagera notamment une entorse sans gravité et contribuera à résorber le gonflement.

Bains aux sels de bain Pro-Alcal

Ces sels du laboratoire Decola sont composés de dolomite et de sels d'une mer ancienne puisés à 1 500 m de profondeur. Ils sont extrêmement riches en magnésium et anti-acides. En bain chaud (2 cuillères à soupe) ou en bain de pieds (2 cuillères à café).

L'argile verte surfine

Les vertus de l'argile, et notamment de l'argile verte, sont stupéfiantes et étaient déjà largement connues et exploitées par nos ancêtres. Les animaux eux-même prennent parfois d'instinct des « bains » d'argile, en se roulant dans des boues qui en sont riches, pour soigner leurs blessures.

L'argile est extrêmement riche en minéraux et en oligo-éléments directement absorbables par la peau en application locale, ce qui permet une nutrition localisée très riche des tissus lésés. Elle a également de grandes vertus anti-inflammatoires, antalgiques (antidouleur) et favorise la reconstitutions des tissus. Elle peut même être utilisée sur des plaies pour son effet antiseptique et cicatrisant.

Quand l'utiliser ?

Dans tous les cas d'inflammation aiguë.

• *Inflammation d'une articulation consécutive à un choc* ou à un accident de type entorse.

L'application d'un cataplasme d'argile sur une articulation ayant subi une entorse permet par exemple de « drainer » l'hématome vers l'extérieur, et d'éviter ainsi qu'il ne reste prisonnier de l'articulation, ce qui facilite donc sa résorption et le processus de guérison global. L'argile apporte en outre directement en « local » de nombreux nutriments nécessaires à la reconstruction des tissus lésés.

- *Inflammation locale/douleurs chroniques* qui se résorbent difficilement.
- *Tendinite.*
- Mais aussi pour *favoriser la récupération des muscles ou articulations* particulièrement sollicités, en bain de pieds avant ou après les efforts, si des échauffements ou des douleurs à ce niveau sont fréquents.

Comment l'utiliser ?

Elle se présente en morceaux, en poudre fine ou en pâte déjà prête à l'emploi, très pratique.

- On l'applique en *cataplasme assez épais* (0,5 cm), qui doit être retiré dès que l'argile a séché. On peut prolonger la durée d'application en enveloppant la zone d'un film plastique (ou plus traditionnellement d'une feuille de chou). L'effet maximum est atteint au bout de 2 h. Le cataplasme peut néanmoins être appliqué toute une nuit, à condition qu'il ne sèche pas. L'application est à renouveler matin et soir en cas d'inflammation aiguë, jusqu'à résorption de l'inflammation. Application quotidienne (chaque nuit par exemple) pour les douleurs chroniques, jusqu'à amélioration.
- En *bain de pieds*, on diluera une petite quantité d'argile dans une bassine d'eau.

NB. L'argile n'est en aucun cas réutilisable. Dans les rares cas où l'application générerait des douleurs, il faut la stopper. À éviter, l'utilisation d'ustensiles en métal qui neutraliseraient beaucoup de ses principes actifs.

Témoignage de sportive

« Mon remède pour pieds légers : un bain avec du sel d'Epsom et des cataplasmes d'argile verte aux propriétés anti-inflammatoires. » *Hajiba Fahmy, danseuse, seule Française lors de trois tournées internationales de Beyoncé, article du magazine* Elle.

Les techniques manuelles

Les massages aux huiles essentielles

L'utilisation d'*huiles essentielles*, déjà évoquée notamment pour les techniques de récupération, est très bénéfique en massage local pour accompagner la guérison des blessures articulaires ou musculaires. Les huiles essentielles seront ajoutées à hauteur d'environ 20 % dans une huile végétale appropriée aux massages. Le Dr Ledoux [24] considère cependant que 15 % d'huile essentielle suffisent généralement (ce qui revient moins cher), et il préconise même de limiter à 7 % si la personne est particulièrement sensible ou présente un terrain allergique. En outre, dans les cas d'inflammation très aiguë (par exemple tendinite), il recommande quelques gouttes d'huile essentielle pure en application locale, sur une durée courte, à condition de vérifier que celle-ci n'est pas dermocaustique (irritante pour la peau), ce qui n'est pas le cas de celles citées ci-dessous.

• La *gaulthérie*, déjà citée, aux vertus anti-inflammatoires et antidouleurs très importantes, qui la rendent utile dans quasiment tous les types de blessures (contracture musculaire, crampes, élongation, tendinite, fracture, contusion, courbature…). Rappelons néanmoins qu'il s'agit d'une huile essentielle très riche en composés camphrés, à ne pas utiliser en continu mais en cas de nécessité.

Témoignage de sportif

« Dans la pratique du rugby, il n'est pas rare de s'entraîner avec des douleurs musculaires ou articulaires. Même si on s'y habitue, ce n'est jamais agréable et cela finit toujours par affecter nos performances. Pour ma part, j'ai souffert à une époque d'une fragilité aux chevilles, qui se traduisait par des petites entorses assez fréquentes, et l'huile essentielle de gaulthérie m'a beaucoup aidé à les soulager. En appliquant quelques gouttes mélangées à de l'huile d'arnica après l'entraînement, mes douleurs ne duraient que 2 ou 3 jours au lieu de persister pendant 1 semaine. Inutile de dire que cela faisait une grosse différence à la fin de la saison. » *Martin, 21 ans, ex-membre de l'équipe Espoir du FC Grenoble Rugby.*

- Le *bouleau blanc*, proche de la gaulthérie, pourra lui être préféré en application locale pure lorsque le sportif présente un terrain particulièrement acidifié (voir début du chapitre, p. 142-149).

- Le *romarin à camphre*, très anti-inflammatoire, fort utile pour les crampes, contractures, courbatures et blessures sportives en général.

- L'*eucalyptus citronné*, très anti-inflammatoire (élongation, tendinite…).

- Le *laurier noble*, antalgique (contracture, courbature…) qui possède en outre la dimension symbolique associée aux champions et à leur couronne de laurier !

- L'*hélichryse italienne*, déjà citée, pour ses vertus cicatrisantes et antihématomes très puissantes (élongation, tendinite, contusion, fracture…).

- La *menthe poivrée*, déjà citée, anti-inflammatoire et décongestive (tendinite, contusion…). Elle a également un effet local très rafraîchissant.

- L'*estragon*, anti-inflammatoire, antispasmodique (contractures, courbatures…).

- Le *romarin à camphre*, très anti-inflammatoire et utile pour les crampes, contractures, courbatures et blessures sportives en général.

Voir aussi « Les huiles essentielles », p. 134-135.

Bien choisir son huile végétale

L'huile végétale choisie pour diluer les huiles essentielles a son importance, même si celle que l'on a « sous la main » peut bien sûr faire l'affaire ponctuellement. Voici de bonnes huiles de massage.

- L'huile végétale de macadamia : elle augmente la pénétration des huiles essentielles.
- L'huile végétale de pépins de raisin : plus spécifique pour les articulations.
- Le macérat de millepertuis : anti-inflammatoire, utile en cas de douleur.
- L'huile végétale de calophylle inophyle : riche en composés apaisants doux, elle tonifie aussi la circulation sanguine.

La « Soft Tissue Mobilization »

Il s'agit d'un ensemble de techniques de mobilisation des fascias (« soft tissue ») dont l'un de spécialistes, professeur et praticien reconnu, est l'Américain Craig Kawaoka, cité plus haut. Ces techniques traitent la structure squelettique et ostéo-articulaire dans son ensemble, considérant que les muscles ont le rôle de haubans comparables à ceux d'un voilier de grande envergure et que tout déséquilibre de fonctionnement des muscles entraîne un déséquilibre potentiel dans le fonctionnement des articulations ou dans la posture globale.

Ces techniques utilisent le massage passif ou actif (c'est-à-dire accompagné de mouvements du membre concerné) des fascias entourant chaque muscle, avec l'aide éventuelle d'instruments spécifiques pour obtenir notamment les bénéfices suivants :

- *Réduction des adhérences fascias/muscles* consécutives à des traumas, mauvaises postures, activité sportive intensive, etc. et qui peuvent limiter le fonctionnement optimal du muscle, ou provoquer à distance des tensions au niveau des articulations ou du squelette.

- *Augmentation du flux sanguin* sur la zone concernée.

- *Augmentation de l'activité des cellules* sur la zone.

• *Facilitation des variations de tonus musculaire* de la zone concernée.

Cette technique peut donc être particulièrement intéressante dans la phase de récupération de blessure post-inflammatoire, pour éviter qu'une douleur résiduelle ne devienne chronique, mais aussi en cas de douleurs devenues chroniques.

L'ostéopathie

Cette technique manuelle, désormais reconnue officiellement en France et pratiquée par un spécialiste dûment formé, peut également interagir avec les différents fascias du corps (pas uniquement musculaires). Elle a pour objectif de rétablir les équilibres de la « structure », qui peuvent avoir été déstabilisés par des chocs, des chutes ou des tensions musculaires permanentes.

L'ostéopathe pourra parfois faire « craquer » os et articulations qui paraissent déplacés. L'idéal est cependant l'approche plus douce, notamment sacro-crâniale, qui induit des autocorrections du corps à partir de massages doux et précis au niveau du crâne ou du sacrum, ce qui évite des manipulations brusques qui, outre leur côté un peu traumatisant, sont imposées au corps et sont donc probablement moins pérennes que les autocorrections.

La fasciathérapie

Cette méthode a été développée en France par Danis Bois, kinésithérapeute et ostéopathe, et est reconnue comme particulièrement intéressante pour les sportifs [11]. Elle consiste à effectuer des mouvements lents, précis et rigoureux sur différentes parties du corps, avec une pression plus ou moins intense et profonde.

Déjà évoqués plus haut à propos des muscles, les fascias sont en quelque sorte les « enveloppes » ou fines membranes qui entourent non seulement chaque muscle, mais aussi chacune des parties du corps (organe, os, etc.). Ces enveloppes étant toutes connectées entre elles, elles créent un lien et une interdépendance entre toutes les parties du corps. De plus, ces fascias sont extrêmement sensibles aux agressions de toutes sortes, qu'elle soient traumatiques (coup, chute, mouvements répétitifs...), physiologiques (état du terrain, données biochimiques) ou même psychologiques (rétraction réflexe instinctive). Il est donc aisé d'imaginer un impact local ou à distance d'une perturbation de ce genre chez le sportif, créant des douleurs chroniques par exemple.

En outre, l'ensemble des fascias sont en permanence en léger mouvement et participent de ce fait au mouvement constant d'adaptation du corps à son environnement. De la bonne santé et fluidité des fascias dépendent donc aussi la vitalité globale et la santé générale de l'athlète.

Enfin, comme l'affirme Philippe Rosier, kinésithérapeute et fasciathérapeute belge intervenant auprès de nombreux sportifs de haut niveau (comme l'équipe nationale belge de tennis féminin ou des joueurs de football de 1re division), les fascias créent également un lien somato-psychique, autrement dit le relâchement des fascias induit un relâchement psychologique. Philippe Rosier estime que la fasciathérapie a un impact très important sur la récupération physique, mais aussi psychique du sportif, induisant même un regain de disposition et de motivation.

En résumé, la fasciathérapie sera utile pour le sportif dans le cadre de la récupération d'une blessure et de douleurs chroniques, mais aussi pour restaurer de la souplesse et favoriser la récupération physique et psychique, ainsi que pour renforcer sa vitalité globale et sa motivation.

Témoignage : la fasciathérapie

Philippe Rosier évoque notamment sur le site www.cerap.org une étude effectuée par Christian Courraud [11] auprès de 50 joueurs de football de 1re division ayant bénéficié chacun de 3 séances de fasciathérapie. 80 % d'entre eux évoquent une amélioration des blessures et 35 % souhaitaient poursuivre les séances au-delà de la récupération de la blessure, pour leurs effets bénéfiques sur l'adaptabilité physique, la souplesse, la fluidité, la vitalité globale ou encore le feeling général, la concentration, la motivation, la gestion du stress, la confiance, etc.

Les techniques réflexes

L'auriculothérapie et la réflexologie plantaire sont deux techniques réflexes, c'est-à-dire qu'en exerçant des pressions sur des zones spécifiques du pied (réflexologie plantaire) ou de l'oreille (auriculothérapie), on obtient par réflexe une harmonisation de la zone concernée, à distance.

En effet, le corps et ses organes sont « cartographiés » intégralement sur la plante du pied et dans le pavillon auriculaire, ce qui permet d'avoir accès à distance à chaque zone, qu'elle soit interne (organes) ou structurelle (vertèbres, articulations). Ces techniques sont une aide précieuse pour soulager des douleurs aiguës ou chroniques. Elles sont pratiquées par des thérapeutes spécifiquement formés.

Autres techniques

L'acupuncture

Il s'agit d'une technique de la médecine chinoise dont la pratique en France est réservée au corps médical dès lors que des aiguilles sont utilisées. Néanmoins, un thérapeute diplômé de Médecine traditionnelle chinoise (MTC) peut pratiquer l'acupuncture, sous réserve d'utiliser d'autres instruments que les aiguilles (« stylo »). Elle consiste en l'application d'aiguilles sur les méridiens d'acupuncture, induisant le déblocage ou l'harmonisation des énergies entres les différents organes. Cette technique peut être intéressante pour s'assurer d'une bonne circulation des énergies et des flux sanguins pendant la période de récupération de blessure.

La magnétothérapie

Cette technique consiste en l'utilisation d'aimants appliqués sur la peau au niveau de la zone lésée. Les champs électromagnétiques ainsi créés stimulent la circulation sanguine et l'activité des cellules. Ils favorisent une meilleure oxygénation et irrigation des tissus lésés, favorisant leur réparation. Ses effets sont aussi antalgiques (aimant appliqué sur sa face « sud ») et anti-inflammatoires (aimant appliqué sur sa face « nord »). Cette technique est encore plus puissante si les aimants sont appliqués sur les méridiens d'acupuncture. La magnétothérapie est particulièrement utile pour favoriser la guérison des tendinites et des contractures. Elle soulage les courbatures et favorise la récupération et la relaxation. Elle est pratiquée par des thérapeutes spécifiquement formés, dont certains sont naturopathes.

Le magnétisme

Il s'agit d'une technique énergétique très ancienne, qui permet au magnétiseur d'utiliser l'énergie/le magnétisme humain pour faciliter la guérison. Il utilise ses mains, qu'il pose sur la zone à traiter ou maintient simplement à quelques centimètres. Cette méthode est réputée très efficace et est utilisée notamment par certains athlètes de haut niveau. Le joueur de football du PSG, Hatem Ben Arfa, affirme qu'il doit à cette technique une saison complète sans blessure. Elle reste néanmoins peu divulguée car elle suscite la méfiance et est souvent associée à une image de charlatanisme, qui est pourtant très éloignée de la réalité de beaucoup des thérapeutes qui la pratiquent.

Les compléments, les plantes et l'homéopathie

• Outre les plantes, nutriments et compléments spécifiques des muscles, articulations et os évoqués plus haut, certains éléments sont spécifiquement bénéfiques pour cette période, facilitant une bonne cicatrisation des tissus. On peut citer la *vitamine C* et la *vitamine B9*, à privilégier *via* l'alimentation d'abord, et ponctuellement en complémentation si nécessaire.

• Certaines plantes sont également aptes à soutenir le processus de cicatrisation, comme l'*achillée millefeuille*, efficace dans la récupération des traumatismes, ainsi que la *prêle* et l'*ortie*, très riches en silice, dont le corps a grandement besoin pour la reconstruction des tissus lésés. Le complément Roy-Eau Cic de La Royale réunit ces trois plantes sous forme d'ampoules (s'il ne fallait choisir qu'une seule de ces plantes, ce serait l'ortie).

• Autre plante très anti-inflammatoire, le *boswelia serrata*, qui augmente en outre la circulation sanguine dans les articulations enflammées, lesquelles se trouvent ainsi mieux nourries et drainées, pour une bonne réparation.

• Le *complément N7* de Solgar promet une amélioration en sept jours des douleurs de nature plutôt chronique. Il contient boswelia, vitamine C, curcuma (et un peu de pipérine), gingembre et collagène UCII.

• L'*arnica*, très efficace, en remède homéopathique ou en application locale : cette plante vise à la récupération des chocs et évite les hématomes trop importants.

À titre d'exemple, voici le protocole habituel que propose le Dr Ledoux [24] pour les entorses : *Ruta* 4CH, *Bryonia* 4CH, *Hamamelis* 3CH, *Arnica* 4CH, à raison de 3 granules de chaque 4 fois par jour. Ou 10 granules de chaque dans 1 l d'eau peu minéralisée, à boire dans la journée. On peut aisément ajouter dans la bouteille des oligo-éléments (par exemple du cuivre) et des plantes adaptées comme une ampoule de « Roy-Eau Cic » citée plus haut.

Témoignages de sportifs

• « Au début de ma pratique du judo, je me blessais fréquemment, j'avais surtout des tendinites, deux ou trois fois par an. J'ai fait un traitement de fond en homéopathie, j'avais aussi ma petite trousse homéo, des remèdes avant compétition. Je n'ai quasiment plus jamais eu de tendinite ensuite. » *Natacha, ex-judoka membre du pôle France, parmi les 20 meilleures Françaises.*

• « En cas de blessure, je prends des vitamines, j'utilise les bienfaits cicatrisants et antidouleur de l'argile verte pour soigner mes déchirures musculaires, et ceux de la prêle, une plante réputée pour ses propriétés reminéralisantes, pour me remettre plus vite de mes fractures. » *François Trinh-Duc, demi d'ouverture du RC Toulon, 6 sélections en équipe de France, in* Cultures bio, *n° 96, novembre-décembre 2017.*

Autres pistes

• La prolothérapie, couramment pratiquée aux États-Unis, s'installe progressivement en France. C'est une méthode naturelle consistant à redéclencher *via* une aiguille le processus d'inflammation et d'autoguérison naturelle qui en découle. Hippocrate l'utilisait déjà pour les lanceurs de javelots qui se disloquaient l'épaule (pour en savoir plus, voir p. 236).

– La méthode TRE, pour *Tension and Trauma Releasing Exercices* (5) est à l'origine pratiquée auprès de personnes ayant subi des traumatismes importants sur les zones de guerre. C'est une méthode extrêmement simple, s'appuyant sur le pouvoir thérapeutique de tremblements induits. Elle pourra intéresser les sports à fort impact comme le rugby (pour en savoir plus, voir p. 237). Cette méthode est au carrefour des méthodes utiles pour soigner aussi bien des blessures physiques que morales. Elle constitue donc une bonne transition vers le dernier chapitre, qui évoque le rôle très important que jouent pour le sportif les aspects mental et émotionnel.

Chapitre 4

OPTIMISER LE MENTAL ET LES ÉMOTIONS

Comme nous l'évoquions en introduction de cet ouvrage, la naturopathie aborde l'individu dans sa globalité : dimensions physique, mentale, émotionnelle, environnementale, voire spirituelle. Nous avons abordé jusqu'ici avant tout la dimension physique, physiologique du sportif. Nous aborderons ici les autres dimensions, principalement mentale et émotionnelle. Ces aspects ne peuvent pas être ignorés dans la recherche de l'optimisation des performances.

Apprendre de ses blessures

L'avènement d'une blessure importante, ainsi que le temps de récupération et le changement de rythme qui l'accompagnent, peuvent aussi avoir leur côté positif pour la suite... Nous voyons cela dans les pages qui suivent.

La blessure : une opportunité, une défense, une alarme

« Quand tu souffres d'une blessure, tu te fais des films dans ta tête. Ce sont des périodes dans la vie où tu apprends beaucoup de choses et où tu travailles beaucoup plus, parce que tu ne peux pas quitter la maison (...). Tu commences à te dire "je dois travailler comme ça pour ne plus me blesser à nouveau, je vais me coucher tôt, je vais améliorer mon alimentation". » *Marcelo (Real Madrid), sur la blessure de Neymar, mars 2018.*

Une opportunité

La période de récupération d'une blessure, vécue comme un fâcheux contretemps, peut néanmoins offrir une, voire plusieurs opportunités pour le sportif.

• L'*opportunité de prendre le temps*, qui lui manque souvent, pour travailler son mental et tous les aspects émotionnels qui peuvent l'aider à améliorer encore ses performances.

• L'*opportunité de s'interroger sur l'origine de cette blessure*, qui peut être la conséquence de une ou plusieurs des causes suivantes :

– surentraînement ;

– alimentation et/ou hygiène de vie mal adaptées ;

– défense « physiologique » ;

– somatisation, « alarme » ;

– expression d'un malaise précis.

Le point concernant le surentraînement est de la responsabilité de l'entraîneur et des préparateurs physiques qui doivent veiller à ne pas pousser trop loin les organismes et détecter les indices de surentraînement.

Nous avons déjà largement évoqué dans les chapitres précédents les points concernant l'alimentation et l'hygiène de vie, ainsi que leurs conséquences éventuelles sur les risques de blessures. Les deux points suivants sont notamment mentionnés par Richard Ouvrard, de l'INSEP (voir encadré ci-c ontre) qui estime qu'il ne faut jamais sous-estimer le lien corps et esprit, et qu'il faut notamment s'en préoccuper lors de blessures chroniques et à répétition.

Le sportif, partie prenante de plusieurs « systèmes »

Richard Ouvrard, formateur des entraîneurs et accompagnateur d'entraîneurs au sein de l'INSEP, insiste sur la nécessité d'une approche globale des relations humaines entourant le sportif, chacune d'elles pouvant avoir un impact sur lui et donc sur ses performances. En effet, différents « systèmes » sont en jeu dans la vie de l'athlète et peuvent l'influencer en profondeur : l'entourage sportif, l'entourage familial, l'entourage professionnel, l'entourage amical, l'entourage scolaire...

Le fait que le sportif se sente plus ou moins à l'aise et à sa place dans chacun de ces « systèmes », le contenu de ce que chaque environnement lui apporte et les interactions éventuelles entre eux auront une influence parfois déterminante sur ses résultats, son état de forme global, voire sur le risque de blessure.

Richard Ouvrard mentionne en outre quatre types d'intervenants auprès des sportifs, susceptibles de les aider sur la préparation mentale ou la gestion des émotions :

• *Le psychologue*, qui utilise parmi les nombreuses méthodes de psychothérapie celle qui lui paraît la plus adaptée à la problématique du sportif (voir p. 198-200).

• *Le préparateur mental*, qui utilise en général des techniques à effet plus immédiat – préparation d'une compétition etc. (voir p. 200-203).

• *L'entraîneur*, qui peut notamment intégrer dans son coaching les techniques de préparation mentale.

• *L'accompagnateur d'entraîneur*, qui donne à l'entraîneur des outils dans sa gestion humaine d'une équipe dans sa globalité, ou de chaque sportif individuellement.

Une défense

La blessure peut être un système de défense biologique, signe que le corps ne peut aller plus loin, que l'effort ne lui correspond pas ou qu'il ne veut pas aller plus loin. Une manière de dire « Stop » lorsque l'on ne peut ou lorsque l'on n'ose pas le verbaliser autrement.

Une alarme

Les blessures peuvent aussi jouer un rôle d'alarme et doivent alors déclencher un accompagnement global : alimentation et hygiène de vie, mais aussi relations humaines, vision de soi-même, vision de sa relation avec son sport. Le travail humain, mental, émotionnel sera donc d'autant plus important à réaliser s'il n'y a pas d'erreur importante au niveau alimentaire, si l'hygiène de vie correspond globalement à celle attendue d'un sportif de haut niveau et si la physiologie globale ne semble pas être en surchauffe (voir ci-dessus, blessure en tant que défense).

Il s'agira de rechercher si le corps exprime au travers de la blessure un malaise du sportif par rapport à lui-même ou à son environnement, des blocages au niveau mental ou des parasitages émotionnels.

La signification des blessures

Il existe plusieurs théories d'interprétation symbolique des blessures et maladies [6 ; 16 ; 25]. Il s'agit d'analyser de manière symbolique ce que signifie, c'est-à-dire ce qu'exprime une blessure ou une maladie. Cette approche part du principe que « ce qui ne s'exprime pas, s'imprime ». Les non-dits, les malaises que l'on n'ose pas ou que l'on n'arrive pas à exprimer doivent trouver une manière de s'exprimer par le corps. Cette analyse a d'autant plus d'intérêt dans le cas de blessures chroniques ou répétitives.

Il peut être intéressant de « lire » la blessure à la lumière de cette interprétation symbolique, d'observer si cette interprétation résonne ou non dans le vécu du sportif, pour donner une piste d'analyse et d'accompagnement. En effet, prendre conscience d'éléments jusque-là peu pris en compte est déjà une manière de « désactiver » leur influence néfaste.

Les vertus de l'écriture

Exprimer autrement que par les blessures, en écrivant pour soi par exemple, peut être une manière de « faire sortir » les ressentis pénalisants, en évitant de passer « maladroitement » par le corps. Une fois les émotions négatives reconnues, acceptées et évacuées, le corps aura peut-être moins besoin de se manifester.

Quelques exemples

• Une entorse peut signifier que la personne se sent obligée d'aller dans une direction contraire à ce qu'elle voudrait vraiment et ne sait pas dire non. Ou elle a peur de faire une « entorse » au règlement ou a peur de ne pas faire ce qu'on attend d'elle.
• Les douleurs d'épaule peuvent renvoyer à la notion de « ce que l'on porte » (joies, peines, responsabilités, insécurité...). Ou au fait de vivre une situation dont on ne veut plus, le manque de confiance nous empêchant de passer à autre chose.
• Les douleurs de genou peuvent renvoyer à la notion de refus de se « plier » à l'autorité, aux obligations...

La gestion du stress et des émotions

L'investissement personnel très important des sportifs de haut niveau, les choix drastiques qu'ils ont souvent à faire pour se consacrer à leur sport, les attentes dont ils sont souvent dépositaires, de par leur environnement sportif, familial ou autre, expliquent amplement qu'ils peuvent être sujets à des émotions ou à un stress importants, parfois pénalisants.

La sensibilité de chacun au stress et aux émotions est très variable et les stratégies mises en place pour les neutraliser ou les rendre positives tout aussi variées ! Nous évoquons ici quelques approches typiquement naturopathiques de gestion du stress et des émotions. Certaines seront adaptées en phase de préparation ou dans les moments qui précèdent la compétition. D'autres seront plus propices à la phase de récupération post-entraînement ou post-compétition, car trop relaxantes pour être utilisées lors de la préparation de la compétition, qui doit aussi être la préparation à l'action !

Rappelons que le stress n'est pas négatif en soi. Il est au contraire essentiel dans certaines situations, notamment en compétition, car il rend l'ensemble de la physiologie plus efficace. Il devient en revanche nuisible s'il inhibe l'action ou s'il devient permanent au lieu d'être uniquement un pic qui redescend automatiquement une fois terminée la situation qui l'a engendré (en l'occurrence la compétition).

De même, *les émotions peuvent avoir un impact positif ou négatif*, selon la nature de l'émotion et du moment auquel elle intervient. Il ne s'agit pas de les rejeter, mais d'apprendre à les amadouer ou à les comprendre.

Les méthodes d'évaluation du stress et de l'anxiété

Outre l'auto-observation ou les observations de l'entourage concernant les fluctuations du niveau de stress du sportif, il peut être utile d'avoir recours à une évaluation plus objective, à intervalles réguliers.

Durant leur Grand Chelem Marathon [(23)], Frédérique Laurent et son compagnon ont utilisé 2 tests d'évaluation couramment utilisés par les sportifs pour évaluer le niveau de stress et d'anxiété. Il s'agissait pour eux d'observer l'évolution de ces facteurs avant et après chaque épreuve pour évaluer l'impact, suffisant ou non, de leurs stratégies de préparation et de récupération. Plus que les résultats isolés du test, c'est en effet l'évolution individuelle des résultats qu'il est intéressant d'analyser, afin de percevoir si le sportif a besoin d'aménager ou de compléter sa stratégie d'accompagnement.

Les tests qu'ils ont utilisés sont les suivants :

• *Le test POMS (Profile of Mood State)*, qui permet d'évaluer l'état d'anxiété et de dépression d'une personne selon différents critères – colère, confusion, fatigue, vigueur, relations interpersonnelles… Ce test est expliqué et disponible (en anglais) sur le site d'un coach sportif anglais : https://www.brianmac.co.uk/poms.htm.

• *Le test STAI (State-Trait Anxiety Inventory)* est l'un des test d'auto-évaluation de l'anxiété les plus utilisés. Il permet de comparer l'anxiété du moment à l'anxiété « habituelle », et donc de mesurer par exemple l'impact d'une méthode de gestion du stress ou de l'anxiété. Ce test est expliqué et disponible (en français) à l'adresse suivante :

https://www.envsn.sports.gouv.fr/images/recherche-expertise/prepa_mentale/tests/presentation-test-spielberger.pdf

Les techniques respiratoires

La respiration est la seule fonction physiologique vitale et automatique sur laquelle nous pouvons avoir un certain contrôle conscient : nous pouvons volontairement accélérer ou ralentir son rythme, l'arrêter momentanément, la rendre plus ou moins profonde, faire contribuer ou non certaines parties du corps… Dans une certaine limite cependant, car la volonté de retenir notre respiration trop longtemps sera finalement vaincue par l'instinct de survie qui nous obligera à prendre une grande inspiration.

La respiration ayant elle-même un impact sur l'ensemble des fonctionnements physiologiques (le rythme cardiaque notamment), le fait de pouvoir « prendre le contrôle » ou en tout cas de modifier certains aspects de notre respiration nous permet d'influencer ces aspects physiologiques, ce qui est un avantage considérable.

La respiration alternée

Il s'agit de la respiration pratiquée notamment par les yogis, en respirant alternativement par une narine puis l'autre (voir p. 240). Elle permet d'harmoniser le cerveau droit et le cerveau gauche (pour apaiser les émotions par exemple) et d'équilibrer les fonctions ortho- et parasympathiques (c'est-à-dire les fonctions d'action et de récupération), pour quelqu'un qui serait constamment en mode « action et stress » et ne parviendrait pas à basculer en mode « récupération ».

Frédérique Laurent [23] mentionne son utilisation, notamment lors de la préparation du marathon dans les montagnes du Jura en plein hiver, pour rester centrée sur son objectif.

Enquête sur le stress menée auprès de joueurs de rugby

Une enquête réalisée en 2016 auprès de 18 jeunes joueurs de rugby (18-21 ans) de l'équipe Espoir d'un club du Top 14 apporte quelques éléments concrets, spontanés et intuitifs, sur le rapport au stress de ces jeunes qui n'ont, en principe, pas encore bénéficié d'accompagnement spécifique sur le sujet.

À la question : « Êtes-vous sujet au stress dans la pratique du rugby ? » :

16 répondent Oui (89 %) - 2 répondent Non (11 %).

Le stress existe indéniablement, notamment à l'approche des matchs en compétition.

À la question : « Estimez-vous que ce stress peut parfois pénaliser vos performances ? »

11 répondent Non (61 %) - 6 répondent Parfois ou sont plus évasifs (33 %) - 1 répond Oui (5 %)

Le stress qui existe pour une grande majorité semble ne pénaliser que parfois et seulement la moitié de ceux qui le ressentent. Ce qui n'est néanmoins pas négligeable.

À la question « Essayez vous de contrôler le stress ? »

14 répondent Oui (78 %) - 4 répondent Non (22 %)

Il semblerait que 14 des 16 joueurs ressentant un stress à l'approche des matchs éprouvent le besoin de le contrôler d'une manière ou d'une autre. Ils y réussissent plutôt bien car ils estiment majoritairement ne pas être pénalisés dans leurs performances. Nous évoquerons plus bas la liste de leurs « trucs » personnels, où figure notamment la volonté de transformer ce stress en « stress positif ».

Cet exemple nous confirme que le stress est une composante de la vie du sportif et que parvenir à en faire un atout plutôt qu'un handicap est essentiel.

La respiration ventrale

C'est une respiration de récupération et de détente, qui focalise l'attention sur le mouvement du ventre, qui se gonfle et se dégonfle au détriment du mouvement thoracique (voir p. 241).

Elle peut être pratiquée pendant la phase de récupération post-entraînement ou post-compétition, pour faire basculer plus rapidement la physiologie en mode parasympathique, c'est-à-dire en mode récupération, et éviter de rester trop longtemps en mode « action et stress » qui est celui dans lequel le sportif doit se trouver pour être efficace en particulier en compétition.

Elle favorise aussi une bonne digestion et un bon retour veineux. C'est également une excellente manière de favoriser le sommeil (voir p. 138).

La cohérence cardiaque

Cette méthode a été mise au point en Californie dans les années 1990, au Heartmath Institute. En France, c'est le Dr David Servan Schreiber [27] qui l'a fait connaître. Cette méthode est basée sur le rythme de la respiration : il s'agit d'effectuer exactement 6 cycles complets de respiration (6 inspirations et 6 expirations) par minute, pendant 5 minutes, idéalement trois fois dans la journée. Chaque inspiration ou expiration dure donc 5 secondes. De nombreuses vidéos sont disponibles sur Internet, elles donnent le bon rythme et permettent des visualisations à l'inspiration et à l'expiration. La méthode, apparemment simplissime, a en réalité un grand impact sur la régulation du stress. Elle aide également à améliorer la prise de décision et améliore l'intuition, ce qui peut également représenter un atout mental fort utile pour le sportif en compétition.

Il a été démontré que la cohérence cardiaque a un impact direct sur la fréquence cardiaque qu'elle harmonise en profondeur, ce qui ne peut être que bénéfique dans tout sport impliquant un effort cardiaque important.

L'influence du rythme et de la fréquence cardiaque sur le cerveau est à son tour très importante ; elle a donc un impact direct sur les capacités du cerveau et notamment sur son niveau de stress.

Les techniques de relaxation

Comme nous l'avons déjà évoqué, il est très important pour le sportif d'être capable de se détendre profondément, notamment en phase de récupération, mais aussi dans les phases de préparation, s'il sent que son niveau de stress à la perspective des enjeux est trop élevé et risque de devenir pénalisant.

La relaxation différentielle de Jacobson

Il s'agit d'une méthode de relaxation guidée par un thérapeute spécifiquement formé (certains naturopathes le sont) et qu'il est aussi possible de pratiquer seul lorsqu'on l'a faite plusieurs fois avec un thérapeute. Le thérapeute guide la personne pour l'inciter à contracter de manière isolée, et à des degrés d'intensité différents de nombreux muscles du corps. Cette méthode induit une relaxation générale profonde ainsi que celle des muscles concernés. Elle aide notamment à prendre conscience des micro-contractions qui persistent de manière involontaire et inconsciente, mais qui peuvent provoquer des douleurs, générer une fatigue musculaire inutile, et empêcher une détente et une récupération complètes (c'est pourquoi nous l'avons déjà évoquée au chapitre 3, p. 170).

Elle est particulièrement utile pour les personnes effectuant des mouvements répétitifs de certaines parties du corps, ce qui est souvent le cas des sportifs lors de l'entraînement. On peut alors adapter le protocole pour le renforcer sur les muscles spécifiques concernés.

Le training autogène de Schultz

Il s'agit également d'une méthode guidée par un thérapeute spécifiquement formé, et qu'il est possible de pratiquer seul par la suite. Le thérapeute guide la personne pour l'inciter à visualiser et à ressentir des sensations spécifiques sur chaque partie du corps. Cette méthode induit une relaxation profonde à la fois des muscles striés (ceux que l'on contracte volontairement) et des muscles lisses (qui se contractent de manière autonome pour réaliser les fonctions physiologiques involontaires). Par conséquent, elle induit une relaxation générale profonde.

La sieste

Déjà évoquée dans le cadre de la récupération (p. 137), la sieste a de grandes vertus de détente et a l'avantage de se pratiquer très facilement.

La relaxation « express »

Les méthodes personnelles citées par les joueurs de rugby de l'enquête citée plus haut peuvent être une source d'inspiration pour créer sa propre méthode « express » pré-compétition : « En pensant à autre chose de rassurant », « En essayant de penser à autre chose que le match », « Je me rassure, j'essaie d'être content », « J'essaie de me détendre en marchant et en écoutant de la musique », « En pensant à des choses positives, à des choses que je sais faire », « Concentration, se remémorer des moments positifs, s'isoler », « En pensant au passé et au parcours qu'on a réalisé depuis qu'on joue au rugby », « En respirant profondément et en relativisant l'enjeu du match », « Avec la respiration ou la musique », « Je me fixe sur mes objectifs ou je pense à ma famille ». Certains indiquent aussi : « En m'entraînant beaucoup pour avoir plus de confiance en moi » ou « avec des huiles essentielles » (que nous évoquons ci-après). D'autres résument l'objectif : « Transformer en bon stress nourrissant pour les matchs », « Cela devient un stress positif ».

Les plantes et compléments éventuels

Les huiles essentielles

Nous avons déjà évoqué dans la partie consacrée à la récupération (p. 134-135) tout l'intérêt des huiles essentielles. Elles peuvent être utiles en cas de stress important, pour apaiser les tensions.

Leur utilisation en diffusion est la plus adaptée dans ce cas, voire en olfactothérapie, c'est-à-dire en respirant directement une huile essentielle apaisante que l'on apprécie particulièrement, et dont le choix est tout à fait personnel.

Les fleurs de Bach

Les fleurs de Bach sont des élixirs floraux mis au point par le Dr Bach, médecin et homéopathe anglais, et qui correspondent aux 38 états émotionnels ou états d'âme humains qu'il a recensés. Chaque état d'âme a son côté positif, mais peut aussi avoir son côté négatif, qui parasite alors l'action ou les ressentis et empêche l'individu d'être pleinement lui-même et d'exprimer tout son potentiel. Ces états d'âme sont variables d'une période à l'autre, voire d'un moment à l'autre. Certains sont plus profonds et caractéristiques de la personnalité intrinsèque de l'individu.

La méthode consiste donc à identifier le ou les états d'âme pénalisants, à l'instant t, et de prendre l'élixir correspondant sur une période plus ou moins longue, pour rééquilibrer l'état d'âme correspondant et laisser libre cours à son versant positif (voir p. 238-239 pour plus de détails). La sélection des élixirs peut être faite par la personne elle-même ou avec l'aide d'un thérapeute spécialisé. La kinésiologie (déjà mentionnée pour la détection des intolérances) peut aussi être utilisée.

Prendre conscience de ses propres émotions, les observer, être à leur écoute, est déjà un premier pas essentiel pour éviter qu'elles nous téléguident à notre insu, en particulier dans les moments de forte tension. Avoir recours aux fleurs de Bach correspondantes permet d'aller plus loin dans l'harmonisation des émotions négatives et peut même susciter un développement personnel important, facilitant l'expression du potentiel de la personne.

Quelques fleurs de Bach utiles au sportif

- *Larch* (mélèze) pour la confiance en soi ;
- *Mimulus* (mimule) pour contrer la peur de quelque chose de précis ;
- *Gentian* (gentiane) pour contrer le sentiment de découragement ;
- *Scleranthus* (scléranthe) pour contrer la difficulté de choisir entre 2 options ;
- *Olive* (olivier) pour contrer l'épuisement mental et physique ;
- *Willow* (saule) pour contrer le sentiment d'être victime d'une injustice ;
- Enfin le complexe *Rescue*, le plus connu parmi les fleurs de Bach, est un mélange de plusieurs élixirs, très utile et efficace pour éviter de « perdre ses moyens » à la perspective d'une échéance importante ou pour récupérer et reprendre ses esprits après un choc important, physique ou émotionnel.

Les plantes adaptogènes

Il s'agit de plantes reconnues pour leur capacité à faciliter l'adaptation de l'organisme dans son ensemble à des situations de stress mental ou physique importants. Citons notamment :

• *L'éleuthérocoque* : cette plante est réputée pour faciliter la résistance au stress et améliorer les performances mentales et sportives. Elle serait particulièrement adaptée pendant l'hiver.

• *Le ginseng (ou Panax Ginseng)* : cette plante est réputée pour favoriser l'équilibre physique, intellectuel et émotionnel. Elle contribue à diminuer le stress et à augmenter l'énergie (et la libido).

Les micronutriments

Les micronutriments à privilégier pour gérer le stress sont en particulier *le magnésium, la vitamine B* et *les oméga-3*, car ce sont de grands nutriments du système nerveux. Nous avons déjà évoqué ces micronutriments utiles également pour d'autres fonctionnements physiologiques (voir p. 28-36 et tableau p. 222-223).

La gestion du mental

« Avoir un mental d'acier », avoir gagné « au mental », « C'est dans la tête », Le « fighting spirit » bien connu des Anglais.... Ou au contraire la fameuse « peur de gagner »... Les commentaires sportifs sont nombreux à prendre en compte la dimension du mental dans la performance sportive. Les discours d'avant-match des sports d'équipe (de l'entraîneur, du capitaine) sont reconnus comme très importants pour conditionner mentalement à la victoire et au dépassement de soi. Nous allons évoquer quelques méthodes de préparation mentale des sportifs de haut niveau.

Jean-Jacques Mennet, médecin du sport et auteur du site medecinedusportconseils.com estime qu'un tiers des athlètes américains participant aux Jeux olympiques bénéficient d'une préparation mentale. Sharon Miller, championne olympique de gymnastique explique : « Aux JO, tout le monde est talentueux, tout le monde s'entraîne dur, tout le monde travaille. Ce qui fait la différence entre un médaillé d'or et un médaillé d'argent, c'est simplement l'aspect mental. » Et le mental se travaille et s'entraîne, tout comme l'aspect physique. Bruce Jenner, décathlonien plusieurs fois médaillé aux JO le confirme : « Le tout est d'entraîner son esprit comme on entraîne son corps. »

Les composantes d'un bon mental pour le sportif

Nous avons évoqué plus haut les composantes émotionnelles. Le mental concerne plus directement les capacités ou aptitudes intellectuelles permettant de mener à bien certaines actions. Avoir un bon mental pour le sportif consiste à pouvoir compter sur des attitudes psychologiques propices à la réalisation des meilleures performances possibles. Elles peuvent varier d'un sport à l'autre, certaines prenant plus d'importance que d'autres. On peut citer :

- *la persévérance ;*
- *la combativité ;*
- *la solidité intérieure ;*
- *l'intuition ;*
- *la capacité d'analyse et de décision ;*
- *la rapidité de réaction ;*
- *la capacité de concentration.*

Les capacités mentales nécessaires au sportif peuvent se résumer de la façon suivante :

- *la force mentale* (motivation, combativité) ,
- *l'endurance mentale* (persévérance) ;
- *l'agilité mentale* (flexibilité, rapidité de réaction, intuition) ;
- *la résistance mentale* (résistance au stress, concentration, solidité).

À l'inverse, certaines croyances mentales, souvent inconscientes, peuvent être parfois extrêmement limitatives au moment le plus crucial, celui de gagner ou de réussir ce pour quoi le sportif s'est entraîné depuis des mois : la fameuse « peur de gagner » qui empêche le sportif de réussir, de manière inexplicable. Ces *croyances limitantes* peuvent être le fruit de l'éducation, des expériences, voire des transmissions transgénérationnelles. De nombreuses méthodes existent pour conditionner au mieux le mental du sportif. Les différents interlocuteurs du sportif (cités plus haut) pourront lui proposer des approches éventuellement complémentaires entre elles.

Témoignage de sportif

« J'ai eu la chance de jouer au rugby dans l'équipe Espoir (meilleur niveau jeune français) d'un club professionnel de Top 14 pendant deux ans. C'est un environnement très compétitif et sélectif, qui est en quelque sorte la dernière étape avant d'atteindre le niveau professionnel et où tout se joue sur des détails. En ce qui me concerne, j'ai arrêté le rugby sans pouvoir atteindre ce niveau. Quand j'y repense aujourd'hui (...), je réalise que je ne manquais pas de qualités techniques ou physiques mais de solidité mentale. Pendant deux ans, j'ai subi de nombreuses blessures et cela m'a fait perdre beaucoup de confiance en moi et me frustrait énormément. Dans ces circonstances, un coaching mental m'aurait été d'une grande aide. Ne faisant pas partie de l'effectif professionnel, je n'y avais pas accès au sein du club et je regrette de ne pas avoir eu la lucidité de chercher à l'extérieur. »

Martin, 21 ans, ex-membre de l'équipe Espoir du FC Grenoble Rugby.

Les approches du psychologue

Avoir recours à un psychologue pour optimiser les performances ne signifie pas que le sportif a des « problèmes psychologiques » à régler. Il s'agit simplement d'optimiser les dispositions mentales et psychologiques dans l'objectif d'optimiser les performances.

Comme l'explique Richard Ouvrard de l'INSEP (voir aussi p. 184-185), le psychologue peut réaliser avec le sportif un travail à moyen ou long terme basé sur différentes techniques ou approches thérapeutiques. Il mentionne notamment l'intérêt des techniques s'inscrivant dans l'approche dite humaniste c'est-à-dire, comme le résume bien le site www.psychologies.com, qui partent du principe « qu'il existe en chacun une dynamique naturelle, une capacité de créativité renouvelée, qui agit en vue de la réalisation de son potentiel ». Il s'agit donc de « se connecter avec ses sensations pour se relier au soi intérieur ».

Cette approche humaniste sous-tend un grand respect de la personne, de sa responsabilité et de sa liberté de choix. Elle a notamment été mise en avant par Maslow à qui l'on doit la fameuse pyramide des besoins (qui superpose les différents besoins de l'être humain, les besoins de base devant être assouvis avant d'être capable d'assouvir les besoins qui leur sont supérieurs sur la pyramide). La citation suivante de Maslow résume bien son approche de l'être humain : « De la même manière que les arbres ont besoin de soleil, d'eau, de nourriture, qu'ils reçoivent de l'environnement, les hommes ont besoin de recevoir de leur environnement sécurité, amour, considération. Dans les deux cas, le développement réel de l'individu peut commencer une fois qu'ont été satisfaits les besoins élémentaires de l'espèce. À ce moment-là, chaque arbre et chaque personne commence son développement selon son propre style, unique, utilisant les énergies nécessaires à la réalisation de ses visées individuelles. À partir de ce moment-là, on peut dire que le développement est davantage déterminé de l'intérieur que de l'extérieur. » Parmi les méthodes qui s'inscrivent dans cette approche humaniste, nous retenons notamment ici les thérapies dites « brèves », qui semble plus adaptées et concrètes pour le sportif.

La PNL (Programmation neuro-linguistique)

Selon Gérard Szymanski, formateur en PNL, la PNL est une méthode d'observation de nos processus intérieurs. Il s'agit d'observer un certain nombre d'indicateurs de ces processus (sans chercher le pourquoi de ces processus) : les mots utilisés, le regard, le mouvement, la façon de parler de la personne… L'objectif est de décoder ces processus et, s'ils sont néfastes, de les reprogrammer *via* des techniques spécifiques.

Par exemple, pour la PNL, dire « je vais essayer » signifie qu'on voudrait bien réussir, mais qu'au fond, on n'y croit pas vraiment.

L'Analyse Transactionnelle (AT)

Elle propose une grille de lecture de nos échanges avec notre entourage. Elle a pour but d'améliorer nos relations avec celui-ci. Créée par le psychiatre américain Eric Berne, cette approche a notamment été développée en France par Vincent Lenhardt. La spécificité de l'analyse transactionnelle est d'analyser les « transactions », c'est-à-dire les échanges entre deux personnes ou au sein d'un groupe grâce à une grille distinguant trois grands rôles joués par l'individu dans chaque situation : le rôle du « parent », le rôle de « l'enfant » et le rôle de « l'adulte ». L'adéquation ou non de ces rôles à la situation et aux rôles joués par les autres protagonistes entraînant éventuellement des dissonances dans la communication. Prendre conscience des différents rôles que l'on joue contribue donc à éviter ces dissonances et à rendre la communication plus harmonieuse et efficace.

• *Le rôle du « parent »* : il s'agit de l'imitation d'une figure parentale (père, mère ou toute autre figure référente) dans son comportement, ses émotions et même ses pensées.

• *Le rôle de l'« enfant »* : il s'agit d'une réminiscence des comportements, émotions et pensées de l'individu lorsqu'il était enfant.

• *Le rôle de l'« adulte »* : il s'agit de l'attitude cohérente avec la situation « ici et maintenant », sobre et sans parasitage de type « parent » ou « enfant ».

Les TCC (thérapies cognitivo-comportementales)

Elles s'intéressent aux pensées et aux croyances parfois erronées que l'individu cultive sur lui-même. Elles proposent l'apprentissage progressif de nouveaux comportements *via* des « travaux pratiques », des tâches à accomplir, élaborées entre le thérapeute et le patient, qui a donc une participation active.

La modélisation symbolique et le « clean language »

Cette méthode s'intéresse à la dimension métaphysique et symbolique du discours d'une personne. Elle a un côté ludique voire poétique, et fait émerger des représentations et des émotions jusque-là peu accessibles. Elle permet donc d'avancer dans la connaissance de soi. Elle vise à favoriser l'émergence de transformations profondes des systèmes personnels de représentation et donc de transformation de la vie de la personne.

L'hypnose eriksonnienne

Il s'agit d'induire un état de légère modification de conscience, une sorte d'état de rêverie, pendant lequel le patient peut orienter son attention sur un objectif spécifique. Il est conscient (à la différence d'autres méthodes d'hypnose qui peuvent, elles, être dangereuses) et guidé par le thérapeute, ce qui lui permet d'accéder à des éléments de l'inconscient, considéré comme un réservoir d'expérience et de sagesse pour trouver des solutions.

Les approches du préparateur mental

Comme le précise Jean-Jacques Mennet sur son site medecinedusportconseils.com, le préparateur mental assiste le sportif pour l'optimisation de son mental, mais celui-ci ne doit bien sûr en aucun cas devenir dépendant de lui. Il s'agit d'un travail sur la durée, qui consiste à faire progresser l'athlète et à lui donner des outils qu'il pourra utiliser de manière autonome dans les moments opportuns (préparation de compétition, juste avant, pendant, récupération...). Voici quelques méthodes couramment utilisées.

La visualisation

C'est une méthode très couramment utilisée chez les sportifs, tous sports confondus. Il peut s'agir de visualiser un geste précis pour parvenir à l'exécuter parfaitement, mais aussi de visualiser l'objectif final. Cette visualisation est à la fois mentale, émotionnelle et même physiologique, car l'objectif de cette visualisation est de faire une répétition, un entraînement virtuel de toutes les ressources nécessaires pour atteindre un objectif.

Cette visualisation peut intervenir en amont de la compétition mais aussi pendant celle-ci lorsque le joueur de tennis visualise le geste parfait de son prochain service par exemple. Il peut même s'agir, pour Jean-Jacques Mennet, d'accélérer la guérison d'une blessure en « visualisant les fibres qui cicatrisent » et aussi d'améliorer la récupération psychologique et physique après un effort intense.

Témoignage

Joann Dahlkoetter, psychologue du sport (citée par le *Huffington Post*) décrit ainsi le processus vécu par une patineuse de vitesse : « Lors du processus de visualisation, elle se sert de tous ses sens pour vivre l'expérience. Elle sent son pied donner l'impulsion sur la piste, entend ses patins fendre la glace, et se voit en course en amont de la compétition. Elle expérimente tous les éléments de sa course avec précision avant de se lancer réellement. »

La sophrologie

Elle fait également partie des méthodes couramment utilisées pour la préparation mentale des sportifs. Cette méthode a été inventée par Alfonso Caceydo dans les années 1950. Une séance de sophrologie, individuelle ou en groupe, doit être supervisée par un thérapeute spécifiquement formé. Plusieurs types de formation existent, mais Caycedo estimait que seule la « sophrologie caycedienne » (titre déposé) respectait effectivement ses principes. De plus il est important que le thérapeute soit familier des sportifs et de leurs enjeux spécifiques.

Le thérapeute induit un état de relaxation et associe respiration, visualisation, projection, imagination dans un but bien précis défini au préalable : améliorer la confiance en soi, éliminer les peurs, apprendre à gérer le stress… mais également améliorer un geste technique et favoriser la récupération. Des séances individuelles enregistrées peuvent ensuite être retravaillées de manière autonome.

Témoignage de sportive

« Dans ma carrière de judoka, je me suis longtemps trouvée face à un mur infranchissable : entre 16 et 24 ans, je ne passais jamais le cap du 3e tour des championnats de France de 2e division, ce qui m'empêchait d'accéder au championnat de 1re division. Jusqu'à ce que je pratique la sophrologie (1 h/semaine en groupe pendant 1 an). Je "vivais" en séance les gestes et l'état d'esprit dans lequel je devais être le jour J (rituel de préparation, sentiment de confiance...). J'y ai aussi ajouté la pratique de la respiration ventrale pour contrer les moments de panique. Résultat : cette année-là, j'ai passé le cap pour la première fois, alors que le tirage au sort m'avait été particulièrement défavorable ! Mais rien ne pouvait ébranler ma détermination et ma confiance. Mon attitude avait complètement changé. »

Natacha, ex-judoka membre du pôle France, parmi les 20 meilleures Françaises.

La relaxation

Déjà évoquée plus haut, elle fait partie des outils couramment utilisés par le préparateur mental.

Le signe « d'ancrage »

Il s'agit de convenir, lors d'une séance de sophrologie ou d'hypnose, d'un geste qui, lorsqu'on l'exécutera, sera automatiquement associé à des sensations spécifiques. Exemple donné par Jean-Jacques Mennet : « Chaque fois que tu boiras une gorgée de ta boisson, tu seras bien, serein, parfaitement lucide, avec une parfaite maîtrise des émotions, mais concentré, vigilant, tonique, au maximum de tes possibilités comme à l'entraînement, etc. »

Autres méthodes

La pensée positive

C'est la fameuse « méthode Coué », utile dans tous les aspects de la vie, et en particulier dans le sport. Elle consiste à élaborer une phrase décrivant la situation idéale dans laquelle on souhaite se trouver. Exemple : « J'exécute ma figure parfaitement et je gagne la compétition. » On s'efforce de ressentir l'ensemble des sensations et émotions associées pour visualiser et « vivre » vraiment la phrase, que l'on se répète trois fois, trois fois par jour. Quelques consignes à respecter : utiliser le « Je », utiliser le présent, pas de mot négatif, si l'objectif est très ambitieux, introduire une progression.

Le discours intérieur

« Expulser le colocataire envahissant qui habite dans votre tête », selon le titre d'un article du *Huffington Post*. Il s'agit d'évaluer si les pensées de l'athlète l'élèvent ou au contraire le tirent vers le bas par un « incessant monologue fait de peur, de doute, et de sentiment de rabaissement ». L'article estime que les grands athlètes « sont capables d'exercer un véritable contrôle sur leur façon de s'adresser à eux-mêmes ».

Le psychologue du sport Antonis Hatzigeorgiadis estime que « l'esprit guide l'action » et que le discours intérieur qui donne des instructions (« Garde tes jambes droites », « Utilise ta force corporelle ») ou motive (« Tu sais que tu peux le faire ») donne un avantage à l'athlète en compétition.

Si les pensées négatives restent incontrôlables, il reste toujours la solution de « distraire » l'esprit en pensant à une toute autre chose, agréable de préférence.

La méditation

C'est une technique millénaire de centrage sur le présent (« ici et maintenant ») dont l'impact sur le cerveau a été démontré scientifiquement. Plus la pratique est régulière et plus elle est efficace. Elle permet notamment au sportif de « s'ancrer » dans le présent, d'améliorer sa concentration, de mieux résister au stress et d'améliorer sa stabilité émotionnelle.

Il est préférable de faire une initiation de quelques séances en étant guidé par un praticien qualifié (choisir notamment des séances de « méditation de pleine conscience », *mindfullness* en anglais). On peut ensuite pratiquer de manière autonome, ne serait-ce que 10 minutes par jour, ou chaque fois que c'est possible. Le livre de Christophe André, *Méditer jour après jour* (1) accompagné d'un CD d'une dizaine de séances, est également une très bonne entrée en matière.

La kinésiologie

Cette méthode, déjà évoquée pour identifier d'éventuelles intolérances alimentaires (voir p. 96), peut être utile en particulier pour traquer les processus mentaux d'autosabotage qui, inconsciemment, empêcheraient le sportif d'atteindre ses objectifs : échec de dernière minute inexplicable, incident physique récurrent lorsque le succès approche, peur de gagner...

La kinésiologie utilise le test musculaire, généralement au niveau du bras : le thérapeute procède à des interrogations successives à haute voix selon un protocole précis qui permet d'identifier d'abord la nature de la « priorité » à travailler (psychologique, émotionnelle, physique, relationnelle, etc.). Cette « priorité » sera ensuite explorée de façon très méthodique, permettant la prise de conscience et l'identification des causes. La réponse musculaire est en fait celle du corps qui « sait » tout de l'histoire de l'individu.

Les techniques « d'ancrage »

Être « ancré » signifie être pleinement présent à ce que l'on fait, aux objectifs que l'on s'est fixé. Cela veut dire aussi être « centré », éviter de disperser ses énergies. L'ancrage est aussi à l'opposé des ruminations mentales, puisqu'au contraire, il « enracine » (image de l'arbre planté solidement dans le sol). Or, les occasions pour le sportif de se décentrer, voire de se déconnecter, peuvent être multiples de par son rythme de vie : voyages, hôtels, multiplicité des interlocuteurs, sollicitations diverses, pression des différents « systèmes » auxquels il appartient (famille, club...).

Le centrage est une attitude qui peut se travailler par différentes techniques. Nous avons déjà évoqué la méditation, en voici d'autres :

– *La respiration alternée*, déjà citée : il s'agit de la respiration pratiquée par les yogis pour harmoniser cerveau droit et cerveau gauche, pour équilibrer action et récupération. On respire alternativement par une narine puis l'autre (voir p. 240).

– *La posture de l'aigle* : c'est une posture traditionnelle du yoga (« Garudasana »), une posture d'équilibre sur un pied avec bras et jambes entrelacés, qui favorise l'ancrage et la concentration. En outre, elle assouplit les articulations des épaules, des coudes, des poignets et des genoux. Elle est expliquée en détail dans le livre de Daniel Kieffer déjà cité [20].

Ancrage et huiles essentielles

Voici 2 huiles essentielles particulièrement recommandées pour favoriser l'ancrage :

• *L'huile essentielle de cèdre du Liban*. On peut aussi citer le vétiver ou le nard de l'Himalaya.

• *L'huile essentielle de laurier noble*, symboliquement associée au vainqueur (couronne de laurier).

Ces huiles essentielles pourront être utilisées très facilement en olfactothérapie (ouvrir le flacon, respirer profondément, bloquer 1 seconde puis expirer, répéter 3 fois), en diffusion ou en massage, diluées dans une huile végétale.

Préparer à l'action

La respiration thoracique favorise la mise en action et l'affirmation de soi. À pratiquer au moment de l'échauffement lors d'une compétition. Il s'agit « d'exagérer » l'utilisation du thorax lors de quelques respirations (voir p. 241).

Pour aller plus loin

L'état de flux

Certains athlètes mentionnent une sorte d'état de grâce appelé « le flux » ou « la zone ». Il s'agit d'un état mental qui « transcende la pensée consciente et parvient à une sphère plus élevée de concentration, calme, confiance indéfectibles et dénués d'effort ». Cet état est atteint lorsque la concentration est maximale et que la personne est littéralement absorbée par son occupation.

Ce concept a été élaboré par la psychologue Mihaly Csikszentmihalyl[12]. Le footballeur brésilien Pelé a décrit son expérience d'être « dans la zone » de la manière suivante : « J'ai ressenti comme un étrange calme… une sorte d'euphorie. J'ai eu l'impression de pouvoir courir une journée entière sans fatigue, de pouvoir dribbler à travers toutes leurs équipes ou à travers tous, que je pouvais presque leur passer à travers physiquement. »

Mes cellules se souviennent : une approche énergétique

Et si toute préparation psychologique, émotionnelle et mentale se heurtait encore à des obstacles inexpliqués ? L'Analyse-réinformation cellulaire est une méthode d'harmonisation de l'individu qui part du postulat que toute notre histoire personnelle (voire certains éléments de celle de nos ancêtres) est engrammée dans nos cellules et peut parfois nous polluer et nous empêcher d'accéder à notre plein potentiel.

Cela peut par exemple signifier pour un sportif une « programmation » qui l'empêche inconsciemment de gagner, d'atteindre son objectif conscient pourtant bien identifié, sans que ses facultés physiques soient en cause. Ou une attitude qui conduit à des blessures à répétition justement au moment où l'objectif se rapproche.

L'Analyse-réinformation cellulaire va permettre d'identifier (grâce à un jeu de filtres vibratoirement informés) les « parasitages », de remonter à la cause profonde. Le thérapeute propose ensuite un accompagnement par les méthodes naturelles qu'il maîtrise.

C'est le Dr Michel Larroche[22] qui a mis au point cette méthode, appliquée de manière simple par des thérapeutes spécifiquement formés.

La spiritualité

La spiritualité est affaire intime et ne fait pas partie du programme du préparateur mental. Néanmoins, nous avons tous été témoins de ces gestes immédiats de sportifs « rendant grâce », les yeux au ciel, après avoir marqué un but ou réalisé un exploit.

Comme nous l'avons indiqué en avant-propos de cet ouvrage, la naturopathie a pour ambition d'aborder l'homme dans toutes ses dimensions : physique, mentale, émotionnelle, environnementale et spirituelle.

Le sportif qui dispose de cette ressource supplémentaire qu'est la vie spirituelle, qui peut développer en lui le sentiment d'être relié à quelque chose de supérieur (Dieu, l'Univers…), qui est capable de gratitude pour les exploits accomplis, etc., dispose à coup sûr d'un outil de plus pour l'aider à traverser dans la sérénité les épreuves sportives, et d'un carburant supplémentaire pour alimenter ses performances.

CONCLUSION

En finir avec le dopage

Nous voici arrivés au terme du voyage naturopathique du sportif. Nous avons longuement évoqué son alimentation, expliqué comment optimiser les performances de chaque élément important de sa physiologie, proposé des stratégies pour limiter les risques de blessures et de maladies, et enfin recensé des outils d'optimisation du mental et des émotions.

Nous espérons avoir donné suffisamment d'éléments pour que le sportif puisse identifier lui-même dans quel(s) domaine(s) naturopathiques sa marge de progression est la plus grande (alimentation, sommeil, mental...). Pour qu'il puisse décider dans le(s)quel(s) de ces domaines il a intérêt à investir dès que possible pour améliorer ou maintenir ses performances, seul ou en se faisant accompagner.

Nous souhaitons vivement que la transmission de ces recherches et connaissances issues de sources multiples et variées, suffira à rendre définitivement obsolète, inutile ou même ridicule toute velléité de dopage. Et pour mettre un point final et définitif au sujet, nous donnons ci-après quelques éléments d'informations sur le dopage qui est, comme nous le verrons, une approche exactement contraire à tous les principes de la naturopathie.

Le dopage, une illusion dangereuse

Nous n'évoquerons pas ici les questions légales, morales voire philosophiques que doit susciter le dopage. Elles sont essentielles à la survie des compétitions sportives, mais sortent du cadre de notre propos.

Comme nous l'avons expliqué tout au long de cet ouvrage, le corps humain est une mécanique d'une précision et d'une réactivité fascinantes et inimitables. En voici quelques illustrations :

- D'une cellule unique lors de la fécondation apparaîtra progressivement un fœtus, un bébé, un enfant, un adolescent, un adulte, selon une programmation d'une finesse inouïe et néanmoins spécifique à chaque individu.

- L'individu est composé de 10^{13} cellules (100 000 milliards) ayant chacune un rôle spécifique et interagissant en permanence entre elles pour s'autoréguler, lutter contre une agression, guérir une blessure, etc. De plus, ces cellules meurent et se renouvellent en permanence – pas moins de 20 milliards sont remplacées chaque jour.

- Le corps humain possède une extraordinaire faculté d'adaptation à son environnement, ce qui a garanti la survie de l'espèce jusqu'à présent. Il s'adapte en permanence aux contraintes qui lui sont imposées.

Les entraînements du sportif et la préparation physique en sont d'excellentes illustrations : si l'on impose au corps de courir, par exemple, il réagit en modifiant toutes les composantes musculaires ou cardio-vasculaires pour être capable de réagir chaque fois mieux à cette sollicitation. Les muscles se développent, le cœur également, et son rythme ralentit au fur et à mesure de l'acquisition de capacités d'endurance. De même pour les capacités cérébrales d'agilité ou d'adresse : le cerveau développe les neurones nécessaires à ce qu'on lui demande de faire et les gestes répétitifs prennent même le circuit réflexe du système nerveux, qui est plus court et ne remonte pas au cerveau, afin de raccourcir le délai de réaction.

Les conséquences du dopage

Elles sont très nombreuses, souvent pernicieuses et ont un retentissement sur la santé à court, moyen et long terme.

Une perturbation profonde de la physiologie naturelle

Un système de régulation très sophistiqué préside à bon nombre de ces processus physiologiques permanents. Il s'agit du système endocrinien, c'est-à-dire l'ensemble de la gestion des hormones. La testostérone, le cortisol, l'adrénaline, l'érythropoïétine (EPO), l'hormone de croissance sont quelques-unes de ces substances sécrétées en quantité infime par le corps et dont le dosage est revu en permanence par un système d'information et de rétrocontrôle qui régit les glandes endocriniennes que sont par exemple la thyroïde ou les surrénales (sur l'impact des perturbateurs endocriniens, voir p. 48-50).

Intervenir artificiellement dans ce système de régulation très fin en injectant (au propre comme au figuré) une copie chimique de régulateurs majeurs que sont les hormones, c'est bouleverser l'ensemble du système de régulation, de rétrocontrôle si précis et complexe. Cela peut être à la fois extrêmement effectif sur le moment, et éminemment dangereux sur le moyen et long terme. La régulation des dosages permanents peut s'en trouver perturbée, ainsi que le fonctionnement même des glandes endocriniennes productrices d'hormones. Nous verrons plus loin l'exemple de l'usage abusif de corticoïdes.

D'autre part, pour préserver l'intégrité de cette belle mécanique, un système d'alerte fonctionne parfaitement et envoie des signaux chaque fois que cette intégrité est menacée, dans le but de la protéger : la douleur, la fatigue, l'inflammation sont les clignotants du corps pour lui signaler un problème.

Tenter, par le recours à des substances dopantes, « d'éteindre » ces clignotants et de repousser les limites physiques naturelles est donc également extrêmement préjudiciable à l'intégrité physique.

Des conséquences sur la santé, graves et définitives [13]

Les corticoïdes et la mort subite inexpliquée

Les corticoïdes, administrés sous diverses formes de manière abusive, sont un exemple des conséquences de l'usage de substances chimiques pour « améliorer » l'état du sportif. Les corticoïdes sont parfois utilisés dans le but d'accélérer la cicatrisation et la récupération. La cortisone est aussi le principe actif de la Ventoline (médicament pour l'asthme) ou des infiltrations dans les articulations douloureuses.

L'utilisation de ces produits est interdite par les instances sportives, sauf nécessité médicale. Leur utilité ponctuelle et sous surveillance médicale n'est bien sûr pas remise en cause ici, mais leur éventuel usage abusif ou détourné, qui s'assimile à du dopage.

Il se trouve que ces corticoïdes, comme la plupart des substances utilisées, ne font que mimer et reproduire chimiquement une molécule naturelle, le cortisol, hormone produite par les glandes surrénales avec un système très fin de rétrocontrôle, comme pour toutes les hormones.

Une équipe championne du monde décimée

Un reportage de Nicolas Geay et Mathias Barrois, diffusé sur France 2 en mars 2014, décrit l'hécatombe, presque vingt ans après, parmi les membres de l'équipe des Springboks, vainqueur de la Coupe du monde de rugby en Afrique du Sud en 1995. La maladie de Charcot, qui touche habituellement 1 personne sur 100 000, a atteint deux membres de l'équipe : l'un est décédé à l'âge de 45 ans, l'autre en souffre depuis l'âge de 40 ans et vit en chaise roulante. Un joueur souffre d'une autre maladie neurodégénérative depuis l'âge de 36 ans : la myélite transverse, qui touche 1 personne sur 1 million. Enfin, un autre joueur est décédé d'une tumeur au cerveau. Certains prétendent qu'il ne faut pas en tirer de conclusions car le lien entre le dopage et ces graves pathologies n'a pas été prouvé scientifiquement… Certes, mais le bon sens suffit pour comprendre !

13 . Un livre-enquête sur l'éventuel dopage dans le rugby a été édité en 2014 : *Rugby à charges*, de Pierre Ballester (Éditions de La Martinière, 2015). Ces paragraphes en sont inspirés.

Une conséquence de l'administration fréquente de corticoïdes pourrait donc être une chute de la fabrication par le corps du cortisol (puisqu'on lui en administre artificiellement), un dérèglement de cette fabrication interne et naturelle, menant à une chute du taux de cortisol sanguin, puisque le corps ne le produit plus, ou moins, Or, des études épidémiologiques citées par le responsable scientifique de la Fédération française de rugby « constatent que la chute du taux de cortisol est l'une des causes de risque de mort subite inexpliquée (3) ». On serait ainsi dans le cas extrême d'une substance externe qui se substitue à l'un des maillons du système de régulation naturel et qui, par conséquent, dérègle toute la mécanique du corps, avec des conséquences fatales.

Des cancers atypiques

« En mars 2012, deux cas "atypiques" de cancer ont été décelés chez de jeunes joueurs (20 et 21 ans) licenciés à Sarlat et à Brive. Un lien est établi avec les décès survenus quelques années plus tôt de deux joueurs du même âge et issus des deux mêmes clubs. Les quatre joueurs s'étaient procuré une préparation dopante (créatine + anabolisants) sur Internet, fabriquée à l'étranger (3). »

Est-il nécessaire de présenter d'autres arguments pour convaincre de fuir comme la peste toutes ces substances miracles au pouvoir perturbateur bien trop important ou au contenu inconnu ? L'éthique et la morale rejoignent les intérêts de tous : au-delà du respect des règles du jeu et du fair-play, elles protègent aussi les athlètes des dérives éventuelles et préservent leurs chances d'une vie de qualité après le sport de haut niveau.

Conséquences négatives sur les performances

Outre ces exemples dramatiques, la prise de ces substances a également des conséquences sur les performances à moyen terme du sportif. Pour reprendre l'exemple des corticoïdes, le cortisol produit naturellement par le corps, notamment dans les périodes de stress, induit une série de conséquences physiologiques, dont par exemple une acidification accrue de l'organisme (voir le chapitre consacré à l'acidose, p. 142-149). Or l'acidification de l'organisme a pour conséquences, entre autres, une fragilisation des tendons et une décalcification osseuse. Utiliser abusivement des corticoïdes revient donc à une exposition accrue aux blessures, « aléa » pénalisant s'il en est de la vie du sportif. Pierre Ballester (3) explique également que le dérèglement des surrénales (qui produisent naturellement le cortisol), a un impact négatif sur les tendons, les muscles mais aussi le système cardio-vasculaire et peut par ailleurs causer des ulcères.

L'exemple des corticoïdes n'est pas unique et montre les conséquences de l'utilisation de ces substances chimiques sur la physiologie globale du sportif et sur ses performances à moyen terme. Il illustre qu'interférer artificiellement sur la physiologie peut certes avoir l'effet immédiat recherché (repousser la fatigue, ignorer la douleur...) mais a très probablement des « effets secondaires » non identifiés, qui risquent à moyen terme d'influer négativement sur les performances et sur la santé.

Favoriser ses performances à court terme mais augmenter les risques de blessures ou de problèmes de santé ultérieurs, est-ce un bon calcul pour la carrière d'un sportif ?

Les substances utilisées

Les substances interdites

Citons-en quelques-unes car l'information ne nuit pas, bien au contraire.

Le dopage par les hormones

• *Les corticoïdes*, déjà cités, semblent assez populaires. Ils sont tous interdits en compétition par voie générale mais savent être versatiles et réapparaître sous diverses formes : inhalation (voir la Ventoline utilisée en principe pour l'asthme), pommade, collyres, infiltrations…

• *Les stéroïdes, les anabolisants, les stéroïdes anabolisants.*

• *La testostérone.*

• *La nandrolone*, dérivée de la testostérone.

• *L'hormone de croissance* pour son effet anabolisant et stimulant de l'ensemble de la physiologie. Elle est produite naturellement, pendant le sommeil.

• *L'EPO* qui augmente le taux de globules rouges, donc la capacité à transporter l'oxygène et l'endurance. C'est une substance produite naturellement par le rein. Augmenter artificiellement l'EPO a pour effet secondaire l'épaississement du sang, qui peut engendrer des affections mortelles (attaque cardiaque, embolie).

Le dopage sanguin

• *Les transfusions sanguines autologues* (avec le propre sang de la personne, réinjecté plus tard).

• *Les transfusions sanguines homologues* (avec le sang d'un donneur compatible).

• *Les transporteurs d'oxygène synthétiques.*

Et aussi

• *Les amphétamines*, qui donnent un sentiment de surpuissance et rendent insensibles à la douleur.

Cette liste n'est bien sûr pas exhaustive. Toutes les substances interdites et considérées comme dopantes sont listées sur le site de l'Agence française de lutte contre le dopage (AFLD : www.afld.fr).

Les autres substances

Un certain nombre de substances dites « ergogènes » (substances qui améliorent le travail musculaire : caféine, créatine…) ne sont pas interdites dans la plupart des pays et sont donc de plus en plus utilisées pour tenter d'améliorer les performances. Comme le déclarait déjà à la presse, en août 1999, Heike Henkel, ancienne championne olympique : « La tendance consiste de plus en plus à essayer tout ce qui n'est pas interdit, au lieu de prendre le moins de choses possible. » Elle est citée par Laurent Rivier dans son article sur les ergogènes publié en 2001[14]. Il recense les principales d'entre elles (créatine, caféine, bicarbonates, acides aminés et carnitine) et explique pour chacune leurs inconvénients et leur intérêt non démontré.

Les circonstances propices au basculement

Des périodes sensibles

Certaines périodes sont particulièrement sensibles et propices pour qu'un sportif se laisse tenter par le leurre du dopage.

Franchir une étape

La période charnière où le jeune espère passer « pro ». L'expectative, l'investissement, les enjeux et la tension sont tels qu'ils peuvent le rendre vulnérable s'il n'a pas d'autre moyen à sa portée pour mettre toutes les chances de son côté. Pour P. Berbizier, cité par Pierre Ballester [(3)] : « Le danger pour le rugby, ce sont les centres de formation. » Il est donc impératif qu'un travail de prévention et de pédagogie y soit réalisé *via* l'encadrement des jeunes sportifs. C'est l'une des ambitions majeures de cet ouvrage, qui se veut une source d'information pour les sportifs et leur entourage.

Se maintenir

Lorsque le sportif a atteint un très haut niveau, il veut s'y maintenir et n'accepte pas la logique de décrue des performances. Ainsi, le Dr Marc Bichon, qui fut notamment médecin du XV de France, explique [(3)] : « Cinq avenues à largeur égale mènent à la réussite sportive : le geste technique, le physique, l'intelligence stratégique, le mental et l'aspect environnemental du joueur. Le patrimoine génétique se répartit sur les trois premiers volets, tandis que l'hygiène de vie englobe l'ensemble. Une fois ces équilibres obtenus, le sportif va buter sur un plateau, puis entamer physiologiquement une descente à mesure de l'âge (…). Si le sportif n'a pas l'intelligence de s'auto analyser, de savoir se situer, alors oui c'est une porte ouverte au dopage. »

14. http://docplayer.fr/7098259-Une-zone-grise-dans-le-dopage-des-sportifs-les-substances-ergogenes.html.

Gérer les blessures

En cas de blessure, la période naturelle imposée par la physiologie peut parfois paraître très longue, se présenter forcément au mauvais moment, celui où les enjeux étaient justement importants. C'est une période qui peut être très difficile à vivre psychologiquement, où le sportif peut se sentir particulièrement seul… et être alors tenté par les solutions qu'on lui proposerait qui, « miraculeusement », écourteraient la période de récupération.

À retenir

Dans ces périodes délicates, le sportif a donc particulièrement besoin d'être entouré, et surtout d'obtenir des réponses à ses questions, d'avoir des stratégies positives à mettre en place pour calmer les angoisses que ces moments d'incertitude génèrent. Lui proposer des solutions naturelles, et notamment de revoir son hygiène de vie, peut donc être particulièrement propice dans ces moments-là, tant il sera demandeur « d'agir » pour atteindre ses objectifs. L'aider dans la gestion de son mental est tout aussi important.

L'engrenage

Le Dr Vidalin, qui fut notamment médecin de l'ASM (club de rugby de Clermont-Ferrand), considère (3) que *l'engrenage* est le suivant : d'abord des ergogènes (qui améliorent le travail musculaire), puis des psychostimulants comme les amphétamines (qui stimulent la vigilance et l'activité intellectuelle), puis des vitamines, puis des protéines en poudre qui permettent de prendre un peu de masse musculaire, puis d'autres protéines en poudre pour gagner un peu plus de masse, puis les anabolisants parce qu'on en veut toujours plus…

L'ignorance

Et puis il y a *l'ignorance* : absorber des produits prétendument « safe » sans en connaître l'origine, le fabricant et encore moins les ingrédients, dont certains sont parfois volontairement omis sur l'étiquette. C'est le cas typique des protéines en poudre citées plus haut lorsque nous avons évoqué ces cancers d'origine inexpliquée.

Une étude du Comité international olympique (3) indique que 634 compléments alimentaires provenant de 215 fournisseurs alimentant 13 pays ont été analysés. Quasiment 15 % des produits étaient contaminés par des substances illicites, principalement de la nandrolone et de la testostérone.

Pour éviter toute surprise, le Dr Xavier Bigard, de l'Agence française de lutte contre le dopage (AFLD), rappelle qu'il faut toujours vérifier que les produits sont conformes à la norme AFNOR NFV94-001 publiée en 2012, en particulier pour tous les compléments alimentaires en protéine, créatine, ainsi que pour les gels et boissons de l'effort.

Vigilance également pour certaines plantes et huiles essentielles : les huiles essentielles de géranium et d'orange amère peuvent, semble-t-il, rendre un contrôle antidopage positif. Et certaines molécules, interdites par l'agence antidopage peuvent faire partie des principes actifs d'une plante, même dans sa version naturelle.

Certains fabricants de compléments alimentaires demandent une validation « antidopage » spécifique, ce qui est une garantie. C'est par exemple le cas de la gamme « Sport » des laboratoires Lescuyer ou de la marque Ergysport.

Le ministère des Sports (www.sports.gouv.fr) a par ailleurs mis en ligne des brochures synthétiques d'information que tout sportif devrait connaître.

Le sportif peut également tester ses connaissances sur le dopage avec des quiz[15]. Un cours est même proposé, qui donne lieu à la délivrance d'une attestation de connaissances

Voici en conclusion cette réflexion d'Alain Camborde (3), qui a suivi de près la préparation de plusieurs joueurs de rugby : « Je suis inquiet de l'ignorance des gens qui absorbent des trucs qui ne leur servent à rien. Les joueurs viendront tout seuls au dopage parce qu'ils n'auront pas de réponse aux questions qu'ils se posent. »

Nous espérons que cet ouvrage aura répondu à bon nombre de questions... Et à bien plus encore !

15. Quiz « franc jeu » et quiz « jeunesse » sur quiz.wada-ama.org.

ANNEXES

Indice glycémique des aliments

Rappel : attention, un aliment à IG bas (qui arrive lentement dans le sang) peut néanmoins être très riche en glucides !

IG élevé (> 70)	IG modéré (entre 56 et 69)	IG bas (< 55)
Fruits		
• Dattes 103	• Abricot frais 57 • Melon 67 • Cerises 63 • Papaye 56 • Banane bien mûre 65 • Figues séchées 61 • Raisins secs 64 • Ananas 59 • Abricots au sirop 64 • Pêches au sirop 58	• Pomme fraîche 38 • Abricots secs 30 • Pamplemousse 25 • Raisin 53 • Banane pas trop mûre 52 • Kiwi 53 • Poire 38 • Orange 42 • Jus de pomme sans sucre ajouté 44 • Jus de pamplemousse sans sucre ajouté 48 • Jus d'orange pur jus 50 • Jus de tomate 38
Fruits oléagineux		
		• Noix de pécan 10 • Noix de cajou salées 22 • Cacahuètes grillées salées 14
Légumes		
		• Tous les légumes ont un IG bas voire très bas (<15) • Carottes crues 16 • Carottes cuites 47
Légumineuses		
		• Lentilles vertes séchées cuites à l'eau 48 • Lentilles corail 26 • Lentilles en conserve 48 • Pois chiches secs cuits à l'eau 28 • Petits pois 41

IG élevé (> 70)	IG modéré (entre 56 et 69)	IG bas (< 55)
Soja et produits dérivés		
		• Lait de soja enrichi en calcium 36 • Yaourt au lait de soja et aux fruits 50 • Tofu : ne contient pas de glucides
Pomme de terre		
• Cuite au four 95 • Purée instantanée 83 • Pelée et bouillie 78 • Nouvelle avec la peau et bouillie 78 • Frites 82	• Pomme de terre avec la peau cuite à la vapeur 65	• Patate douce cuite 46 • Chips 54
Céréales et produits dérivés		
• Baguette blanche 95 • Baguette blanche (60 g) avec pâte à tartiner au chocolat (20 g) 72 • Pain de mie blanc 70 • Pain de mie complet 71 • Biscotte blanche 68 • Gaufres 76 • Corn flakes « classiques » 77 • Flocons d'avoine instantanés 82 • Galettes de riz soufflé 85 • Riz à cuisson rapide (6 min) 87	• Pain complet 65 • Baguette blanche (60 g) avec beurre (10 g) et confiture de framboise (20 g) 62 • Croissant 67 • Biscuits fourrés au chocolat 56 • Flocons d'avoine traditionnels 59 • Corn flakes « allégés » 56 • Riz blanc cuit à l'eau 64 • Riz basmati 58 • Gnocchis 68 • Polenta 68	• Pain intégral 49 • Pumpernickel (pain noir allemand) 50 • Céréales riches en son de blé 34 • Muesli naturel 49 • Macaronis 47 • Vermicelles 35 • Spaghettis cuiss. 10-15 min 44 • Blé Ebly cuisson 10 min 50 • Riz brun 50 • Pizza 36
Sodas, bière		
	• Sodas 63 à 68 • Bière 66	

IG élevé (> 70)	IG modéré (entre 56 et 69)	IG bas (< 55)
Sucres, sucreries, snack		
• Glucose 100 • Confiseries 78	• Sucre blanc (saccharose) 68 • Barre chocolatée type Mars 68 • Chocolat au lait 64 • Miel mélange commercial 62 • Confiture 66	• Fructose 10 • Snickers 41 • Twix 44 • M&M's 33 • Sirop d'érable 54 • Confiture d'abricot à teneur réduite en sucre 55 • Pâte à tartiner noisette 33
Produits laitiers		
	• Lait concentré sucré 61	• Yaourt aux fruits pauvre en matières grasses 26 • Lait entier 27 • Lait demi-écrémé 30 • Glace 47
Viandes, œufs, produits de la mer		
Aliments influençant peu la glycémie car ils contiennent peu voire pas de glucides.		

Source : Jennie Brand-Miller, professeur de nutrition humaine à l'université de Sydney.

Récapitulatif des besoins en macronutriments

Macro-nutriment	Rôle principal	Besoins journaliers	Notions importantes	Source intéressante	Quantité indicative en g (pour 100 g)
GLUCIDES	Énergie Carburant	• 4 à 6 g/kg de poids, soit 300 à 400 g pour un poids de 70 kg • Si exercice intense, jusqu'à 9 g/kg	• Indice glycémique de l'aliment (IG)	• Patate douce • Panais • Carotte • Châtaignes • Riz • Sarrasin • Banane • Noix • Datte	20 g 17 g 7 g 44 g 28 g 71 g 22 g 15 g 75 g
PROTÉINES	Construction : muscles, os, hormones...	• 0,7 à 0,9 g/kg de poids, soit 50 à 60 g pour un poids de 70 kg • Si exercice de force intense, de 1,7 à 3 g/kg	• Protéine animale ou végétale • Acides aminés essentiels	• Œufs • Poisson • Poulet • Bœuf • Légumineuse (associée à une céréale)	13 g (1 œuf : 7) 15 à 30 g 21 g 20 g 20 g
LIPIDES	Protection	• 1,2 g/kg de poids, soit 80 g pour un poids de 70 kg – 1/3 saturés – 1/3 mono-insaturés – 1/3 poly-insaturés	• Importance des oméga-3	• Huile de colza • Sardine • Noix • Graines de lin moulues	9 g d'oméga-3 1 g d'oméga-3 9 g d'oméga-3 23 g d'oméga-3

Rôles des micronutriments et exemples d'aliments sources

NB. La liste des aliments sources cités n'est pas exhaustive. Pour une information plus précise par aliment ou par micronutriment : www.aprifel.com

	Vitamines					*Minéraux et oligo-éléments*												
	Vitamine A	**Vitamine B**	**Vitamine C**	**Vitamine D**	**Vitamine E**	**Calcium**	**Chrome**	**Cuivre**	**Fer**	**Magnésium**	**Phosphore**	**Potassium**	**Soufre**	**Sélénium**	**Silice**	**Sodium**	**Flavonoïdes**	**Chlorophylle**
PRODUCTION D'ÉNERGIE Banane, dattes Amande, noix, graines de tournesol Légumes verts, brocoli, persil Légumes secs Céréales complètes Viande (rouge) Œufs		X					X		X		X							
PERFORMANCE MUSCULAIRE Pruneaux, myrtilles, cassis, abricot Amandes, sésame, algue lithothamne Légumes secs Oignon rouge Sardine/saumon						X										X	X	
PERFORMANCE CARDIAQUE Banane, cassis, pruneaux Amande, sésame, Pomme de terre Légumes secs Sardine/saumon Algue lithothamne						X						X						
OS Fruits/légumes (vit. C) : banane, pruneaux, sésame, brocoli, citrouille, persil Légumes secs Céréales complètes Sardine/saumon Algue lithothamne Huile de foie de morue			X	X		X				X	X							
ARTICULATIONS TENDONS, LIGAMENTS Banane, cassis, amandes, sésame Pomme de terre, citrouille, algues Légumes secs Céréales complètes										X		X	X		X			

	Vitamines					*Minéraux et oligo-éléments*												
	Vitamine A	Vitamine B	Vitamine C	Vitamine D	Vitamine E	Calcium	Chrome	Cuivre	Fer	Magnésium	Phosphore	Potassium	Soufre	Sélénium	Silice	Sodium	Flavonoïdes	Chlorophylle
SYSTÈME NERVEUX Banane, algues Amandes, sésame, noix, graines de tournesol Légumes verts, brocoli, citrouille Légumes secs Céréales complètes Œufs		X								X								
INFLUX NERVEUX Banane Amandes, sésame, noix Citrouille Algues Légumes secs Céréales complètes		X								X						X		
HYDRATATION Banane, cassis, pomme de terre												X				X		
ANTI-INFLAMMATOIRE Noix Brocoli, curcuma Légumes secs Céréales complètes								X										
ANTIOXYDANT Persil, curcuma Fruits/légumes (vit. A et vit. C), abricot, carotte, brocoli, avocat Noix du Brésil, amande, graine de tournesol Sarrasin, œuf Huiles de 1re pression froid	X		X		X									X			X	
ÉQUILIBRE ACIDO-BASIQUE Banane, cassis, amandes Algue lithothamme Pomme de terre, citrouille Légumes secs Céréales complètes Sardine/saumon *Voir aussi aliments alcanisants p. 228*						X				X	X	X				X		X
CICATRISATION BLESSURES Fruits/légumes (vit. C), banane Graines de tournesol Légumes secs Œufs Légumes verts, brocoli, persil Céréales complètes		X	X												X			
DÉTOX Feuilles vertes, brocoli, choux, oignon, légumes													X					X

Les inconvénients des aliments modernes et par quoi les remplacer

	Évolution	Conséquences	Préférer
BLÉ	• Raffinage (farine blanche) • Mutations génétiques : gluten +++ • Utilisation produits transformés +++ • Levure au lieu de levain	• Appauvrissement en nutriments • Intolérances	• Farine complète • Blé « ancien » (épeautre, petit épeautre) • Céréales sans gluten • Pain au levain
LAIT ET PRODUITS LAITIERS	• Changement alimentation vaches • Augmentation conso ++ • Adapté au veau : hormones, lactose, caséine • Stérilisation UHT	• Intolérances • Absorption réduite de calcium	• Consommation limitée • Lait chèvre ou brebis • « Laits » végétaux (riz, amande...) • Lait frais • Autres sources de calcium
SUCRE	• Raffinage (sucre blanc) • Augmentation conso +++	• Appauvrissement en nutriments • Déstabilisation flore intestinale • Sursollicitation du pancréas • « Addiction » au sucre	• Consommation limitée • Sucre intégral ou complet
SEL	• Raffinage • Augmentation conso +++ (utilisé avant pour conservation et comme monnaie) • Utilisation plats préparés +++	• Appauvrissement en nutriments • Diminution de la perception naturelle du goût • Risque d'hypertension • Risque d'acidification de l'organisme et baisse de la masse musculaire	• Consommation faible • Sel non raffiné • Algues
HUILE	• Transformation industrielle	• Appauvrissement en nutriments • Mal assimilée	• Huile de 1re pression à froid

	Évolution	Conséquences	Préférer
EAU	• Robinet : hormones, pesticides, métaux lourds • Bouteille : trop minéralisée	• Substances toxiques • Surcharge reins	• Eau de source peu minéralisée
ALCOOL	• Consommation banalisée • Alcool non issu de fruits	• Difficulté d'assimilation (foie)	• Consommation très faible • Vin rouge
ORIGINE DES ALIMENTS	• Agriculture intensive • Élevage intensif • Mer polluée • Engrais et pesticides	• Appauvrissement en nutriments • Nutriments transformés • Substances toxiques	• Agriculture bio • Élevage bio • Petits poissons pêchés en mer
LIEU DE CONSOMMATION	• Éloignement : perte de fraîcheur • Cueillette avant maturité (conservation)	• Appauvrissement en nutriments	• Approvisionnement local
CUISSON	• Température très élevée • Barbecue • Micro-ondes	• Appauvrissement en nutriments • Difficulté d'assimilation • Molécules toxiques	• Cuisson douce
PRÉPARATION	• Aliments préparés industriellement	• Appauvrissement en nutriments • Surcharge en sel, sucre et graisses saturées • Additifs alimentaires toxiques	• Cuisiner soi-même à partir de produits de base
CONSERVATION	• Mise en conserve • Pasteurisation • Ionisation (grande surface) • UHT	• Appauvrissement en nutriments • Substances toxiques	• Surgélation rapide • Lactofermentation

Aliments riches en Fodmaps

Nous indiquons en **gras** les aliments les plus riches en Fodmaps. Cette rubrique ne concerne que les personnes pour lesquelles est soupçonnée une intolérance à ces substances (voir p. 95).

À *noter* : l'effet des Fodmaps étant en général cumulatif, commencer par ôter produits laitiers, céréales et légumineuses (pendant 6 à 8 semaines). Cela peut être suffisant pour éliminer les symptômes (voir Pip Taylor [30]).

Produits laitiers (lactose)

Fromage frais (non affiné), lait (à consommer en très petite quantité), laits fermentés et yaourts ont très peu de lactose.

Céréales

Blé, seigle, orge.

Légumineuses

Haricots secs, lentilles, pois chiches.

Fruits

Abricot (à consommer bien mûrs, 2 maximum), banane (à consommer bien mûre), **cerises** (y compris en confitures et clafoutis), **dattes**, fruits séchés : pruneaux, figues, abricot (ne consommer qu'en petite quantité), **litchi, mangue**, **nectarine,** pastèque (à consommer en très petite quantité), **pêche**, **poire**, pomme (à consommer en petite quantité, cuite à l'eau), **prune.**

Légumes

Ail (faire macérer dans l'huile), artichaut (cœur), asperge (sauf pointe), **aubergine, avocat**, betterave (à consommer cuite), **champignon**, **chicorée** (salade), chou-fleur (à cuire dans 2 eaux), **choux** (tous), échalote (à consommer en petite quantité), fenouil (consommer cuit), **oignon, petits pois, poireau, pois mangetout, poivron vert, salsifis.**

Oléagineux

Noix de cajou, pistache

Boissons

- **Bière, boissons « diététiques » pour sportifs, sodas.**

Produits sucrés

Chewing-gum, miel (le choisir cristallisé), sirop de maïs, **sirop de glucose-fructose**, **sucreries diverses**, sucre de table (à consommer en très petite quantité).

Source : www.vulgaris-medical.com

Aliments riches en substances irritantes

Cette rubrique ne concerne que les personnes pour lesquelles est soupçonnée une intolérance à ces substances (voir p. 95).

Aliments riches en salicylates

- Les salicylates sont présents dans beaucoup de fruits, épices, herbes, fleurs, graines.
- Les fruits verts en contiennent plus que les fruits mûrs (or, les fruits sont souvent cueillis verts).
- Les salicylates se concentrent juste en dessous de la peau (d'où la nécessité du pelage).
- La cuisson/transformation augmente la teneur en salicylates d'un aliment (jus, sauces, pâtes, poudres, confitures, sirops et arômes).
- Ils sont davantage présents dans les plantes génétiquement modifiées (OGM).

Comment les limiter

- Mangez 5 légumes par jour et non 5 fruits.
- Limitez les fruits à 2 par jour au grand maximum, toujours de saison, locaux et mûrs.
- Mangez plutôt des végétaux frais et non transformés, fraîchement cueillis.
- Limitez la consommation des fruits à coques, oléagineux à l'équivalent d'une dizaine de noix de cajou tous les deux jours et alternez les types de noix.
- Recherchez les variétés anciennes.
- N'abusez pas de thé, surtout pas du thé vert sous prétexte « santé ».
- N'abusez pas du miel et de la famille coco.
- N'abusez pas de l'huile d'olive et des autres huiles végétales (intégrez des sources animales de graisses dans votre alimentation).

Aliments riches en glutamate

- Fromage, champignons, sauce soja, levure, tomate, sauces.
- Glutamate utilisé comme additif artificiel et, souvent, dans la cuisine asiatique.

Aliments riches en histamine

- Aliments fermentés.
- Cornichon, fromage, viande faisandée, alcool, sauce soja, levure, chocolat, choucroute, viande et poisson en conserve, tomate mûre, aubergine, épinard.

Sources : www. aliprovia.fr ; Pip Taylor [30].

Aliments alcanisants

Augmenter les proportions pour diminuer l'acidose

- Fruits : banane, avocat, mangue, papaye, pomme douce, poire, figue, pastèque, pêche, melon… citron.
- Fruits secs : raisin, dattes, pruneaux (faire tremper une nuit).
- Légumes : tous (sauf légumes acides) et jus de légumes.
- Farineux : châtaigne, pomme de terre, patate douce, courge (potimarron, potiron).
- Céréales : maïs, quinoa, sarrasin.
- Produits complets (neutres) : pain complet, sucre intégral, riz semi-complet.
- Poissons gras : sardine, saumon, harengs.
- Oléagineux : amande, sésame, noix, graine de tournesol…
- Huiles végétales de 1re pression à froid : colza, noix…
- Divers : vinaigre de cidre, aromates, algues, graines germées, jus d'herbe.

Aliments acidifiants

Aliments acides (à éviter ou à limiter)

• Fruits : agrumes (exception du citron qui est alcanisant), baies (myrtilles, groseilles, fraises, framboises, airelles, mûres, cassis...), ananas, rhubarbe, kiwi, fruit de la Passion, pomme acide, cerise aigre.

• Légumes : tomate cuite, épinards cuits, blette, oseille, cresson, asperge, champignon.

• Laitages : lait de vache, crème fraîche, yaourts, kéfir, fromage blanc, petits-suisses, fromage de chèvre frais, fromage de vache.

Condiments : vinaigre d'alcool et de vin (et tout ce qui est mariné au vinaigre : cornichons, câpres, oignons, pickles...), moutarde, sauce tomate, ketchup...

• Boissons gazeuses.

Aliments acidifiants (produisent des acides pendant leur métabolisme) *À éviter ou à consommer avec modération*

• Protéines animales fortes : abats, triperies, gibier, charcuterie, viande (surtout rouge), anchois.

• Protéines végétales fortes : légumineuses (lentilles, haricots secs, arachides, pois chiches, pois cassés, soja), levure de bière...

• Céréales raffinées : riz blanc, blé, farine blanche, pain blanc, pain à la levure (et non au levain).

• Corps gras : graisse animale, graisse hydrogénée et durcie, beurre, mayonnaise, bouillon gras, huile végétale raffinée (arachide, tournesol...), fritures, sauces grasses diverses.

• Sucres : sucre blanc raffiné, sucre roux, miel, sucreries, confiseries, confitures, fruits confits, pâtisseries, chocolat (même noir).

• Épices fortes : piments, poivre.

• Boissons : vin blanc, champagne, alcool forts, café, thé noir, sodas...

Autres sources d'acidose

• Produits chimiques et pollution : médicaments, engrais, pesticides, pollution, tabac...

• Sédentarité, manque ou excès d'activité physique.

• Stress : froid, surmenage, soucis, conflits...

• Manque d'oxygénation et manque de respiration profonde.

• Fatigue physique et mentale.

• Problème intestinaux : fermentations intestinales, constipation...

• Carences : en vitamines, minéraux, enzymes, oligo-éléments.

• Déshydratation : manque de consommation d'eau pure.

Sources : d'après Daniel Kieffer, L'homme empoisonné *(Grancher, 2012) et cours Cenatho.*

Aliments antioxydants

Algues marines ++++
Graines germées ++++
Choucroute crue ++++
Huîtres et coquillages ++++
Lait de jument ++++
Thé vert et maté vert ++++
Spécialités K-Philus (lait fermenté) ++++
Eau de mer ++++
Pollen frais ++++ (sec +)
Vin rouge (bio) ++++ et jus de raisin ++
Gingembre ++++
Eau hydroxydase[1]++++

Ail et oignon +++
Romarin +++
Curcuma +++
Brocolis, cresson, céleri +++
Tous les choux crus +++

Tomates ++
Potimarron ++
Gelée royale ++
Myrtilles, cassis ++
Sésame, amandes ++
Dattes ++
Tous les aromates ++
Jus de légumes et de plantes ++

Source : d'après Daniel Kieffer, *L'homme empoisonné (Grancher, 2012)* et cours Cenatho

1. L'eau hydroxydase conserve, une fois embouteillée à l'abri de l'air, l'intégralité des constituants minéraux et des propriétés qu'elle possédait à la source.

Les graines germées, mode d'emploi

Le plus simple est de se procurer dans un magasin bio un « germoir », c'est-à-dire un bocal avec un couvercle à petits trous, assorti d'un support permettant de l'incliner (exemple : marque Germ'line, environ 7 euros). Mais on peut aussi s'en passer en utilisant un bocal en verre recouvert d'une gaze maintenue par un élastique, que l'on pourra poser incliné sur un égouttoir à vaisselle par exemple.

Pour faire germer des graines :

1. Mettre 1 ou 2 cuillères à soupe de graines d'alfafa (la plus simple et rapide à faire germer) dans le bocal ou le germoir.
2. Recouvrir d'eau de source et laisser tremper toute une nuit.
3. Rincer en maintenant la gaze ou le couvercle, égoutter, poser en inclinant pour que l'eau puisse continuer à s'égoutter. Recouvrir d'un linge pour que les graines restent à l'abri de la lumière.

Renouveler l'opération de rinçage matin et soir, en veillant à ce que les graines restent bien réparties dans le bocal (et non agglutinées près du couvercle).

Au bout de 3 ou 4 jours (selon la température et la variété choisies), les germes sont prêts à être consommés après un dernier rinçage/essorage. Ils se gardent au réfrigérateur dans un pot en verre, idéalement le même temps qu'ils ont mis à pousser.

On peut obtenir une grande variété de germes : alfafa, radis, raifort, azukis, lentilles, fenugrec, pois chiches, tournesol, blé, soja vert, quinoa, brocoli...

Exemples de temps de germination

En 1 jour : tournesol décortiqué, quinoa
En 3 jours : lentilles, blé kamut, orge
En 5 jours : luzerne, radis, raifort, daïkon, fenugrec, soja, chou rouge, chou de Chine, brocoli, navet
En 10 jours : aneth, fenouil, coriandre, céleri
En 13 jours : oignon, poireau, ail, betterave rouge

Cas particulier des graines mucilagineuses

Certaines graines, appelées mucilagineuses, forment un gel au contact de l'eau, comme les graines de basilic, de roquette, de cresson ou de moutarde jaune. Elles nécessitent l'utilisation d'un autre type de germoir appelé coupelle de germination (marque Germ'line par exemple). La germination dure au moins 7 jours et on récolte les pousses vertes (et non les racines).

Quelques exemples d'apports nutritifs

• L'alfafa est une graine très complète qui contient plus d'une soixantaine de micronutriments.

• Le blé est riche en vitamine A, mais aussi B2, B6, C et E. On y trouve des acides aminés, des glucides et plusieurs sels minéraux (calcium, magnésium, fer, zinc) ainsi que des enzymes.

• Le fenugrec : il contient du phosphore, du fer, mais aussi du calcium, du potassium, du sodium et autres composants minéraux, ainsi que des acides aminés essentiels et les vitamines A, B1, B2, B3, B6, B8 et C.

D'autres exemples détaillés sur le site http://www.mes-graines-germees.com

Pour aller plus loin : Ludmilla de Bardo, *Vitalité et graines germées*, Vert Océan, 2011.

Classement des aliments du sportif

SOURCES DE PROTÉINES	SOURCES DE LIPIDES
Aliments très performants – Toujours privilégier les aliments bio et de saison ou issus des	
• Œufs bio • Poisson gras pêché ou élevage bio (thon, saumon, sardines, maquereau, hareng) • Abats bio (petite quantité) • Viande blanche de qualité (volaille...) sauf porc • Légumineuse (lentilles, pois chiches, haricots secs... sauf soja) associée à céréales	• Huile bio de noix, colza, chanvre, caméline, macadamia, avocat, noisette • Huile de coco • Huile d'olive • Beurre clarifié (ghee)
Aliments performants	
• Tous les autres poissons pêchés en mer • Viande rouge de qualité • Fromage de brebis ou de chèvre au lait cru*	• Beurre au lait cru*
Aliments acceptables ou neutres	
• Fromage de chèvre ou de brebis pasteurisé* • Yaourt au lait de chèvre ou de brebis* • Jambon cru artisanal	• Huile bio riche en oméga-6 (tournesol, carthame, pépins de raisin...) • Beurre pasteurisé*
Aliments pénalisants	
• Viande de porc • Produits laitiers de vache : lait, yaourt, fromage, beurre pasteurisés	
Aliments très pénalisants – Toujours éviter les aliments transformés et les plats préparés de faço	
• Charcuterie industrielle • Poisson d'élevage non bio • Œufs non bio	• Fast food, snacks, pizzas • Friture • Sauces ou margarine industrielle • Huile non bio (sauf olive)

*** Si bien toléré (voir p. 92-97).**

SOURCES DE GLUCIDES « SALÉS »	SOURCES DE GLUCIDES « SUCRÉS »	DIVERS (autres légumes, herbes, épices, boissons)
producteurs locaux et d'une agriculture raisonnée		
• Tubercules (patate douce, igname, carotte, navet, betterave, panais, topinanbour...) • Courge • Riz complet ou semi-complet (basmati), sarrasin	• Tous les fruits frais (sauf fruits acidifiants : rhubarbe, agrumes sauf citron) • Fruits séchés • Noix et graines • Châtaigne • Avoine sans gluten	• Tous les autres légumes et crudités (sauf légumes acidifiants : tomate, épinard cuit...) • Toutes les herbes et épices • Vinaigre de cidre • Eau de source peu minéralisée
• Pomme de terre • Pain épeautre ou petit épeautre bio* • Céréales complètes sans gluten	• Compote sans sucre ajouté	• Jus de fruits « pur jus »
• Pain complet au levain* • Pâtes complètes* • Céréales complètes avec gluten* • Riz blanc	• Céréales de petit déjeuner non sucrées*	• Lait végétal (sauf soja) • Vin rouge (très petite quantité)
• Farine raffinée • Pain blanc • Pâtes « blanches » • Semoule « blanche » • Fécule de maïs • Fécule de pomme de terre	• Fruits acidifiants (rhubarbe, agrumes sauf citron...) • Sucre complet • Miel	• Légumes acidifiants (tomate, épinards cuits...) • Soupe industrielle • Autres vinaigres • Bière • Jus de fruits non « pur jus » • Boissons de l'effort
industrielle		
	• Sucre blanc, sucreries • Céréales petit déjeuner sucrées • Barres chocolatées ou de céréales • Produits « light » (édulcorants) • Biscuits du commerce • Viennoiseries industrielles	• Sodas • Autres alcools que vin rouge et bière • Poivre et piment

Récapitulatif des méthodes d'hydrologie pour la récupération

MÉTHODE	BIENFAITS
Chaud	
Chaleur zone spécifique	• Nutrition cellulaire • Élimination des déchets métaboliques • Antidouleur • Fatigue musculaire, contracture (pas en cas de grande fatigue ou d'épuisement)
Immersion complète eau tempérée	• Récupération active • Étirements • Retour veineux • Élimination des déchets métaboliques
Sauna/hammam	• Détente, sommeil • Courbatures • Élimination des acides
Froid	
Froid zone spécifique	• Inflammation • Traumas musculaires ou articulaires • Antidouleur • Coubatures • Forte chaleur ambiante
Immersion eau froide partielle (bras ou jambes ou zone lombaire ou mi-corps)	• Micro-lésions • Arthrose • Hématomes post-trauma • Lésions musculaires, antidouleur
Cryothérapie corps entier	• Inflammation • Micro-lésions
Alternance	
Alternance chaud/froid zone spécifique	• Stimulation circulation sanguine et réparation de la zone
Alternance chaud/froid corps entier	• Stimulation retour veineux • Élimination des déchets métaboliques

Le bain hyperthermique

Il se pratique plutôt le soir car il a un effet de détente.

• S'immerger dans un bain à une température d'environ 37 °C.

• Ajouter de l'eau chaude pour faire monter progressivement la température jusqu'à 41 voire 45 °C, selon tolérance.

Durée : d'abord 10 à 15 min, puis augmenter progressivement jusqu'à 30 min, voire 1 heure. L'idéal étant d'obtenir que de la sueur perle sur le front.

L'effet doit être relaxant.

Fréquence : 2 à 3 fois/semaine (plusieurs fois/jour en cas de refroidissement/état grippal sans fièvre).

On peut accentuer les effets du bain :

• en prenant simultanément une infusion bien chaude ;

• en se mettant ensuite au lit, bien au chaud, pour que le processus de transpiration dure le plus longtemps possible ;

• en ajoutant à l'eau du bain 2 à 3 cuillères à soupe de gros sel marin, 1 sachet de chlorure de magnésium ou du mélange « Alcabain ».

Bienfaits du bain hyperthermique

Il s'agit des bienfaits de la « capillothérapie » (hyperthermie par vasodilatation des capillaires périphériques) :

• Il stimule la micro-circulation, notamment autour des articulations.

• Il augmente la température corporelle (environ 1 °C) et stimule le système immunitaire, en particulier lors des maladies hivernales.

• Il accélère la sortie des boutons des maladies éruptives.

• Il provoque une transpiration qui draine les acides à l'extérieur du corps.

• Il provoque une détente de l'ensemble du corps.

Précautions

• *Pour sortir du bain* : si on est sujet aux vertiges et à l'hypotension, vider d'abord la baignoire et s'asseoir sur le rebord avant de se relever totalement.

• *Pour éviter un étourdissement*, un linge frais peut être appliqué appliqué sur le front.

• *Pour préserver le retour veineux et la sensibilité capillaire*, on laissera les jambes hors de la baignoire, en posant les pieds sur le bord.

Contre-indications

• Œdèmes cérébraux et hypertension intracrânienne.

• Problèmes veineux importants ou hémorroïdes.

• Problèmes cardiaques et hypertension.

• Infections urinaires.

Des pistes pour les guérisons difficiles

La prolothérapie

Cette technique, essentiellement pratiquée aux États-Unis, fait partie des *Regenerative injection thérapies* (« thérapies par injection régénératrice »). Elle a pour but de donner une chance de guérison complète aux douleurs chroniques non soulagées par d'autres méthodes (techniques manuelles, etc.) et d'éviter dans certains cas le recours à la chirurgie.

C'est une méthode naturelle, dans la mesure où elle n'utilise aucune substance chimique mais essentiellement le « pouvoir de l'aiguille », comme l'a indiqué l'Américaine Tyna Moore, docteur en naturopathie, spécialiste de prolothérapie, et conférencière, lors de la First Intégrative Sports Medecine Conference de novembre 2015 à Portland, Oregon (voir p. 244).

Principes

La méthode est fondée sur 2 principes :

1er principe : la physiologie naturelle, qui résout et guérit les lésions par le processus interne d'inflammation (voir p. 149, « Les 3 étapes de l'inflammation »), est la méthode de guérison la plus efficace. Par conséquent, l'application d'une aiguille ou l'injection de liquide neutre de manière précise et localisée peut déclencher de nouveau un processus d'inflammation et d'afflux sanguin sur la zone et donner une nouvelle opportunité d'autoguérison. Il peut s'agir, par exemple, de favoriser le retour à leur intégrité de ligaments distendus suite à un traumatisme.

2e principe : les traumatismes peuvent provoquer une inflammation chronique de certains nerfs qui sont restés « coincés » dans des fibres de collagène lors de la reconstruction. L'aiguille et le liquide neutre injecté peuvent avoir un effet mécanique de libération des adhérences.

Cas spécifique de la laxité ligamentaire

Il s'agit d'une trop grande souplesse des ligaments, présente naturellement chez certains individus (donc chez certains sportifs, plutôt de profil longiligne) ou qui peut apparaître ou s'accentuer avec le temps et devenir très handicapante, car source de lésions articulaires fréquentes (luxations à répétition) ou tout simplement de douleurs importantes.

Outre les causes génétiques (une hyperlaxité « de naissance »), ou anatomiques (moins bonne irrigation de certaines zones), Moore considère que la laxité ligamentaire est causée ou s'accentue dans les cas suivants :

- Processus inflammatoire interrompu artificiellement lors de blessures (voir plus haut dans la partie consacrée à l'inflammation).
- Blessure traumatique ou de « cisaillement ».
- Sur-utilisation du membre ou de l'articulation.
- Suradaptation du membre ou de l'articulation.
- Intégrité incomplète des muscles des tissus environnants.

Ces cas sont susceptibles de se produire chez le sportif, et particulièrement chez le sportif de haut niveau.

Modalités d'application

• Injections multiples en petite quantité d'une solution de type dextrose (glucides) dans les ligaments ou les tendons endommagés. Ce n'est pas la solution en elle-même qui est guérisseuse, mais le processus d'autoguérison que déclenche l'injection. Plusieurs sessions sont nécessaires (environ 4). En France, cette technique ne peut être employée par un naturopathe, qui n'est pas habilité à pratiquer des injections.

• D'autres techniques remplacent la solution neutre type dextrose par du PRP, plasma riche en plaquettes (*Platelet Rich Plasma*. Cette dernière technique est notamment utilisée à l'Hospital Quiron de Barcelone auprès de nombreux sportifs.

La méthode TRE *(Tension and Trauma Releasing Exercises)*

Justin Levy, diplômé de médecine orientale, intervenant à la conférence de Portland déjà citée, explique que les maladies chroniques ou les blessures répétitives sont le signe d'un flux énergétique bloqué. Outre d'autres méthodes de type oriental (notamment l'acupuncture), il mentionne la méthode TRE pour libérer ces énergies. C'est une méthode globale qui provoque des tremblements visant à harmoniser les conséquences d'un traumatisme physique ou émotionnel. Elle a été conçue par l'Américain David Berceli, spécialiste international de gestion des traumatismes [5]. Elle peut intéresser des sportifs pratiquant les sports de combat ou ayant subi des chocs physiques importants, afin d'effacer les éventuelles séquelles encore présentes dans le corps (micro-contractures involontaires, appréhension à la reprise, etc.).

Origine

La méthode est inspirée de l'observation de nombreux mammifères qui, instinctivement, se mettent à trembler intensément pendant quelques minutes à la suite d'un traumatisme ou d'une grande frayeur. Cela leur permet de retourner ensuite à leur vie normale, comme si de rien n'était, comme s'ils avaient effacé tout stigmate du choc subi. C'est une méthode notamment pratiquée auprès de populations victimes de guerre ou auprès des soldats de l'armée américaine.

Principe

Il s'agit d'induire, par des exercices spécifiques, un tremblement involontaire (mais auquel on peut volontairement mettre fin à tout moment) de tout ou partie du corps. C'est l'intelligence du corps et sa capacité d'autoguérison qui orientent naturellement les tremblements vers telle ou telle partie du corps. Ces tremblements ont un effet thérapeutique qui peut être expliqué par le fait qu'ils induisent une irrigation intense de la zone et une détente profonde.

Modalités

Quelques exercices simples sont pratiqués, selon un protocole bien précis, supervisé par un thérapeute spécifiquement formé. Ces exercices amènent progressivement à des tremblements involontaires de tout ou partie du corps.

Les fleurs de Bach

Nous proposons ici une synthèse des « états d'âme » concernés.

PEUR	
Rock Rose	Peur panique
Mimulus	Peur de quelque chose de défini
Aspen	Peur diffuse, non définie
Cherry Plum	Peur d' « exploser », de perdre le contrôle
Red Chestnut	Peur/inquiétude excessive pour les proches

INCERTITUDE	
Cerato	Difficulté à prendre ses propres décisions
Scleranthus	Difficulté à choisir entre 2 options
Wild Oat	Difficulté à trouver sa voie
Hornbeam	Difficulté à trouver la force de démarrer
Gentian	Découragement
Gorse	Grand découragement, désespoir

MANQUE D'INTÉRÊT POUR LE PRÉSENT	
Honeysuckle	Nostalgie du passé, regrets
Clematis	Rêveur
Wild Rose	Résignation, ne fait rien pour changer la situation
Mustard	Coups de blues ponctuels, sans raison objective
Olive	Épuisement mental ou physique
White Chestnut	Pensées en boucle
Chestnut Bud	N'apprend pas de l'expérience, répète les mêmes erreurs

SOLITUDE	
Water Violet	Aime être seul, se suffit à lui-même
Heather	A toujours besoin de trouver quelqu'un à qui parler
Impatiens	Impatient avec les personnes qui n'ont pas le même rythme

HYPERSENSIBILITÉ AUX IDÉES ET AUX INFLUENCES	
Walnut	Besoin de se protéger des influences, aide au changement
Centaury	Se dédie au service des autres en s'oubliant soi-même
Holly	Suspicion, jalousie, sentiment d'humiliation
Agrimony	Air jovial permanent, cache ses difficultés

ABATTEMENT ET DÉSESPOIR	
Star of Bethleem	Chocs physiques ou émotionnels, deuil
Pine	Sentiment de culpabilité, se fait des reproches

Willow	Sentiment d'être victime d'une injustice
Elm	Se sent débordé par la tâche
Oak	Tient bon jusqu'à l'épuisement
Larch	Manque de confiance en soi
Crab Apple	Mauvaise image de soi, se sent pollué, souillé
Sweet Chestnut	Angoisse qui semble insurmontable
SOUCI EXAGÉRÉ DU BIEN-ÊTRE DES AUTRES	
Chicory	S'occupe excessivement de ses proches, volonté de contrôle
Vine	Tout doit être fait selon ses convictions, pour le bien de tous
Vervain	Très enthousiaste, voudrait convaincre tout le monde
Beech	Manque de tolérance, voit d'abord les défauts des autres
Rock Water	Rigidité excessive envers lui-même, se veut exemplaire

Rescue (mélange de 5 élixirs) : remède d'urgence pour faire face avant ou après un choc physique ou émotionnel, une grande peur, la panique, une tension ou un stress important.

Réalisation d'un mélange personnalisé

Vous pouvez réaliser vous-même un mélange en fonction des élixirs décrits ci-dessus (ou vous faire aider d'un naturopathe pour identifier vos besoins). Vous choisirez au maximum 7 élixirs. Achetez en pharmacie un flacon de chaque élixir choisi (marque « Fleur de Bach originale ») ainsi qu'un compte-gouttes vide de 30 ml en verre teinté et procédez de la façon suivante :

- remplissez le compte-gouttes presque entièrement d'eau de source (eau peu minéralisée),
- ajoutez 2 gouttes de chaque élixir choisi (4 gouttes pour le « Rescue » qui compte pour 1 seul élixir) ;
- ajoutez quelques gouttes d'un alcool fort, type cognac (sauf pour les enfants).

Utilisation

- Prenez 4 gouttes du mélange au minimum 4 fois par jour : au lever, au coucher et à d'autres moments répartis dans la journée.
- Pour plus de commodité, vous pouvez verser 16 gouttes du mélange dans une petite bouteille d'eau consommée dans la journée.

Alternative : si seuls 1 ou 2 élixirs sont choisis, vous pouvez mettre directement 2 gouttes de chaque élixir dans la bouteille.

- Il peut être intéressant de réaliser un « journal » pendant la période de prise des fleurs de Bach pour noter les sensations, ressentis ou idées nouvelles qui apparaissent au fur et à mesure.
- La durée du flacon est en principe de 3 semaines (si 4 prises par jour). Il est alors utile de faire un nouveau point pour évaluer la nécessité de continuer ou de faire évoluer les élixirs choisis.

Pour aller plus loin : Dr Edward Bach, *La guérison par les fleurs*, Courrier du Livre, 1994.

Les respirations

La respiration alternée (Nadi Sodhana Pranayama)

Quand : de préférence le matin avant le petit déjeuner ou le soir avant le dîner (éviter juste après les repas).

Combien de temps : environ 10 minutes (12 alternances).

Position : assis dos droit, confortablement – épaules basses, nuque étirée, menton légèrement rentré – dégager nuque et ceinture – main gauche sur la cuisse gauche, paume vers le ciel.

La main droite : se positionne sur les narines en pince, avec le pouce sur la narine droite et l'annulaire sur la narine gauche, les autres doigts sont repliés. Eviter le contact des ongles avec le nez.

Pratique

1) *Expirer à fond.*
2) *Boucher la narine gauche* et inspirer franchement par la narine droite sur 4 secondes. En respiration complète si possible.
3) *Boucher les 2 narines* et compter 8 secondes (rétention).
4) *Libérer la narine gauche* et expirer lentement en comptant jusqu'à 16 si possible.
5) *Inspirer par la narine gauche.*
6) *Boucher les 2 narines* et compter 8 secondes (rétention).
7) *Libérer la narine droite* et expirer lentement en comptant jusqu'à 16 si possible.

Recommencer au point 2. Faire le cycle complet 12 fois.

Pour savoir où vous en êtes dans le nombre d'alternances, vous pouvez utiliser les phalanges de chaque doigt de la main gauche, sauf le pouce que vous utilisez comme curseur/compteur. Soit 4 doigts de 3 phalanges = 12.

Pour s'améliorer

• Pratiquer d'abord : inspiration 2 s – rétention 8 s – expiration 4 s.
• Après quelque temps de pratique : inspiration 4 s – rétention 12 s – expiration 8 s.
• Après plus de pratique : inspiration 8 s – rétention 32 s – expiration 16 s.

Bienfaits

• Harmonisation du cerveau droit (sensibilité, esprit de synthèse) et du cerveau gauche (esprit rationnel et analytique), des systèmes neurovégétatifs parasympathique (la récupération) et orthosympathique (l'action), du yin et du yang.

• La narine droite stimule le cerveau gauche, l'orthosympathique et le yang. Inversement pour la narine gauche.

• Si on y associe la respiration complète (voir plus loin) : défatigante – sensation de plénitude – antistress – circulation sanguine.

Contre-indications

Aucune.

La respiration ventrale ou abdominale (diaphragmatique)

Quand : le soir au coucher et plusieurs fois dans la journée. N'est pas adéquate pour se déstresser juste avant une action nécessitant la mobilisation des énergies (compétition, réunion, examen...) : d'autres respirations sont plus appropriées.

Position : couché sur le dos, les jambes pliées, les talons au sol ou assis les talons au sol ou en position debout appuyé contre un mur. Poser la main droite sur le thorax, la main gauche sur le ventre.

Pratique

1) *Expirer* 1 fois profondément en creusant les abdominaux au maximum, puis relâcher et observer comment le ventre se gonfle naturellement.
2) Imaginer un ballon à la place du ventre et le laisser se gonfler doucement à l'inspiration et se dégonfler à l'expiration (sans forcer). Observer la main qui se soulève et redescend. Chercher à la soulever à l'inspiration. Ne pas utiliser la poitrine : la cage thoracique doit rester immobile, la main droite aussi. *Respirer ainsi 3 à 12 fois lentement, par le nez.*
3) *Terminer par 1 expiration complète* identique à celle du début.

Bienfaits

- Gestion du stress.
- Favorise digestion, endormissement, récupération, retour veineux, qualité de la voix.
- Grossesse et préparation de l'accouchement.
- Prévient vergetures et hémorroïdes.

La respiration thoracique

Quand : elle se met en place naturellement en cas d'effort physique ou de situation d'urgence. À pratiquer lorsque l'on veut se dynamiser et se mettre en action.

Position : en position assise, dos droit, confortablement, cervicales étirées et menton légèrement rentré. Poser la main droite sur le thorax, la main gauche sur le ventre.

Pratique

Gonfler la région thoracique sur l'inspiration et l'inverse sur l'expiration. Le ventre ne bouge pas. On peut également placer les mains sous les aisselles pour sentir le thorax s'élargir sur les côtés.

Bienfaits

- Favorise l'action, l'affirmation de soi.
- Intéressante pour les personnes timides, complexées ou introverties.

Précautions

À pratiquer modérément et en arrêtant immédiatement en cas d'inconfort pour les personnes asthmatiques, spasmophiles ou très émotives.

La respiration complète

Position : assis, dos droit, confortablement, cervicales étirées et menton légèrement rentré. Ou en position allongée.

Pratique

1) *Expirer 1 fois profondément.*

2) *Inspirer* en gonflant progressivement le ventre et les reins, puis les basses côtes, puis en élargissant le thorax, puis en levant le sternum (image : une bouteille qu'on remplit) – ne pas forcer l'inspiration.

3) Une fois en apnée haute, garder les épaules basses et le visage détendu. La sensation doit être la plénitude.

4) *Expirer lentement* en vidant d'abord le haut du buste et en laissant le sternum s'abaisser et les côtes se resserrer.

5) Vider l'abdomen en rentrant le ventre et en serrant la ceinture.

6) Rester quelques instant en apnée basse.

À pratiquer 6 à 12 fois. L'objectif est d'améliorer la fluidité au fur et à mesure de la pratique.

Bienfaits

- Défatigue à tout moment de la journée.
- Calme et effet antistress.
- Prépare à l'action ou à la réflexion.
- Avant, pendant et/ou après les repas, favorise la digestion et une bonne assimilation.
- Favorise la circulation de retour.

Source : d'après Daniel Kieffer, Comment se régénérer pour bien vieillir, *Sully, 2011.*

Récapitulatif des respirations

Type de respiration	Technique résumée	Bienfaits
RESPIRATION ALTERNÉE	Respirer alternativement par l'une ou l'autre narine	• Centrage, concentration • Apaiser les émotions • Basculer en mode récupération
RESPIRATION VENTRALE OU ABDOMINALE	Mouvement respiratoire concentré sur le ventre	• Récupération, détente • Induction sommeil • Retour veineux • Digestion
RESPIRATION THORACIQUE	Mouvement respiratoire exagéré au niveau du thorax	• Dynamisation, passage à l'action • Affirmation de soi
RESPIRATION COMPLÈTE	Mouvement respiratoire complet, du bas du ventre au haut du thorax	• Défatigue, calme • Prépare à l'action • Favorise la digestion
COHÉRENCE CARDIAQUE (voir p. 191)	6 cycles de respiration par minute pendant 5 minutes	• Régulation de fond du stress • Prise de décision, intuition • Harmonise la fréquence cardiaque

Bibliographie

(1) André Christophe, *Méditer jour après jour : 25 leçons pour vivre en plein conscience*, L'Iconoclaste, 2011.

(2) Andersson D., Fauconnier J., Yamada T., Lacampagne A., Zhang S., Katz A. & Westerblad H., "Mitochondrial production of reactive oxygen species contributes to the beta-adrenergic stimulation of mouse cardiomycytes". *J. Physiol.*, April, 2011.

(3) Ballester Pierre, *Rugby à charges*, La Martinière, 2015.

(4) Baudoux Dominique, *L'aromathérapie, se soigner par les huiles essentielles*, Amyris, 2008.

(5) Berceli David, *La méthode TRE pour se remettre d'un stress extrême*, Thierry Souccar, 2014.

(6) Bourdeau Lise, *Ton corps te dit « aime toi ! »* ETC Editions (Canada), 2012.

(7) Boynton Hillary & Brackett Mary G., *Le régime Gaps : des recettes riches en nutriments pour un intestin en pleine santé*, Marabout, 2017.

(8) Campbell, Natasha, *Le syndrome entéropsychologique, GAPS (Gut and Psychology Syndrome)*, 2011.

(9) Dr Cascua Stéphane, article dans le magazine *Nutrition du sport*, avril 2015.

(10) Dr Couic Marinier Françoise & Dr Anthony Touboul, *Le guide Terre vivante des huiles essentielles*, Terre vivante, 2017.

(11) Courraud Christian, *Fasciathérapie et sport : le match de la santé – méthode Danis Bois*, Point d'Appui, 2000.

(12) Csikszentmihalyi Mihalyl, *Finding Flow: The Psychology Of Engagement With Everyday Life*, Basic Books, 1998.

(13) Dr D'Adamo Peter J., *4 groupes sanguins, 4 régimes*, Michel Lafon, 2006.

(14) Dandoy Ariane et Lecomte Maddy, *Boissons pour sportifs « B-Olympic », Itinéraire de réalisation de deux boissons bios pour sportifs*, mémoire, CENATHO, 2014.

(15) Dr Daniel Hugues et Dr Kuhn Fabrice, *Nutrition de l'endurance*, Thierry Souccar, 2014.

(16) Dransart Philippe, *La maladie cherche à me guérir*, Le Mercure Dauphinois, 1999.

(17) Hausswirth Christophe, *Nutrition et performances en sport : la science au bout de la fourchette*, INSEP, 2012.

(18) Hausswirth Christophe, *Fiches pratiques pour la récupération en sport*, INSEP, 2011.

(19) Kieffer Daniel, *Guide personnel des bilans de santé*, Grancher, 2004.

(20) Kieffer Daniel, *Comment se régénérer pour bien vieillir*, Sully, 2017.

(21) Fondation Dr Catherine Kousmine, *La méthode Kousmine : Alimentation saine, apport de vitamines et minéraux, hygiène intestinale, implications psychologiques*, Jouvence, 2011 (nouvelle édition).

(22) Larroche Michel, *Mes cellules se souviennent*, Guy Trénadiel, 1994.

(23) Laurent Frédérique, *Grand Chelem Marathon*, mémoire de naturopathie, 2015.

(24) Dr Ledoux Franck et Dr Gérard Guéniot, *La phytembryothérapie*, Amyris, 2012.

(25) Martel Jacques, *Le grand dictionnaire des malaises et maladies*, Quintessence, 2007.

(26) Dr Seignalet Jean, *L'alimentation ou la troisième médecine*, Éditions du Rocher, 2012.

(27) Dr Servan Schreiber David, *Guérir le stress, l'anxiété et la dépression sans médicaments ni psychanalyse*, Pocket, 2011.

(28) Souccar Thierry, *Lait, mensonges et propagande*, Thierry Souccar, 2008.

(29) Starenkyj Danièle, *Le mal du sucre*, Orion (Canada), 2007.

(30) Taylor Pip, *The Athlete's Fix: A Program for Finding Your Best Foods for Performance and Health*, VeloPress (États-Unis), 2015.

(31) Venesson Julien, *Paléo Nutrition*, Thierry Souccar, 2014.

(32) Venesson Julien & Bonnefont Christophe, *L'assiette paléo*, Thierry Souccar, 2015.

(33) Dr Walker Norman W., *Votre santé par les jus frais de légumes et de fruits*, Éditions d'Utovie, 2008.

Interventions à la First Integrative Sports Medicine Conference, Portland, Orégon (États-Unis), novembre 2015

• Greib Lowell, Doctor of Naturopathic Medicine, Huntsville, Canada : "Biochemichal intervention to minimize muscular fatigue and muscular damage".

• Kawaoka Craig, Director of Sports Medicine (University of Western State, Portland), Chiropractor : "The Art and Science of Soft Tissue Mobilization".

• Levy, Justin, Graduate of Oregon College of Oriental Medicine, Portland, États-Unis : "Physical Pain and Dysfunction as a Manifestation of Emotional and Energetic Dysfunction".

• Moore, Tyna, Doctor of Naturopathic Medicine, Portland, Chiropractor, specialist of Prolotherapy : "Regenerative Injection Therapies in Sports Medicine".

Sites web

• www.aprifel.com (rubrique « informations nutritionnelles »)

• www.lanutrition.fr (rubrique « les aliments à la loupe »)

• www.chaudron-pastel.fr

• www.cerap.org

• www.psychologies.com

• www.canal-sport.fr/canal-insep

• www.huffingtonpost.fr

• www.medecinedusportconseils.com

• www.holiste.com

• www.ergysport.com

• www.plantes-et-santé.fr

• www.thierrysouccar.com

• http://blog.laboratoire-lescuyer.com « le magazine de la micronutrition »

• www.naturopathe-lille.com (site de l'auteure)

Films

• Gameau Damon, *That Sugar Film*, DVD 2015 (Australie).

• Geay Nicolas et Barrois Matthias, *Le destin tragique des Springbox*, France TV Sport, 2014.

Index

Le lecteur se reportera également au sommaire, aux p. 9-11, à la table des matières détaillée et aux annexes.

TABLE DES MATIÈRES

Chapitre 2 : Optimiser les performances physiologiques 103

Remerciements

Je remercie chaleureusement toutes les personnes ayant permis la réalisation de cet ouvrage par leurs compétences, leurs orientations judicieuses et leur disponibilité. J'espère que le résultat sera à la hauteur de la confiance et de la bienveillance qui m'ont été accordées, et qu'il pourra modestement les enrichir en retour.

– Marie-Josèphe Dreyer, directrice de mémoire, naturopathe, professeur au Cenatho et spécialiste de l'Analyse et Réinformation cellulaire (ARC), dont les orientations initiales, puis les commentaires élogieux, m'ont permis de croire en la possibilité de ce livre.

– Richard Ouvrard, coach de cadres dirigeants, d'entraîneurs et de sportifs de haut niveau. Il est concepteur et responsable pédagogique de l'« Executive Master d'Accompagnateur » (EMA) des acteurs du sport de haut niveau à l'INSEP.

– Eve Tiollier, nutritionniste, membre du département de recherche en nutrition de l'INSEP. Consultante nutrition pour l'équipe de France de Rugby.

– Julien Louis, enseignant-chercheur, membre du Département de recherche en nutrition et physiologie à l'INSEP.

– Xavier Bigard, professeur agrégé de médecine, conseiller scientifique à l'Agence française de lutte contre le dopage (AFLD), et président de la Société française de médecine de l'exercice et du sport.

– Guillaume Gérault, naturopathe, professeur au Cenatho et spécialiste des huiles essentielles.

– Les membres de l'équipe Espoir 2015-2016 du FC Grenoble Rugby.

– Tous les sportifs m'ayant apporté leurs témoignages : Louis, Martin, Natacha, Sébastien, Serge et une très sympathique spécialiste de natation synchronisée.

– Olivier Blanche pour m'avoir fait découvrir l'univers de Terre vivante et ses professionnels passionnés, ouverts et si sympathiques ; Brigitte Michaud, directrice éditoriale, pour m'avoir accordé sa confiance, et pour sa vigilance et sa bienveillance ; Fabienne Vaslet, éditrice, pour son implication, ses solutions judicieuses et son œil de lynx ; Virginia Arraga, illustratrice, pour son talent et ses couleurs ; Françoise Masson, graphiste, pour sa créativité et sa réactivité.

– Ma famille et tous mes chers amis, qui m'ont généreusement offert la possibilité de participer à la « First Integrative Sports Medicine Conference » (Première conférence sur la médecine du sport « intégrative ») à la National University of Natural Medicine (NUNM) de Portland (Orégon), la plus ancienne et réputée école de naturopathie des États-Unis (novembre 2015).

– Anne-Laure Fasone, pour son enthousiasme contagieux dès les premiers pas de ce projet.

– Mes trois fils, Arthur, Martin et Tom Duclos, qui pratiquent leur sport avec passion et exigence, et dont les expériences et questionnements ont constamment motivé et alimenté mes recherches.

– Mon mari Jean Duclos, soutien de tous les instants, dont la passion pour le sport a irrigué toute la famille.

PEFC
10-31-1510

Achevé d'imprimer en France par Corlet (Condé-sur-Noireau)

N° 193900 - Dépôt légal : avril 2018